A ENERGIA DO DINHEIRO

A ENERGIA DO DINHEIRO

UM GUIA ESPIRITUAL PARA A REALIZAÇÃO FINANCEIRA E PESSOAL

Dra. Maria Nemeth

Tradução
LUIZ A. DE ARAÚJO

EDITORA CULTRIX
São Paulo

Título do original: *The Energy of Money*.

Copyright © 1997, 1999 Dra. Maria Nemeth.

Publicado mediante acordo com The Ballantine Publishing Group, uma divisão da Random House, Inc.

Todos os direitos reservados. Nenhuma parte deste livro pode ser reproduzida ou usada de qualquer forma ou por qualquer meio, eletrônico ou mecânico, inclusive fotocópias, gravações ou sistema de armazenamento em banco de dados, sem permissão por escrito, exceto nos casos de trechos curtos citados em resenhas críticas ou artigos de revistas.

Parte desse trabalho apareceu originariamente em *You and Money*, publicado pela Vildehiya Publications em 1997, e em um curso em fita cassete intitulado *The Energy of Money*, publicado pela Sounds True em 1997.

Os agradecimentos seguintes se devem à permissão para reproduzir o material previamente publicado:

Crown Publishers, Inc.: excerto de *Silence, Simplicity, and Solitude: A Guide for Spiritual Retreat* de David Hannoch Cooper. Copyright © 1992 de David Hannoch Cooper
Doubleday, a division of Random House, Inc.: excerto de *The Story of Psychology* de Morton Hunt.
HarperCollins Publishers, Inc., excerto do *The Enlightened Mind* de Stephen Mitchell. Copyright © 1991 de Stephen Mitchell.
HarperCollins Publishers, Inc., and Rigpa Fellowship: excertos de *The Tibetan Book of Living and Dying* de Sogyal Rinpoche. Copyright © 1992, 1993 de Rigpa Fellowship.
Alfred A. Knopf, Inc.: excerto de *Death Comes for the Archbishop* de Willa Cather. Copyright © 1927 de Willa Cather. Copyright renovado em 1955 pelos Executores do Espólio de Willa Cather.
Random House, Inc.: excerto de *Letters to a Young Poet* de Rainer Maria Rilke, traduzido por Stephen Mitchell. Copyright © 1982 de Stephen Mitchell.
Shambhala Publications, Inc., Boston: excerto de *The Wisdom of No Escape* de Pema Chödrön. Copyright © 1991.
W. W. Norton & Company, Inc.: excerto de *A Theory of Personality: The Psychology of Personal Constructs* de George A. Kelly. Copyright © 1955, 1963 de George A. Kelly, renovado em 1983, 1991 por Gladys Kelly. Reproduzido com permissão da W. W. Norton & Company, Inc. http://www.randomhouse.com/BB/.

O primeiro número à esquerda indica a edição, ou reedição, desta obra. A primeira dezena à direita indica o ano em que esta edição, ou reedição foi publicada.

Edição	Ano
3-4-5-6-7-8-9-10-11-12-13	07-08-09-10-11-12-13-14

Direitos de tradução para o Brasil
adquiridos com exclusividade pela
EDITORA PENSAMENTO-CULTRIX LTDA.
Rua Dr. Mário Vicente, 368 – 04270-000 – São Paulo, SP
Fone: 6166-9000 – Fax: 6166-9008
E-mail: pensamento@cultrix.com.br
http://www.pensamento-cultrix.com.br
que se reserva a propriedade literária desta tradução.

Para Rita e para minha tia Ana

SUMÁRIO

Agradecimentos 9
Introdução 11
O que é a energia do dinheiro? 25

PARTE I: O PROPÓSITO DO HERÓI   45
   Princípio 1: Seu maior poder é estar disposto 47
   Princípio 2: Suas intenções e sua integridade usam a energia
       do dinheiro 64
   Princípio 3: Os objetivos enfocam a energia do dinheiro 84

**PARTE II: COMO IDENTIFICAR OS OBSTÁCULOS INTERIORES
     AO PROGRESSO**   103
   Princípio 4: O comportamento dirigido desperdiça a energia
       do dinheiro 105
   Princípio 5: A escassez é um de seus melhores mestres 125
   Princípio 6: Transformar os obstáculos interiores libera a energia
       do dinheiro 143

PARTE III: COMO LIMPAR O CAMINHO   161
   Princípio 7: Abandonar as velhas crenças faz milagres 163
   Princípio 8: O perdão libera a energia do dinheiro 182
   Princípio 9: Prometer e cumprir nos faz avançar
       no caminho 196

PARTE IV: MANTENHA O RUMO   217
   Princípio 10: Os obstáculos podem levar à sua própria superação 219
   Princípio 11: O apoio mútuo aumenta o seu poder 237
   Princípio 12: A porta da abundância é a gratidão 251

Epílogo 268

AGRADECIMENTOS

Nada se cria sem o apoio alheio, muito menos quando se trata de tocar o coração e educar a alma. Nós todos procuramos dar uma contribuição à vida dos que nos cercam. Isso vale para este livro e para o trabalho do qual deriva.

Milhares de participantes do Curso Você e o Dinheiro contribuíram para esclarecer os conceitos e *insights* aqui contidos. Durante anos, este trabalho se espalhou de boca em boca. Num ato de fé, Tami Simon, do Sounds True, o mais importante fornecedor de fitas transformacionais, divulgou nacionalmente essas idéias ao produzir a série de fitas cassetes *A Energia do Dinheiro*. Jennifer Woodhull, a talentosa guardiã e produtora do Sounds True, encarregou-se da introdução. Eu a conheci no retiro de meditação Pema Chödrön. Fui ao estúdio do Sounds True e lá passei três dias encerrada numa pequena sala de gravação enquanto me passavam a comida por baixo da porta. O inteligente questionamento de Tami permitiu-me dar ao material de Você e o Dinheiro o atual arcabouço conceitual.

Tami me apresentou a Kim Witherspoon, uma agente intrépida e persistente que decidiu me ajudar. Estou muito agradecida. Tami tinha razão: Kim é uma das pessoas mais brilhantes daqui. O meu muito obrigada a ela e à equipe da Witherspoon Associates, Gideon Weil e Josh Greenhut, por me segurarem a mão durante o processo de negociação com os editores até chegarmos ao contrato final com a Ballantine. Obrigada também à minha agente literária, Laurie Emerson, que defendeu meus interesses em todas as etapas do caminho.

Eu não podia ter encontrado uma editora melhor que Leslie Meredith, da Ballantine Wellspring. O projeto tinha um cronograma apertadíssimo. Juntas, nós rimos, cansamo-nos, preocupamo-nos e nos regozijamos. E ela nunca perdeu a fé em que conseguiríamos. Animou-me a prosseguir. Sua assistente, Cathy Elliott, sempre se prontificou a resolver minhas preocupações e dúvidas.

Obrigada a Rhoda McKnight e a Margarita Camarena pela generosidade, criatividade e persistência com que trabalharam nas ilustrações.

Este livro, assim como o trabalho em Você e o Dinheiro, recebeu muito apoio espiritual. Obrigada ao reverendo Wayne Manning, à reverenda Mary Tumpkin, à reverenda Diane Sickler e à reverenda Shay St. John. Um agradecimento especial a minha melhor amiga, a reverenda Beth Ann Suggs, que sempre me ajudou a conservar-me fiel ao meu centro espiritual.

Três pessoas me ajudaram a escrever este livro: Rita Saenz, Carol Costello e Donna Frazier. Primeiramente, quero agradecer a Rita. Ela é minha sócia há 22 anos e nunca me deixou na mão. Este trabalho não teria sido possível sem a sua inteligência, a sua coragem, a sua paixão e a fé que depositou em mim. Ela sabe quem sou, mesmo quando eu me esqueço. É uma verdadeira manifestação de abundância em minha vida.

Carol Costello, extraordinária editora, escritora incisiva, amiga de verdade, pensadora bem-dotada, ajudou-me a dar precisão ao manuscrito. Mergulhou no trabalho com sua mão amiga, ajudou-me a eliminar tudo o que não estava de acordo com o livro e, assim, purificou os princípios.

Donna Frazier, editora da primeira fase da obra, ajudou-me a lhe dar forma. Sua coerência, criatividade e orientação foram valores para que eu visse com clareza os Doze Princípios.

O livro tampouco teria sido possível sem o apoio de pessoas dispostas a me dar uma mão com paixão e estímulo. Em primeiro lugar, Charlotte Higgins, uma atarefada escritora, atriz e dramaturga, ajudou-me a cumprir a promessa de redigir o manuscrito e nunca desistiu de mim. Wendy Jordan, com sua generosidade, continua apoiando este trabalho. Obrigada a Sharon Taymor pelo encorajamento entusiástico para que o livro fosse publicado. Fico profundamente agradecida a Lori Pelliccia e a Walter Steinlauf pelo tempo que dedicaram à pesquisa e à edição do texto. Minha gratidão a todos os instrutores de Você e o Dinheiro em Sacramento, na área da Baía de San Francisco e em Austin, pelo que fizeram para dar continuidade a este trabalho.

Por fim, tenho para com minha família, que sempre me apoiou, uma grande dívida de gratidão. Obrigada pelo seu amor: tia Glória, tio Arnold, Lisa, Chuck, Rachael e Bea Simon; Susie e Andrea Saenz; Bruce, Judy, Margot e Natalie Parks; Nancy e Robert DeCandia; Toni e Jerry Yaffe.

INTRODUÇÃO

O dinheiro é um tema que incomoda a maioria das pessoas. Muita gente prefere discorrer sobre sua vida sexual a discutir o saldo bancário. Nós amamos o dinheiro e o odiamos. Não conseguimos viver com ele nem sem ele. O dinheiro pode ser uma fonte de muita alegria e criatividade, mas também pode causar frustração e miséria, dependendo da relação que se tem com ele. E trazemos conosco essas dúvidas e medos, essas esperanças e expectativas, toda vez que lidamos com ele — não só quando solicitamos a opinião de um consultor financeiro ou pedimos um empréstimo, mas em qualquer área da vida.

O dinheiro afeta quase todos os aspectos da vida: o trabalho, os períodos de lazer, as atividades criativas, o lar, a família e os objetivos espirituais. Tudo que fazemos e sonhamos se deixa influenciar por essa forma poderosa de energia. Seja o sonho de viajar pelo mundo, comprar uma casa, criar uma instituição de caridade, adquirir um Corvette, sair de baixo de uma montanha de dívidas ou dedicar um ano a escrever um romance, essa visão está impregnada das possibilidades e armadilhas ligadas à energia do dinheiro.

É esse mesmo desconforto que torna nossa relação com ele um terreno tão fértil. Qualquer coisa que seja significativa para nós, qualquer coisa que provoque emoções fortes, o que quer que pareça "estar do nosso lado" na vida tem o poder de mobilizar nossas maiores forças e nossas qualidades mais notáveis. A relação que temos com o dinheiro convida-nos a despertar, a ver como estamos lidando com *todos* os tipos de energia — não só com o dinheiro, mas com o tempo, a vitalidade física, a alegria, a criatividade e o apoio aos amigos — e a usar essas lições para enriquecer cada aspecto da vida.

A SAGA DO HERÓI

Em 25 anos de psicologia clínica e há dezessete anos ministrando o Curso Você e o Dinheiro, eu me inspirei na disposição das pessoas a aprender e aplicar essas lições de modo a enriquecer a própria vida e contribuir com a dos outros. Aliás, passei a ver a relação com o dinheiro como a saga do herói. É um caminho repleto de provações e triunfos, tribulações e tesouros.

Muitas vezes se imagina a saga do herói como a clássica história do "amadurecimento". Consciente ou inconscientemente, todos nós passamos por essa jornada na vida individual. E todos passamos pelos mesmos estágios básicos dessa jornada ao perseguir novos objetivos e propósitos ao longo da vida: partimos de rotinas, vidas e famílias conhecidas; ingressamos no território desconhecido, onde encontramos o medo, mistérios, dragões e mentores; somos iniciados em novos conhecimentos, objetivos ou aptidões; e, finalmente, passamos a dominar essas novas aptidões, a nós mesmos e nosso papel específico neste mundo.

A saga do herói nos convoca a afirmar o poder do "ser", que o *Webster* define como "o complexo de qualidades espirituais que constitui um indivíduo". Ao trabalhar com a energia do dinheiro, pensamos o nosso ser como essa parte inefável, indescritível, de nós que permanece constante e corajosa, independentemente do que se passa ao nosso redor. O poder do ser emerge nos momentos de introvisão e heroísmo extraordinários. É o nosso eu autêntico, a essência de quem somos, à parte nossas características particulares ou o drama que, por vezes, cerca a nossa vida. O herói empenha-se em imprimir as qualidades do ser em tudo quanto faz, inclusive na relação com o dinheiro. Lidando com o dinheiro a partir da fonte de seu verdadeiro ser, você adquire poder, tranqüilidade e um sentido de inter-relacionamento.

O objetivo principal da saga do herói é transformar os sonhos em realidade física — e aprender com todas as dificuldades que surgirem no caminho. Fazendo isso, vemos e apreciamos mais claramente nossa própria e verdadeira natureza — que é de onde vêm os nossos sonhos — e compartilhamos a nós mesmos e nossas realizações como uma contribuição para os demais. Eu acredito que esse é o propósito de ser humano.

Neste livro, você descobrirá que é um herói — e começará a levar essa força e essas virtudes naturais para a sua relação com o dinheiro. Conseguirá fazer as coisas que sempre quis e aprimorar e refinar — ou redefinir — seu propósito na vida.

Vamos traçar a rota exata de uma relação poderosa com o dinheiro. Você verá como levar seus objetivos e sonhos à realidade física e como embasá-los com as Intenções da Vida e com os Padrões de Integridade que refletem quem você realmente é. Por fim, este livro fala na riqueza e na realização de uma existência vívida tal qual a jornada do herói.

No Curso Você e o Dinheiro, preparei mais de 4.500 pessoas para descobrir seu relacionamento com o dinheiro. Estendi a mão para cada uma delas quando se colocavam diante de um grupo, respiravam fundo e se punham a falar de sua vida financeira e de sua renda líquida. Ainda que fosse desesperadamente incômodo para alguns, essa gente tinha uma visão a apresentar. Percebiam que haviam atingido certos objetivos, sendo que alguns percorreram um longo caminho desde o ponto de partida, mas também sentiam que algo os impedia de continuar avançando. Todos acariciavam sonhos, intenções e o desejo de saber que tinham valor. Não lhes faltavam Padrões de Integridade, mesmo que os houvesse perdido de vista temporariamente, e eles estavam dispostos a enfrentar o momentâneo desconforto de revelar-se e falar de seus problemas perante o grupo desde que isso os ajudasse a viver milagres.

Trabalhei com gente de todas as camadas sociais, com ricos e pobres que se digladiavam com sua relação com o dinheiro. Vi-os perceber que estavam "atirando no próprio pé", compreender onde se haviam detido no passado e o que podiam fazer para continuar avançando rumo a seus sonhos e metas apesar do grande desconforto.

Vi essa gente conseguir transformar os sonhos em realidade com facilidade e alegria — montando um negócio que beneficiava a comunidade, tirando brevê de piloto, expondo obras de arte ou publicando o livro que sempre quiseram escrever, viajando de férias com os filhos, sendo um empresário bem-sucedido. Enfim, observei-os vendo claramente a si mesmos, ocasionalmente pela primeira vez, e conhecendo-se como indivíduos corajosos, sensatos, meigos, poderosos e apaixonados que haviam aprendido a liberar e usar a energia do dinheiro.

Esta saga sempre começava por estar disposto a olhar para dentro e a transformar em realidade tudo quanto tivesse coração e significado. Essas pessoas me inspiraram e me mostraram o que era importante em minha própria vida. Também me apresentaram certas perguntas, sendo que uma delas é: Por que nós não usamos todas as informações e todos os recursos disponíveis para realizar o que queremos na vida?

CONHECIMENTO + SABEDORIA = PODER

Hoje em dia, estamos mais cercados do que nunca de todos os tipos de informação, conhecimento e aconselhamento — porém alguma coisa nos impede de usá-los. Você já não leu uma revista financeira ou acompanhou um seminário de administração do dinheiro para, depois, deixar de aplicar, na vida, todos os bons conselhos que lhe deram? Como disse uma mulher, "Alguns dos melhores livros sobre dinheiro do mundo estão acumulando poeira no meu criado-mudo. Eu queria era fechar os olhos e absorvê-los por osmose ou coisa parecida. Acho que nunca fiz nada com essas informações".

É fácil receber informação ou orientação sobre como administrar ou investir o dinheiro. O importante, no entanto, é agir de modo que a informação sirva para melhorar sua vida e a dos que você ama. A tal mulher que possuía uma pilha de livros sobre orçamento e investimento e não os lia não tinha uma relação saudável com o dinheiro. Sua situação não correspondia às aptidões, ao talento, à capacidade ou à inteligência de que era dotada. Correspondia, isto sim, aos seus obstáculos pessoais com o dinheiro — obstáculos esses que ela, enfim, conseguiu remover utilizando os princípios deste livro.

Se pudesse pegar toda a informação disponível e colocá-la a serviço de sua vida — se conseguisse traduzir todo esse conhecimento em comportamento — você não o faria?

Todo o meu trabalho de psicóloga clínica e no Curso Você e o Dinheiro visa dar às pessoas as ferramentas tanto para usar toda a informação e o conhecimento disponíveis quanto para ter acesso à sua própria sabedoria interior — porque eu acredito que *conhecimento mais sabedoria equivalem a poder.*

COMO USAR A ENERGIA DO DINHEIRO

Para usar a energia do dinheiro com sucesso, você precisa operar tanto na realidade física quanto na metafísica, que é constituída, entre outras coisas, de sonhos, visões e de suas Intenções de Vida.

Nossas visões interiores inspiram-nos, mas não nos podemos contentar meramente em "ruminar" as idéias sem agir no mundo real. Eu posso passar a vida inteira sonhando com uma viagem a Paris, porém nada acontecerá enquanto não procurar um agente de viagem, comprar a passagem, ir ao aeroporto e juntar dinheiro para pagar tudo isso. Se eu não fizer essas coisas na realidade física, o objetivo da viagem a Paris languescerá para sempre em minha "lista de desejos", objeto de infinitas conversas, e talvez até discussões, com os amigos sobre o quanto eu me imponho limites. O *insight* psicológico, o pensamento positivo e a leitura dos prospectos de viagem podem ajudar-me a esclarecer o que realmente quero, porém só a energia do dinheiro me levará a entrar no avião.

Como fazer isso acontecer facilmente? E como aplicar as lições que aprendo, em minha relação com o dinheiro, a todas as outras áreas da vida? Esse é o tema do presente livro.

Prometo que, quando você aprender a trabalhar livre e serenamente com a energia do dinheiro, sua vida se tornará, como dizem os psicólogos e terapeutas, "intencionalmente" satisfatória. Você saberá precisamente o que quer, o que lhe dá alegria e sentido, e verá como obtê-lo com facilidade. Não será uma proposição na base do "pegar ou largar". Por exemplo, quando compreender sua verdadeira Intenção de Vida, quando souber aplicar seus Padrões de Integridade pessoais e a liberar a energia do dinheiro em sua empresa, você fará negócios de modo diferente e provavelmente com mais sucesso. Tomará conscientemente as decisões importantes da vida, sem nunca mais abandonar os sonhos por "não poder bancá-los".

Nestas páginas, eu não vou lhe dizer como investir o seu dinheiro ou o que fazer com suas economias. Vou ajudá-lo a esclarecer o que você realmente quer da vida e dar-lhe os instrumentos para agir de maneira eficaz, ao usar o dinheiro, de modo a avançar na direção dos seus sonhos.

A MINHA HISTÓRIA

Há 17 anos, se me pedissem para falar sobre o meu relacionamento com o dinheiro, eu ficaria mortificada. Naquela época, eu joguei e perdi. Investi 35 mil dólares na nota promissória sem aval de um homem que eu conhecia havia apenas seis meses. O dinheiro não era meu. Tinha-o tomado empresta-do de um parente.

O homem a quem entreguei essa importância garantiu um retorno da ordem de 30 por cento. Segundo ele, o dinheiro seria usado em empréstimos a curto prazo a compradores de imóveis que precisavam dar um sinal. Era uma fraude. Não havia sinal algum e, em poucos meses, todos os investidores perderam o que haviam aplicado.

Como muita gente, eu lera livros de investimento e tinha participado de seminários sobre dinheiro. Meu consultório particular de psicologia clínica ia bem. Todavia, no caso desses 35 mil dólares, tudo quanto eu sabia não me influenciou o comportamento.

Quando perdi o dinheiro, fiquei péssima. Tinha devolvido o empréstimo ao meu parente, mas continuava me sentindo uma otária. Se era muito ruim haver perdido o dinheiro, era simplesmente humilhante não ter dado ouvido aos amigos que me aconselharam a tomar cuidado, pois o negócio parecia bom demais para ser verdade. E o pior era uma lembrança que não me deixava: pouco antes de assinar o cheque de 35 mil dólares, eu ouvi claramente uma voz — a voz interior da razão — me dizer: "Não faça isso!" Eu a escutei? Não.

Eu não queria que ninguém descobrisse o acontecido. Eu tinha a intenção de passar os meses seguintes escondida no consultório, ganhando muito di-nheiro, e esperava que meus amigos se esquecessem de perguntar sobre o investimento. No entanto, o Destino tinha outros planos para mim. Quinze dias depois de descobrir que perdera milhares de dólares, recebi um telefone-ma inesperado de uma jornalista local.

— Dra. Nemeth — disse ela —, a universidade nos deu o seu nome porque a senhora é professora clínica de lá. Sabemos que é psicoterapeuta, e eu preci-so de sua ajuda num artigo que estou escrevendo para o *Sacramento Bee*.

Ora, eu achei, como muita gente acharia, que a entrevista era um ótimo estímulo para o meu estado de espírito tão abalado. Enfim surgira chance de resgatar um pouco da auto-estima perdida. Afinal de contas, eu continuava sendo uma psicóloga competente!

— Claro! Terei prazer em ajudá-la no que puder — respondi com minha voz mais profissional, ainda que humilde.

— Bem, talvez a senhora não saiba, mas, ultimamente, houve uma onda de fraudes financeiras em Sacramento. Eu estou preparando uma matéria sobre isso. Queria saber se existe algum tipo de desvio de personalidade ou de caráter que leva as pessoas a caírem nesses golpes. A senhora deve receber muita gente assim no consultório. O que há de errado em seu processo de pensamento?

Santo Deus! Eu me vi num beco sem saída. Primeiro, pensei em dizer que estava muito ocupada para dar a entrevista. Tive o impulso de desligar antes que ela me fizesse outra pergunta. Vi minha reputação indo por água abaixo. Mas o pior ainda estava por acontecer.

Eu sou extrovertida. Para saber o que estou pensando, basta ouvir o que digo. De modo que, antes que me fosse possível refreá-las, escaparam-me as seguintes palavras:

— *Eu sou uma dessas pessoas!* Perdi 35 mil dólares nesse conto-do-vigário!

Com o coração na mão, fiquei olhando para o fone. Estava horrorizada. Depois de um longo silêncio, a jornalista perguntou com delicadeza:

— A senhora tem certeza de que quer me contar? Quer mesmo que eu publique isso?

Recuperando o fôlego, eu refleti sobre essas perguntas. Era bom que a história fosse publicada. Quem sabe outras pessoas aprenderiam com o meu erro.

Houve um momento em que ela procurou dar uma desculpa para o meu ato.

— Ele se aproveitou de sua confiança e de sua relação com os amigos que também investiram — disse.

— É. Pode ser. Mas você quer saber o verdadeiro motivo pelo qual eu fiz esse investimento sem ler o que estava escrito em letras miúdas no contrato? — A essa altura, com o alívio de dizer a verdade, eu estava me sentindo um pouco mais leve.

— Quero, sim. Conte.

— Foi a ambição.

No momento em que pronunciei essas palavras, compreendi que era verdade. Ambição. Vontade de driblar o sistema e ter lucro rápido. Não escutei quando me alertaram para os riscos enormes do investimento. Estava cega com a possibilidade de um ganho fabuloso. Não quis me incomodar com detalhes mais sutis, como conhecer o histórico da empresa. Não pedi sequer para ler os contratos dos negócios que estava financiando!

A entrevista foi longa. O artigo que a jornalista escreveu explicava, com fartura de detalhes, que todo tipo de gente pode experimentar momentos de

INTRODUÇÃO

loucura monetária. A ambição excessiva foi a forma que essa loucura assumiu em mim.

Pouco depois da publicação do artigo, meus amigos e colegas começaram a telefonar para revelar seus próprios pesadelos financeiros. Contaram histórias de golpes, falências e prejuízos inesperados. Falaram nos gastos excessivos ou no dinheiro que escondiam do marido ou da esposa. Eu soube de famílias que se desagregaram porque uns herdaram mais que os outros com a morte dos pais ou de um parente.

Houve quem me falasse nas metas que havia abandonado, em sonhos adiados ou abandonados devido ao medo de arriscar, ainda que minimamente, o dinheiro. O vice-diretor de um banco me falou de um casal que tinha mais de 250 mil dólares numa conta de poupança, a juros baixíssimos, por medo de aplicá-los em fundos mais rentáveis.

Não tardou para que eu acumulasse um arquivo enorme de relatos pessoais que mostravam o quanto a relação com o dinheiro pode nos perturbar. Alguns dos que me falaram francamente de suas preocupações e tristes experiências com o dinheiro eram banqueiros, incorporadores, consultores financeiros e corretores da bolsa de valores. Era de se esperar que essas pessoas soubessem melhor o que fazer do que qualquer um. A verdade era que não sabiam. *Seu conhecimento simplesmente não se traduzia em Ação Autêntica.*

Um destacado consultor financeiro confessou: "Quando se trata do dinheiro dos outros, eu sei exatamente o que fazer. Mas não consigo seguir meu próprio conselho financeiro. É a tal história, 'santo de casa não faz milagre'".

Acabei descobrindo que essa experiência nada tem de inusitado e é particularmente dolorosa para quem atua no ramo das finanças. Essa gente, quando não tem uma relação boa com o dinheiro, acha que ela mesma não passa de um engodo. Nada pode estar mais longe da verdade! Para todos nós, interagir com a energia do dinheiro é uma oportunidade de aprender lições — independentemente da quantidade de informações que já tenhamos. O truque consiste em identificar essas lições e aprendê-las antes que se tornem maiores e mais exigentes.

Conversei também com pessoas que, em vez de ter uma relação desastrosa com o dinheiro, simplesmente se entediavam com a previsibilidade de sua vida financeira. Tinham o suficiente para pagar as contas e fazer as compras importantes necessárias. Embora a dívida com o cartão de crédito fosse excessivamente elevada, elas sentiam que acabariam conseguindo saldá-la... um dia. Haviam postergado muitos objetivos e sonhos até que a vida se estabilizasse... um dia. Essa ladainha do "um dia" lhes absorvera a atenção e estava esgotando-lhes a energia criativa.

COMEÇA O CURSO VOCÊ E O DINHEIRO

Impulsionada pelo muito que ouvia sobre as pessoas e o dinheiro, resolvi iniciar um seminário informal sobre o dinheiro, a escassez e a abundância. Os amigos participaram. Reservamos um período para nos reunir e passamos a nos concentrar em examinar nossa relação com o dinheiro. Finalmente, esses primeiros esforços para deitar luz em nossa vida evoluíram para o Curso Você e o Dinheiro.

A primeira questão que abordamos foi a de como enfrentar os sentimentos e as crenças inconscientes no que se referia ao dinheiro. Era um paradoxo, pois, sendo eles inconscientes, como saber o que enfrentar? Sem perder o ânimo, começamos por perguntar "O que eu não quero examinar com relação ao dinheiro?"

Os antigos temores, os sonhos frustrados e os erros financeiros começaram a ganhar forma diante de nós. Vimo-nos repetidamente diante da difícil escolha entre contar a verdade... ou tentar fazer boa figura. Descobrimos que dizer a verdade trazia alívio e mudança.

Uma competente administradora de um programa de muitos milhões de dólares confessou: "Para mim, seria mais fácil fazer uma viagem à lua que equilibrar minha conta corrente pessoal até os últimos centavos".

Ao mesmo tempo que dizia isso, ela começou a reparar em outros aspectos de sua vida que estavam em desequilíbrio e não haviam sido "reconciliados" — como sua baixa energia em virtude de uma crônica dor de cabeça e do fato de ela continuar evitando consultar o médico. Para outro participante, equilibrar a conta corrente era fácil, mas a idéia de ter prazer com o dinheiro e, ao mesmo tempo, atingir metas financeiras satisfatórias lhe parecia uma piada de mau gosto. E sua falta de alegria se refletia também nas relações pessoais.

Descobrimos que o dinheiro tem uma importância de tal modo central na vida, sejamos ricos ou pobres, que passamos a nos relacionar com ele assim que aprendemos a contar. O dinheiro nos dá segurança e estabilidade, é um meio de cuidar da família, fazer contribuições e gozar a vida. Motivos esses que também nos levam a nos relacionar com as outras pessoas. Tal qual nos relacionamentos com os entes queridos, muitas vezes nos vemos envolvidos em ansiedades.

Uma mulher disse rindo: "Minha relação com o dinheiro é como um parceiro que passa a noite comigo, vai embora no dia seguinte e nem sabe o meu nome".

"Eu não tenho o suficiente" era o que mais se ouvia dizer nas discussões. Com muita freqüência, atribuía-se ao dinheiro a causa principal do *stress*. (Em 1996, uma pesquisa da Louis Harris and Associates, para a Lutheran Brotherhood, constatou que um terço dos adultos entrevistados respondeu que tinham dificuldade para dormir ou relaxar devido a ansiedades financeiras. As decisões que haviam postergado por causa das obrigações financeiras incluíam: comprar uma casa, mudar de profissão, ter filhos e casar-se.)

Quase todos achavam que a solução dos problemas que enfrentavam era simples: "Basta ter mais dinheiro para que tudo melhore em minha vida".

Cheguei até a conversar com pessoas que perguntavam se tinham o direito de continuar vivendo já que não conseguiam satisfazer as necessidades básicas. Outros acreditavam que ganhar na loteria seria a solução de seus problemas. Alguns se atormentavam porque o desejo de ter dinheiro entrava em conflito com suas crenças espirituais. Muitos se sentiam vítimas ou desamparados, como se o dinheiro fosse uma força externa que lhes controlava a existência. Sentiam que nunca ficariam livres dessa tirania.

À medida que cada um examinava seu tipo particular de loucura monetária, dizendo a verdade a si mesmo e aos demais, passou a ocorrer um fenômeno incomum. Todos sentimos, repentinamente, que tínhamos mais espaço para respirar. E foi se tornando mais claro o que queríamos realmente da vida. Também enfeixamos energia para perseguir objetivos que, antes, pareciam impossíveis. Isso acontecia independentemente da idade de cada um ou do estado em que se encontravam suas finanças antes do começo do seminário.

ESPAÇO PARA RESPIRAR

Pensemos um pouco no espaço para respirar, já que a expressão aparece com freqüência neste livro. Quando se fala em dinheiro, muita gente se sente encurralada, comprimida na parede, pressionada ou bloqueada, e deseja evadir-se desse tema particular. É como se estivesse com um peso no peito que a impedisse de respirar à vontade.

Se quiser fazer um teste, pense um momento nesta pergunta: "Eu tenho dinheiro suficiente?" Faça essa pergunta a si mesmo duas ou três vezes em voz alta. Onde seu corpo registra a reação? No estômago talvez? Na região do peito? Na garganta? Está faltando espaço para respirar, não está?

Esse espaço se abre no momento em que a gente entra no que eu chamo de *ponto de observação*. Nele é possível sentir o espaço entre você e aquilo que está experimentando. Isso ocorre quando você diz a verdade sobre alguma coisa que o está incomodando. Se prestar atenção na próxima vez em que fizer isso, pode ser que se surpreenda respirando fundo automaticamente. Você se acalma. Não fica tão aborrecido. Nesse momento, pode até enxergar opções de ação ali onde antes parecia não haver nenhuma. O programa apresentado neste livro visa especificamente oferecer-lhe esse tipo de liberdade. O espaço para respirar dá clareza e criatividade à sua relação com o dinheiro.

Dorothy, que há alguns anos fez o Curso Você e o Dinheiro, encontrou espaço para respirar. Bibliotecária aposentada de setenta e poucos anos, ela havia renunciado ao sonho de ingressar no Peace Corps e dar aula de inglês num lugar remoto porque se achava "velha demais". Além disso, não queria abandonar o filho adulto, que tinha necessidades especiais e precisava de cuidado. Depois de enfrentar e contar a verdade sobre esses problemas, no curso, viu que sua saga heróica não estava terminada. Tomou as providências financeiras adequadas para o filho, candidatou-se ao Peace Corps e foi aprovada. Pouco tempo depois do nosso último encontro, no grupo, eu recebi um cartão postal de Sri Lanka, onde Dorothy estava organizando bibliotecas e dando aula de inglês como segunda língua.

Outra mulher, Jane, tinha um bom restaurante na Califórnia. Queria ampliá-lo, porém lhe faltava o ímpeto necessário para tanto — coisa que já estava se transformando num problema. No Curso Você e o Dinheiro, ela viu que uma de suas práticas consistia em pagar "por fora" alguns garçons, ou seja, sem carteira assinada e sem recolher os benefícios. Não lhes pagava mais nem menos que aos demais, porém procurava escapar a certos impostos. Jane viu o quanto essa prática lhe consumia a energia. Não só porque a deixava apreensiva como também porque se opunha ao que lhe parecia correto.

No curso, ela disse a verdade sobre isso e ganhou um pouco de espaço para respirar. Não lhe *agradava* contar essa verdade, mas contou. A seguir, tomou a iniciativa de consertar a situação. Registrou oficialmente todos os empregados. Isso lhe permitiu ver claramente o que lhe custava administrar realmente o negócio, e o restaurante prosperou e se expandiu. Essa simples decisão de dizer a verdade foi eficaz para Jane.

Eu não sou a polícia ética e não determino as regras. O propósito deste trabalho é levá-lo a descobrir suas próprias regras, as que você sempre teve, as que refletem o seu ser. Se não operar de acordo com elas, você não terá nenhum espaço para respirar. Jane descobriu que alinhar a prática comercial às suas próprias regras não só a fez sentir-se mais inteira como também levou seu negócio a prosperar.

Doris também conheceu os benefícios do espaço para respirar. Ela era representante, na Costa Leste, de uma indústria importante, que oferecia um produto muito popular. A empresa tinha urgência em obter informação sobre ele — e, na pressa, Doris deixou alguns detalhes de lado, coisa que levou à edição de uma sofisticada brochura com informações erradas. Reimprimi-la custaria uma fortuna, porém, devido à natureza da informação, a firma arriscava enfrentar problemas jurídicos se o material não fosse corrigido.

Doris encontrou espaço para respirar ao se dar conta de que havia agido com tanta precipitação que desprezara os detalhes. Via de regra, teria tratado imediatamente de providenciar uma nova brochura, mas percebeu que, no estado de pânico em que se achava, o mais provável era que colhesse outras informações equivocadas. Quando conseguiu parar e observar a situação e suas reações a ela, em vez de correr e repetir o erro, teve mais espaço para respirar e desenvolver uma estratégia melhor, que acabou dando certo.

Os egressos do Curso Você e o Dinheiro libertaram-se do débito paralisante, foram bem-sucedidos nos negócios, compraram a casa com que sonhavam e escreveram peças de teatro. Localizaram e realizaram os desejos do coração, coisa que você também pode fazer.

Os primeiros cursos, os encontros com amigos dispostos a compartilhar suas experiências com o dinheiro, representaram uma guinada em minha vida. Eu esclareci algumas de minhas crenças com respeito ao dinheiro e entrei em contato com certos sentimentos ocultos com relação a ele. Mas não foi só isso. Ao ver o quanto a minha vida e a dos outros estavam mudando para melhor, senti que me fora dado um objetivo a cumprir na vida. Foi como receber um presente inestimável. Eu podia dar à minha vida um sentido e um propósito maiores e, ao mesmo tempo, criar um cenário e oferecer instrumentos que os outros podiam usar para obter clareza e poder na relação com o dinheiro. Não fui a única a receber esse presente. Nesses primeiros grupos, também os outros perceberam que estavam descobrindo um senso mais profundo de objetivo na vida.

Eu ofereci o seminário fora de meu círculo de amizades, e deu certo. Em pouco tempo, havia uma grande demanda desse trabalho. Não tardei a receber pedidos de outras regiões do país e, em poucos anos, estava viajando a outros estados. Atualmente, estou ensinando esses princípios internacionalmente.

O Curso Você e o Dinheiro continua evoluindo à medida que pessoas corajosas dão um passo à frente no sentido de desencadear a energia do dinheiro em sua vida. Toda vez que apresentamos o curso, fico comovida com a disposição que eles têm de comparecer às aulas e contribuir com o processo e com os que vierem depois delas. Com o tempo, desenvolvemos os doze princípios orientadores deste trabalho.

OS 12 PRINCÍPIOS

A Energia do Dinheiro apresenta 12 Princípios de realização pessoal. Por meio deles, você começará a desenvolver domínio sobre a energia do dinheiro. Descobrirá a paisagem oculta de crenças, padrões de comportamento e hábitos que, às vezes, subvertem o uso que você faz do dinheiro e de outras formas de energia. Aprenderá a liberar e enfocar a energia do dinheiro, a expressar suas Intenções de Vida mediante metas significativas, a lidar com as dificuldades que inevitavelmente hão de surgir quando você se aproximar da fronteira entre os sonhos e a realidade física, e a viver no perdão, na solidariedade e na abundância.

O *Webster's Third International Dictionary* explica que um princípio é uma "verdade geral ou fundamental; fonte básica ou primária de material ou energia". Não se trata de um ato isolado, de um passo que se dá uma vez e pronto. Um princípio é um guia permanente na vida. Cada um desses 12 Princípios destina-se a ajudá-lo a ter acesso a sua sabedoria interior de modo a avançar com facilidade e clareza rumo aos seus objetivos e sonhos. É possível que eles o surpreendam, sendo que alguns podem até contrariar sua intuição. Todavia, se você trabalhar com eles, eu lhe prometo clareza e bem-estar além dos seus sonhos mais ousados.

Talvez você não se dê conta de que esses princípios são universais para uma vida de sucesso e se sinta tentado a utilizá-los em outras áreas da existência que não o dinheiro. Tudo bem, mas eu lhe peço que se concentre na relação com o dinheiro, pois isso lhe dará os resultados mais mensuráveis, imediatos e potentes.

Os Princípios são apresentados em quatro partes. A primeira, "O Propósito do Herói", convida-o a ver até que ponto você está e sempre esteve disposto a definir suas Intenções de Vida e seus Padrões de Integridade e a desenvolver metas que expressem quem você é em seu coração de herói. Na Segunda Parte, "Como Identificar os Obstáculos Interiores ao Progresso", aprenderá sobre a tagarelice da Mentalidade de Macaco, o que significa de fato escassez e como se desperdiça a energia do dinheiro com um comportamento dirigido. A Terceira Parte, "Como Limpar o Caminho", trata de liberar antigas crenças, de desencadear a energia do dinheiro por meio do perdão e de fazer e cumprir promessas que o levem a avançar no caminho. Na Quarta Parte, "Mantenha o Rumo", você aprenderá a lidar com os obstáculos externos às suas metas, a usar o apoio dos demais para aumentar a capacidade de lidar com a energia do dinheiro e a abraçar a gratidão como o portão da abundância.

UMA PALAVRA FINAL

Orientando as pessoas ao longo do câminho, descobri que o dinheiro não é nem deixa de ser espiritual. É simplesmente energia. Existe para ser usado sensata, conscientemente e com alegria. Em nossa cultura, discute-se muito se é possível seguir um caminho espiritual e, mesmo assim, ter dinheiro. Claro que é! Trata-se de saber: *em que você usa o dinheiro?* Ele favorece suas Intenções de Vida? Você está contribuindo para a vida dos outros? Ele lhe dá satisfação duradoura ou você o usa para a gratificação instantânea porque sua vida está desordenada? Essas perguntas trazem clareza a sua saga heróica, e nós vamos explorá-las neste livro.

Mais uma coisa antes de iniciar o primeiro capítulo: para extrair o máximo do texto, tenha consigo um caderno ou um diário para tomar nota e fazer os exercícios. Registre a jornada que está prestes a empreender. Suas anotações podem vir a ser seu seminário particular. Também é possível que você decida ler o livro com um grupo de amigos, apoiando-se mutuamente para fazer os exercícios. Fazer uma dessas coisas é seguir os passos dos formados no curso Você e o Dinheiro que transformaram os sonhos em realidade.

Parabéns! Ler este livro significa dar o primeiro passo. Eu aplaudo sua disposição de enveredar conscientemente pela saga do herói e desejo-lhe sucesso ao longo do caminho.

O QUE É A ENERGIA DO DINHEIRO?

Imagine-se cuidando de suas finanças com uma sensação de otimismo, clareza e abertura, não com medo. Há 17 anos eu percorro o país orientando pessoas que não têm conseguido fazer ou obter o que querem e lhes mostro que o sucesso está ao seu alcance; e oriento as pessoas bem-sucedidas para que tenham ainda mais êxito. "Bem-sucedidas", para mim, são as pessoas que sabem usar o dinheiro para realizar os desejos mais entranhados, assim como as que o utilizam para ter conforto e enriquecer pessoal e profissionalmente.

As pessoas bem-sucedidas com as quais trabalhei não têm nenhum dom natural, nenhum atributo inato, que as separe daquelas cujos sonhos nunca se materializaram. Têm, isto sim, uma capacidade adquirida que as distingue das demais: *aprenderam a lidar com a energia*.

O QUE TORNA UMA PESSOA BEM-SUCEDIDA?

As pessoas bem-sucedidas sabem como a energia funciona. Sabem enfocar os diversos tipos de energia — o dinheiro, o tempo, a vitalidade física, a criatividade, entre outros — para converter os sonhos, as idéias e as visões em realidade. E sabem fazê-lo com tranqüilidade. Realizaram seus sonhos particulares, enfrentaram dificuldades pessoais, venceram os dragões ou os medos individuais. Embora nem sempre tenham sucesso em seus empreendimentos, em geral sabem usar a energia, particularmente a energia do dinheiro. Eu considero essas pessoas heróicas, pois, para mim, a saga do herói consiste em usar a energia conscientemente a fim de tornar realidade, no mundo físico, os objetivos e sonhos.

É uma missão heróica seguir avançando em face de todos os pensamentos, sentimentos, autojulgamentos e avaliações que se vinculam ao dinheiro. Exige coragem, criatividade e o anseio genuíno de expressar quem realmente somos no mundo.

Em *The Hero with a Thousand Faces*,* Joseph Campbell, o conhecido mitólogo e filósofo, descreve a saga do herói. No curso da vida, tal como nas façanhas de todo herói, temos de sofrer certas perdas, deixar o previsível conforto do lar e palmilhar terrenos desconhecidos para realizar os sonhos e atingir os objetivos. No caminho, é inevitável que o herói depare com dragões que lhe obstruem a passagem. Em geral, sua saga o leva a lugares sombrios para combater forças invisíveis em busca de tesouros ocultos. E o herói emerge dessas batalhas com um graal, com jóias ou com sabedoria que compartilhará com os outros.

É justamente sua contribuição com os demais e com o mundo que o torna herói, pois a tarefa suprema deste é levar conhecimento, energia e poder às pessoas que ama e com elas dividir tudo isso. Cada um de nós tem um talento único para contribuir com o mundo e dá essa contribuição transformando seus sonhos individuais — aqueles que verdadeiramente o entusiasmam e inspiram — em realidade. Nossa missão pode ser sustentar uma família ou criar uma empresa que ajude uma comunidade a prosperar. Seja qual for a visão que nos mobilize, cumpri-la é uma missão heróica.

Quando nos comprometemos com essa missão, quando sabemos que estamos dando uma contribuição maior, quando sabemos que nossas metas pessoais também ajudam nosso negócio a prosperar ou quando sabemos que o sucesso financeiro também levará nossos filhos à universidade, estamos usando heroicamente a energia do dinheiro.

Este capítulo lhe oferece um mapa da saga do herói na qual você vai embarcar para aprender exatamente a dominar a energia do dinheiro. Aprenderá o que fazem os heróis, quais são seus desafios, onde eles aprendem suas lições e como geram energia para atingir os objetivos e realizar os sonhos.

E verá que você também é um herói.

Aliás, verá imediatamente que já tem todas as qualidades e aptidões de que precisa para usar a energia do dinheiro a fim de realizar seus sonhos. Esse tipo de domínio não exige talento ou inteligência especiais. Você não precisa sequer livrar-se dos medos, das dúvidas e das preocupações.

Nós todos nascemos com a capacidade de realizar nossos sonhos. Na verdade, essa capacidade pode ser o melhor meio de evoluirmos. Nós seres humanos não temos pêlo, garras, presas nem a capacidade de luta que ajudaram tantas espécies animais a sobreviver e adaptar-se — mas temos a capacidade de concentrar a consciência numa idéia, de traduzir essa idéia numa forma ou num com-

---

* *O Herói de Mil Faces*, publicado pela Editora Pensamento, São Paulo, 1988.

portamento reais que nos capacita a nos proteger, a escapar ao perigo ou a tornar a vida mais fácil. Podemos transformar as idéias em realidade física.

Fazemos isso o tempo todo, porém muitos não o fazem conscientemente. No entanto, as pessoas bem-sucedidas são *condutores conscientes* de energia. Em geral, comportam-se conforme os 12 princípios que liberam energia em sua própria vida e no mundo. Este livro lhe dirá quais são esses princípios e como você também pode usá-los. Ajudá-lo-á a ter consciência da energia do dinheiro em sua própria vida, com o aumento do seu poder monetário — e do seu poder pessoal.

SEU DINHEIRO É A SUA VIDA

Joseph Campbell disse: "Dinheiro é energia congelada, e liberá-la é liberar as possibilidades da vida". Podemos segurar o dinheiro nas mãos, tocá-lo, senti-lo e usá-lo para qualquer finalidade que escolhamos.

Experimente este exercício. Pegue uma nota de um dólar e segure-a por um momento. Imagine os lugares em que ela esteve e os lugares onde vai estar. Pense nas pessoas que a seguraram e no uso que lhe deram. Pense nas pessoas que irão segurá-la no futuro e no uso que lhe darão. Esse dinheiro pode chegar às mãos de uma mãe que precisa justamente de mais um dólar para comprar a comida que os filhos necessitam; ou transportar um empresário, de táxi, para fazer um negócio que gerará emprego para milhares de pessoas; ou fazer parte do pagamento da primeira casa de alguém, de um carro, de uma viagem há muito esperada. Você sente essa energia? A energia dessa mera nota de um dólar pode fluir de sua mão para muitas vidas.

Nós vivemos num universo feito e cercado de energia. Já que todos participamos da energia universal que nos une, nenhum compartimento da vida está fechado para os demais. As mínimas partes da vida e da matéria refletem as propriedades do universo como um todo. O físico David Bohm deu a isso o nome de universo holográfico: qualquer aspecto da existência tem reflexo em todos os outros. Isso significa que a maneira como você faz dinheiro é a maneira como faz a vida. Nossa relação com o dinheiro é uma metáfora das relações que temos com todas as formas de energia; o tempo, a vitalidade física, o prazer, a criatividade e a solidariedade com os amigos.

Essas energias dão força à existência. Sem qualquer uma delas, a vida fica difícil; em compensação, aprimorar-lhes o fluxo geralmente a torna mais fácil. À medida que fizer os exercícios deste livro, você descobrirá o quanto essas formas de energia são interdependentes. As conquistas que o dinheiro lhe proporciona terão eco na sua vida pessoal; na saúde, que melhorará; na energia criativa, que também aumentará; e na sua relação com o tempo, que será mais benévola, mais fácil. Ao aprender a usar a energia do dinheiro, você aprende a utilizar com tranqüilidade *qualquer* forma de energia.

Pense um pouco nisso.

- Você tem dinheiro suficiente? (Tem tempo ou vitalidade física suficientes?)
- Precisa acumular dinheiro para se sentir seguro? (Precisa limitar seu apoio aos outros para se sentir a salvo?)
- Você esbanja dinheiro? (Desperdiça tempo?)
- Sabe exatamente quanto há em sua conta corrente neste momento? (Tem um quadro exato de seu atual estado de saúde física?)

Um dos propósitos de ser humano é acordar e ser consciente. Tradicionalmente, busca-se a consciência na solidão dos retiros ou nas meditações, o que decerto é importante e válido. Mas, e se despertar realmente significar perceber como conduzir-se poderosamente na vida cotidiana e regular no mundo real? A energia congelada do dinheiro nos dá essa oportunidade. Por exemplo, se soubermos exatamente quanto gastamos em "diversos" por semana, ou quanto dinheiro temos na carteira num determinado momento, ou quanto é o nosso salário líquido mensal, inclusive os centavos, estaremos demonstrando de modo concreto que dominamos o uso consciente da energia.

Pode ser que você recue ante os sentimentos que surgem ao responder essas perguntas ou que empalideça ao perceber que a maneira como lida com as finanças é um reflexo do seu verdadeiro modo de ser. Mas eu o estimulo a ficar de olhos abertos enquanto prosseguimos, por mais desconfortável que seja examinar os problemas difíceis como as dívidas, os medos ou os desejos não satisfeitos. Eu sei que não é agradável falar nem pensar calma e conscientemente em dinheiro. À medida que avançarmos no processo, eu o convido a anotar no caderno todos os sentimentos que surgirem e todas a percepções que você tiver. Mais tarde, retornaremos a essas observações iniciais e veremos até que ponto suas atitudes mudaram.

O TABU DO DINHEIRO

Se as pessoas bem-sucedidas são aquelas que sabem usar a energia do dinheiro e se nossa relação com o dinheiro é uma metáfora de nossa relação com todos os tipos de energia, por que os 12 Princípios da energia do dinheiro são pouco conhecidos?

O principal motivo é que a maioria de nós acha desesperadamente desagradável falar de dinheiro. Aos 7 anos de idade, quando meus primos estavam jantando em casa, eu aprendi que falar em dinheiro era um tabu. Querendo parecer adulta, perguntei ao meu primo Irwin, que era bem mais velho: "Quanto você ganha por mês?"

O QUE É A ENERGIA DO DINHEIRO?

Todos pararam de conversar. Foi alarmante, dado o barulho habitual em nossa sala de jantar. Mamãe olhou para mim claramente constrangida. "Maria", disse com severidade, "isso não se pergunta a ninguém."

Os adultos acharam graça. Eu? Aprendi uma lição importante sobre o dinheiro: é uma coisa pessoal demais para que sirva de tema de conversação. É provável que você tenha tido uma experiência parecida quando era criança. Esse é um dos motivos pelo qual, às vezes, é desconfortável despertar para a relação que temos com o dinheiro. É preciso violar um tabu. Porém, se dermos o salto e começarmos a nos fazer algumas perguntas sobre como nos relacionamos com ele, é provável que descubramos como o usamos para realizar ou frustrar nossos sonhos ou para definir nossa visão de mundo. Ao fazer isso, iniciamos nossa jornada pessoal rumo à consciência. Com ela vêm a clareza, a atenção e a capacidade de realizar aquilo que queremos genuinamente na vida, para nós e para os outros.

Qual é a minha relação com o dinheiro? Eu tenho usado bem sua energia? Até que ponto isso espelha a maneira como lido com outras formas de energia na vida? Talvez estas sejam as perguntas mais importantes que você já fez. Sabendo a resposta, ficará mais claro o caminho para uma existência realizada e plena, como se um guia inteligente e gentil estivesse caminhando à sua frente, na floresta, abrindo caminho para você.

O resto deste capítulo descreve esse caminho.

A REALIDADE FÍSICA E METAFÍSICA

Nós dissemos que a saga do herói envolve o uso da energia do dinheiro para transformar as metas e os sonhos em realidade material. O diagrama a seguir é um mapa desse processo. Vamos examiná-lo elemento por elemento.

Suponhamos que a realidade, tal como a conhecemos, se divide em duas partes. Um aspecto, a porção superior do diagrama, chama-se *realidade física*. Nesse reino, a energia se funde com objetos dotados de forma, densidade e tamanho. Objetos que se podem ver, saborear, sentir ou cheirar. É possível medi-los e observar que estão sujeitos às imposições do tempo e do espaço. Uma das leis desse domínio é a da impermanência: as coisas crescem, morrem e são substituídas. A mudança é a norma inalterável. Para deslocar ou modificar os objetos desse reino, é preciso concentrar energia neles. Por exemplo, a grama do seu jardim não é cortada simplesmente porque você sonha com isso; alguém tem de usar realmente o cortador.

Olhando para o reino físico a partir da perspectiva da física, pode-se dizer que este é o domínio newtoniano, onde são nítidas as leis de causa e efeito. Por exemplo, todo mundo sabe que, se erguer um copo de água e soltá-lo, ele cairá e se partirá, espalhando água por toda parte. Há uma noção de certeza nessa conexão linear entre causa e efeito, já que se pode prever pelo menos

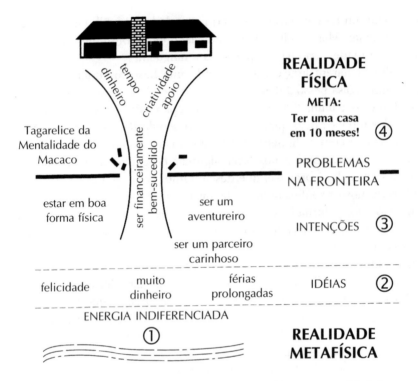

alguns resultados com base na ação anterior. Economizar 30 dólares por mês render-lhe-á 360 dólares ao cabo de um ano.

Infelizmente, para muitos de nós, a simplicidade e obviedade do domínio físico parece tediosa e banal. A maioria das pessoas há de concordar que é importante equilibrar o saldo da conta bancária até os centavos, mas isso é tão chaaaato! Contudo, se olhássemos mais detidamente, pode ser que descobríssemos que algumas das lições mais importantes da vida são as que, pelo menos no começo, consideramos banais e, até certo ponto, indignas de atenção. Sabemos, por exemplo, que devemos usar o cinto de segurança, mas isso, às vezes, parece tedioso e cansativo. Só pensamos na importância do cinto de segurança quando ouvimos falar num acidente no qual as pessoas não o estavam usando. Até mesmo saber quanto nos devem (ou aos nossos filhos) pode parecer mesquinho, mas não dar a mínima para esse tipo de informação pode ser desastroso. As coisas "mínimas" e "banais" têm muita importância no reino físico.

Um segundo aspecto da realidade (a parte de baixo do diagrama) chama-se *realidade metafísica*. Neste reino, a energia não se solidificou em forma. Flui livre e ilimitadamente. O que aqui existe é intangível e não pode ser medido com os meios físicos habituais. É o domínio daquilo que os antigos filósofos ocidentais denominavam Idéias Puras. Os elementos da realidade metafísica são imunes à lei da impermanência. Ao experimentar esse reino por intermédio da imaginação, de visões e da intenção, entusiasmamo-nos com possibilidades ainda inexistentes na realidade física.

Podemos pensar o reino metafísico como várias camadas de organização. No nível mais profundo, encontramos energia indiferenciada ou o que os metafísicos chamam de substância ou potencialidade pura (vide o ponto 1 do diagrama).

Nós interagimos com esse plano o tempo todo, e as primeiras formas que emergem são as idéias (vide o ponto 2 do diagrama). Uma idéia é como um sonho ou visão. Geralmente se inicia com palavras como "não seria ótimo se... eu tivesse todo o dinheiro de que necessito... não precisasse trabalhar cinqüenta horas por semana... nós teríamos um excelente programa esportivo para as crianças". Essas idéias têm leveza porque a energia ainda é um fluido livre de forma. Esse é o reino do *brainstorming*, onde as idéias simplesmente faíscam dentro de nós. É interessante e divertido. Ainda não há nenhuma promessa ligada a essas idéias; são meros "tufos" de energia que começam a ganhar forma e a flutuar ao nosso redor quando pensamos nelas.

Todo dia você e eu passamos pelo drama de dar forma física e densidade à energia pura das idéias. Fazemos isso por meio da criação das Intenções de Vida, o terceiro nível da realidade metafísica, o mais próximo da linha entre esta e a realidade física (vide o ponto 3 do diagrama).

Uma Intenção de Vida é uma direção, um alvo ou um propósito que vem do fundo de nós. Reflete quem somos no nosso coração e traz à tona uma resposta emocional. Intenções de Vida são coisas como "eu quero... ser escritor, ser uma grande mãe, ser médico, ter sucesso financeiro, ser um empresário bem-sucedido, dar uma contribuição à minha comunidade". Todos temos muitas Intenções de Vida. Elas nos aproximam mais da realidade física porque nos "contam" para onde devemos dirigir nossa energia. São plantas do lugar para onde nossa energia fluirá e que funcionam como "condutores de energia" entre a realidade metafísica e a física.

Aos domínios físico e metafísico aplicam-se "regras" diferentes. Neste último, nossas idéias de causa e efeito sobre o tempo e o espaço não têm aplicação. As coisas funcionam mais ou menos como na física quântica. No reino quântico, a matéria é feita tanto de energia quanto de matéria, de ondas eletromagnéticas e de partículas. A energia e a matéria se comunicam entre si instantânea, simultânea e sincronicamente. A física quântica pode alterar nossa noção das leis usuais de causa e efeito.

Nós sentimos o reino metafísico em momentos estranhos, como, por exemplo, quando você pensa na sua canção favorita, liga o rádio do carro e ela está tocando. Como aconteceu? Não se pode dizer que o fato de você ter pensado na música fez com que ela tocasse, não é mesmo? Seria superstição. Mas o que aconteceu então? Pode ser confuso. Para lidar com o reino metafísico, é preciso ter a capacidade de cancelar a lógica.

Um dos maiores erros da vida é tentar explicar por leis do tipo newtoniano o modo como o domínio metafísico afeta o físico. Não dá certo. "Regras" como "Se eu tiver pensamentos positivos sobre a prosperidade, começará a jorrar dinheiro em minha vida" são simplistas demais para funcionar. Esse tipo de pensamento é "metafracassado".

A verdade é que o dinheiro existe no âmbito físico. Resulta não dos pensamentos no reino metafísico, e sim das *ações no domínio físico*.

Outro equívoco é tentar saltar diretamente do reino das Idéias ("Não seria fantástico ter um veleiro?") para a meta de comprar um veleiro — sem antes verificar a que Intenção de Vida específica ele corresponde. Por exemplo "ser um aventureiro", "ser campeão de regata" ou qualquer outra. Independentemente de qual seja, é importante fundamentar as metas na Intenção de Vida, porque ela é a planta, o roteiro, do que acontece na realidade física, é o espírito vivo por trás dos objetivos e dos sonhos. Suas Intenções de Vida o conservam energizado e concentrado toda vez que topa com dificuldades no caminho de suas metas. Elas o mantêm no rumo daquilo que, para você, tem coração e sentido.

Os que "metafracassam" operam na ilusão de que há uma relação de causa e efeito, uma causalidade linear, entre o que acontece nos reinos metafísico e físico. Pensamos ou esperamos que, se tivermos pensamentos positivos, hão de nos acontecer coisas positivas na realidade física.

A interpretação mais útil da relação entre a realidade metafísica e a física é que podemos envidar esforços no reino metafísico a fim de *purificar-nos* de modo a ficar disponíveis para o que ocorre na realidade física. Então temos de *trabalhar* nesta última. Precisamos estar dispostos a nos purificar, no domínio metafísico, fazendo coisas como abrir mão das crenças limitadoras e conhecer nossas verdadeiras Intenções de Vida, mas, a seguir, devemos enfrentar o trabalho no domínio físico para produzir o resultado.

É assim que funciona. Bárbara é artista gráfica. No trabalho, percebeu que tem uma antiga crença limitadora, a idéia fixa de que 500 dólares são o máximo que pode cobrar por um projeto. Ela gostaria de ultrapassar essa crença, mas, para tanto, precisa telefonar para clientes potenciais capazes de fazer encomendas maiores, atualizar seu portfólio e comparecer às reuniões para assinar os contratos. Bárbara se purificou no reino metafísico e, ato contínuo, tomou a iniciativa de agir no físico.

Essa é a essência da saga do herói. Neste livro, eu vou mostrar exatamente como se purificar no reino metafísico para que você possa empreender a Ação Autêntica no reino físico a fim de manifestar seus objetivos e sonhos. Sabendo como fazer isso, toda a maravilhosa informação e o apoio que atualmente nos cercam passam a lhe ser úteis, pois você se liberta para usar sua sabedoria interior.

Todos ficamos felicíssimos quando demonstramos, na realidade física, o que sabemos que é verdadeiro em nós, quando damos forma a nossas Intenções de Vida de modo a contribuir com os demais. Os Princípios deste livro destinam-se a criar esse tipo de abertura. Não são meros conselhos. São guias para viver e abrir caminho rumo ao domínio da energia. Todos os capítulos apresentam meios de pôr os princípios em prática, mas esses passos são apenas o começo de um processo vitalício, no qual esses fios condutores podem ajudá-lo a viver a vida dos seus sonhos.

METAS: COMO PROJETAR NOSSAS INTENÇÕES DE VIDA NA REALIDADE FÍSICA

Como saber exatamente se estamos manifestando nossas Intenções de Vida e como manifestá-las? Para saber se estamos projetando nossas Intenções de Vida, é preciso ver os resultados na realidade física. Se nossa Intenção de vida é "ser artista", temos de ver uma pintura. Se nossa Intenção de Vida é "ser um empresário bem-sucedido", temos de ver a empresa e os livros.

Nós impulsionamos as Intenções de Vida no reino físico estabelecendo metas. Uma meta é, literalmente, a projeção de uma Intenção de Vida na realidade física (vide o ponto 4 do diagrama). Trata-se de uma promessa que fazemos a nós mesmos de realizar essa Intenção de Vida. No presente trabalho, nós nos servimos da definição de meta dada pelo dicionário: "área ou objeto rumo ao qual se dirige o jogo a fim de marcar um ponto".

Sem metas, nossas Intenções de Vida permanecem irrealizadas, e uma Intenção de vida irrealizada muitas vezes resulta em frustração e resignação. Inversamente, conhecemos as maiores alegrias quando atingimos metas que realmente têm significado e valor, para nós, por estarem ancoradas no reino metafísico.

Algumas metas e as Intenções de vida que manifestam:

META	INTENÇÃO
comprar uma casa	ser financeiramente bem-sucedido
escalar o Monte Shasta	estar em boa forma física
mudar-me para um belo escritório novo	ser um empresário de sucesso
levar meus filhos à Disneylândia	ser um ótimo pai

Eis um exemplo de como utilizei as metas. Há mais de uma década, eu trabalhava num hospital e decidi pedir demissão e inaugurar um consultório particular de psicologia. A Intenção de Vida que queria realizar era ser "uma mulher de negócios bem-sucedida", e minha meta era ter trinta clientes e um grupo dentro de seis meses.

Ora, abraçar a profissão de psicóloga também havia realizado minha Intenção de Vida de "ser útil aos outros", porém montar um consultório próprio era uma aventura, um risco. Eu podia imaginar como seria o consultório, quanto ganharia por mês, quantos clientes atenderia por semana. Era animador pensar nas maneiras como eu podia fazer meu negócio decolar.

PROBLEMAS NA FRONTEIRA

Quando pensei em abrir meu consultório particular, estava animada e pronta para começar. No entanto, uma coisa aconteceu no momento em que tentei dar o salto do mundo metafísico — o das idéias — para o da vida real, o do plano físico.

Vi-me subitamente confrontada com decisões que nada tinham de inspiradoras. Precisava encontrar um imóvel, contratar uma empresa para receber as ligações dos clientes e obter alvará. Havia dezenas de perguntas a responder: como arranjar clientes? Não podia sair pelas ruas de Sacramento convidando as pessoas a darem um pulo no meu consultório novo (arriscava ir parar na cadeia se o fizesse!), de modo que programei palestras em toda a cidade para que soubessem quem eu era e que podiam me escolher como terapeuta. Algumas dessas palestras foram divertidas, outras, no entanto, foram um verdadeiro inferno.

Eu estava indo devagar. Prometera a mim mesma ter um consultório lotado em seis meses, mas, ao cabo desse período, estava atendendo um total de cinco clientes por semana. Não chegara nem perto das trinta pessoas com que contara. Não parava de pensar: "Isso é tudo que posso conseguir em troca desse tremendo investimento de energia?"

Até certo ponto, eu estava contente com o meu progresso no novo consultório. Mas também estava terrivelmente decepcionada comigo. Achara que seria muito mais fácil pôr em prática a idéia de um consultório particular e não conseguia atinar o que havia feito de errado.

Eu não sabia que estava enfrentando o que, posteriormente, passei a chamar de "Problemas na Fronteira". Quando a gente começa a transferir uma idéia do reino metafísico para a realidade física, é preciso atravessar a fronteira entre esses dois mundos muito diferentes. E, na fronteira, a inspiração e a alegria da idéia original topam com a exigência de energia da realidade física.

Às vezes, chegar à fronteira entre as realidades metafísica e física é verdadeiramente um choque. No reino físico, a energia é extremamente densa. Trata-se de uma mudança radical em comparação com a energia fluida, solta, flutuante e livre do reino metafísico. Essa mudança de densidade pode ser muito intensa, como se você estivesse na praia, tomando um delicioso banho de sol e, de repente, levasse um banho de água gelada.

Na Fronteira, chegamos a deparar com dúvidas e medos tão fortes que parecem querer nos deter antes mesmo que a jornada se inicie. Experimentamos a inércia. Foi o que aconteceu comigo quando me pus a procurar uma sala para instalar meu consultório. Eu ia a toda parte e não tinha sorte. Nada combinava com a imagem de como devia ser o consultório e, depois de algumas semanas de busca, meu entusiasmo por todo o empreendimento começou a murchar.

O QUE É A ENERGIA DO DINHEIRO? 35

De repente, fiquei totalmente desanimada do sonho de inaugurar um consultório particular só meu. Eu estava consumindo demasiada energia na forma de tempo, vitalidade física e criatividade, sem falar no dinheiro que deixava de ganhar enquanto procurava. Justo no momento em que eu mais precisava de energia para ganhar velocidade e seguir em frente, tudo passou a parecer excessivamente difícil.

Talvez você tenha experimentado esse mesmo fenômeno ao passar do estágio da idéia para o reino dos compromissos, dos recursos, dos detalhes e das pessoas. Nem tudo acontece como a gente espera.

Hoje eu sei uma coisa que não sabia na época: *os problemas na fronteira são inevitáveis*. Quem reconhecer a verdade dessa afirmação pode começar a relaxar. Não há nada de errado com você nem com seu sonho. *Sempre* que a gente leva uma idéia criativa à Fronteira entre a realidade metafísica e a física, enfrenta essa mudança de energia. Todo mundo, de Da Vinci a Madre Teresa e ao seu tio que nunca levou a sério os sonhos que teve, tem a pesada sensação de desalento de que o que pretendia fazer era muito mais difícil que o previsto e exigia muito mais tempo, dinheiro ou coragem do que se imaginava. São abundantes as histórias de Problemas na Fronteira nas biografias dos inventores, pesquisadores, cineastas e empresários de sucesso.

A ciência física oferece uma metáfora perfeita do Problema na Fronteira: a decolagem. Sabe-se que os foguetes consomem a maior parte do combustível nos primeiros momentos de vôo, ao superar a inércia e a força gravitacional da terra. É mais ou menos o que acontece conosco quando lançamos nossos sonhos na realidade física.

Os Princípios deste livro o orientarão de modo a tornar sua jornada do metafísico ao físico mais animadora e produtiva. Quando o caminho se torna íngreme, não é preciso perder a coragem ou questionar sua meta ou a Intenção de Vida por trás dela. Não há necessidade de "forçar a barra" sozinho. Aliás, você pode vir a enxergar todo o sofrimento que experimenta em face da dificuldade como uma medida de sua coragem ao sair da zona de conforto. É um sinal do quanto está avançando com relação a sua capacidade ou ao seu lugar na vida atuais. Mostra que você está expandindo tanto sua capacidade quanto sua força.

A MENTALIDADE DO MACACO

Nas minhas primeiras tentativas de abrir um consultório particular, tive de lidar não só com exigências de energia bem maiores do que eu esperava, na Fronteira, como também com um comentário insistente em minha cabeça, uma voz que criticava e condenava cada ato meu:

- "Não era para ser tão difícil."
- "Talvez este não seja o melhor momento para fazer isso."
- "Se eu estivesse mesmo destinada à psicoterapia, não teria tanta dificuldade."
- "Eu sei que o universo está me dizendo alguma coisa."

Eu denomino esse diálogo interior de a Mentalidade do Macaco. Trata-se de um conceito oriundo do budismo, que o descreve como o aspecto autocrítico de nossa mente que faz com que passemos da dúvida à preocupação e, a seguir, retornemos à dúvida. A Mentalidade do Macaco fala mais alto quando ameaçamos mudar o *status quo* — mesmo que este seja algo que aspiramos a deixar para trás.

A Mentalidade do Macaco destina-se a resolver os problemas, a esperar o perigo e a nos defender nas enrascadas. É uma espécie de instinto de sobrevivência, por isso gosta do que é conhecido e familiar. Tem aversão à mudança, detesta arriscar-se e não aprecia nenhum passo que demos rumo à Fronteira, pois, do outro lado, há um território novo em folha. Para a Mentalidade do Macaco, pouco importa que no novo território se encontre a meta mais próxima do seu coração. Basta ser novo para que não preste.

Em psicologia, pode-se dizer que a Mentalidade do Macaco é um produto dos lobos frontais, a parte do cérebro que se encarrega da solução dos problemas. É quase como se esses lobos fossem acionados quando as exigências de energia mudam. Eles ficam ruidosos e insistentes, geralmente mandando-nos parar.

No meu caso, já que os clientes não tinham aparecido às pencas como eu esperava, a Mentalidade do Macaco apresentou uma análise rigorosa: "Está vendo? Eu *sabia* que não ia dar certo. Devia ter ficado em meu emprego fixo no Hospital Geral de Long Beach. Que desastre!"

Mais adiante, vamos analisar mais detidamente as conversas da Mentalidade do Macaco no que se refere ao dinheiro. Ela enlouquece quando a gente pensa em dinheiro e, caso tenha dúvida, observe o seu diálogo interior quando você contempla as seguintes palavras: valor líquido, prestação, previdência, fatura do cartão de crédito. Calma! Eu vou parar de empregar esses termos por ora. Em todo caso, quando você topar com essa mixórdia de sintomas da Mentalidade do Macaco, eles não o surpreenderão, não o desanimarão nem o assustarão. Você conseguirá dar-se espaço para respirar e continuar perseguindo seus objetivos.

Em *The Tibetan Book of Living and Dying*, Soygal Rinpoche compara a Mentalidade do Macaco com uma colmeia. Diz que nós podemos provocar facilmente as abelhas a nos perseguirem e picarem ou deixá-las em paz. Temos a mesma escolha quando se trata da tagarelice de nossa mente ativa. Podemos atiçá-la tentando analisá-la, suprimi-la ou discutir com ela, coisa que a faz falar ainda mais alto, ou podemos evitar que ela direcione nossa energia para a mente desse modo. Se desviarmos a atenção de seu falatório, a Mentalidade do Macaco não nos obstruirá. O zumbido não vai desaparecer, mas já não estará apontado na nossa direção.

As pessoas bem-sucedidas aprenderam a não cutucar a colméia de abelhas. Ouvem a Mentalidade do Macaco a lembrá-los diariamente, minuto a minuto, de suas dúvidas, medos e temores, exatamente como todos nós. Porém reconhecem que essas ansiedades sempre estarão presentes quando próximas da Fronteira. Também vêem que a atividade da Mentalidade do Macaco não é relevante para aquilo que elas são e para os seus objetivos de sua vida. Concentram-se, isto sim, em energizar essas metas.

COMO ENERGIZAR AS METAS

Você já se viu num fluxo de energia tão criativo, tão produtivo e animador, que sentiu que podia passar o resto da vida fazendo o que estava fazendo? Sabia que estava fazendo uma coisa maravilhosa, que seu trabalho era superlativo, que estava desempenhando sua capacidade ótima. É provável que tenha sentido a energia a percorrê-lo e a animar os seus esforços. Foi o que senti quando fui guia num "curso de alpinismo" ao ar livre para ajudar as pessoas a superar os medos escalando montanhas. Num dos exercícios, participei da equipe encarregada da segurança: a que controlava os pinos e as cordas na descida vertical. A maior parte dos participantes nunca tinha feito nenhum tipo de exercício extenuante, muito menos descer verticalmente centenas de metros de granito.

Muitos vacilaram no começo. Alguns chegaram a gritar ao ver os pinheiros lá embaixo. Passamos o dia segurando as cordas para eles. Direcionávamos a energia de apoio à pessoa diante de nós enquanto ela olhava para o abismo. Estimulávamos cada uma delas, garantindo que ia conseguir. E todas se aproximaram da borda, energizadas pelo nosso encorajamento. Cento e dez pessoas desceram a montanha aquele dia.

De noite, quando discutimos a experiência vivida, uma coisa ficou clara: elas tinham sentido o efeito vitalizador do nosso apoio. Muitas disseram que ele fora decisivo para que conseguissem chegar até o fim. Foi uma das primeiras vezes em que me senti realmente um condutor. O dia todo, eu sentira que o rio de energia que as levava a descer a montanha não vinha de mim, mas através de mim.

Nós todos temos a capacidade de nos vincular a esse fluxo incrível e dirigi-lo àquilo que queremos realizar. Quando digo que nossa tarefa de ser humano é despertar e tornar-nos condutores conscientes de energia, estou sendo muito literal: somos canais que levam o dinheiro e outras formas de energia aos nossos sonhos para que deles possamos fruir.

As seis principais formas de energia de que falamos neste livro são:

O dinheiro
O tempo
A vitalidade física
A alegria
A criatividade
O apoio dos amigos

Nós as utilizamos para energizar nossas metas, para fazer com que elas atravessem a Fronteira entre a realidade metafísica e a física. Para desenvolver meu consultório, eu recorri definitivamente às seis. Investi dinheiro e tempo. Utilizei a vitalidade física para continuar com saúde e manter o ânimo. Adorava o que estava fazendo e desenvolvi abordagens criativas para obter clientes. Contei com o apoio de muitos amigos que me deram a mão, estimularam-me e até me indicaram aos amigos.

Como saber se tivemos sucesso com nossas metas? No Curso Você e o Dinheiro, costumamos dizer que "sucesso é fazer o que você disse que faria — com tranqüilidade". Eu soube que tinha sido bem-sucedida em meu consultório, quando passei a ter trinta clientes e um grupo por semana e quando consegui isso com tranqüilidade.

LEVANDO A VIDA COM TRANQÜILIDADE

Muita gente não vê novidade nenhuma em fazer o que disse que ia fazer. O desafio, para nós, está em fazê-lo *com tranqüilidade*. Quando digo que sucesso é fazer com tranqüilidade o que você disse que faria, as pessoas só contraem o rosto quando eu pronuncio as palavras "com tranqüilidade".

Eu quero que você respire bem fundo nesse exato momento e faça esta pergunta a si mesmo: "Seria bom se minha vida fosse mais fácil, mais tranqüila?" Essa é uma coisa que eu me perguntei durante muito tempo — e ainda pergunto.

Pode-se pensar que ela suscita um "Sim!" automático. Mas pense bem! Quando faço essa pergunta às pessoas, às vezes há um momento de hesitação enquanto elas absorvem a pergunta. Talvez a gente esteja acostumada a fazer as coisas da maneira mais difícil. Lembra-se do ditado "Deus ajuda quem cedo madruga"?

Ou pensamos que, se baixarmos a guarda, as coisas ficarão piores. Por exemplo, você não acredita, no fundo do coração, que a melhor maneira de ter sucesso é fazer as coisas sozinho, sem depender do apoio dos outros? Já não lhe passou pela cabeça que pedir ajuda é sinal de fraqueza, que os heróis não pedem socorro? Se você se acha um solitário, junte-se à multidão! A quase todos nós ensinam a ser lobos solitários, rudes individualistas orgulhosos de nossa capacidade de ser durões. Sem dúvida alguma, fazer as coisas sozinhos, esgotar nossa energia em vez de ampliá-la trabalhando em colaboração com os demais, é escolher a maneira mais difícil.

Nós temos uma infinidade de maneiras de tornar a vida mais difícil do que ela precisa ser. Às vezes temos medo de fracassar e achamos que isso será o fim do mundo. Ouvimos adágios conhecidos como "Se você não fracassa, é que não está querendo muito", mas dizemos conosco mesmos, "Sim, claro. Quem disse isso nunca esteve na minha situação". E assim, passamos pela vida procurando segurança ou culpando-nos toda vez que falhamos em alguma coisa. O custo em energia é enorme quando desviamos o tempo e a atenção que podiam energizar nossos sonhos para preocupações com o fracasso. O medo do fracasso, quando passa a ser um tema da Mentalidade do Macaco, pode nos deter no caminho.

Não lhe estou recomendando que procure deliberadamente o fracasso ou tenha uma atitude cavalheiresca para com ele. Porém ficar preocupado ou ser perfeccionista, no esforço de evitar os erros, e nunca encarar o fracasso como um *feedback* positivo é tornar a vida difícil. A fracassofobia acaba com todo o espaço para respirar da criatividade, da espontaneidade e do aprendizado na vida. A gente envelhece antes do tempo quando troca os sonhos pela ilusão da segurança, escondendo-se eternamente na concha protetora e familiar, sem se aventurar na vereda do herói.

Helen Keller, cega e surda desde os dezenove meses de idade, disse uma coisa que eu trago comigo para as ocasiões em que sinto vontade de me refugiar na segurança simplória da ausência de erros: "A segurança, em geral, é uma superstição. Não existe na natureza, e os filhos dos homens não a experimentam como um todo. A longo prazo, evitar o perigo não é mais seguro que expor-se totalmente. A vida ou é uma aventura ousada, ou não é nada".

A vida é dura quando você deixa de fazer o que realmente valoriza porque passa a empregar toda energia na tentativa de se livrar dos medos, não na de materializar os sonhos. Quando a gente fica presa à zona de conforto, a existência se torna sufocante — e, por conseguinte, muito desconfortável! Paradoxalmente, a vida tranqüila e fácil inclui a experiência do desconforto. Quando procuramos evitar a dor e o desconforto que naturalmente ocorrem é que a vida se torna difícil.

COMO LIDAR COM O DESCONFORTO

O desconforto é um bom companheiro na Fronteira. E toda vez que você examinar os obstáculos e os vazios, na vida, que lhe dissipam a energia do dinheiro, vai sentir desconforto. No Curso Você e o Dinheiro, a diretora de uma grande agência distrital me contou que preferia andar sobre brasas a fazer o cálculo de quanto devia em impostos atrasados. Por mais que isso lhe pareça tolo, eu garanto que há aspectos de sua relação com o dinheiro que você acha doloroso examinar. É uma reação natural.

A chave de uma vida tranqüila é saber usar o medo e o desconforto como mestres. O medo pode ser um sinal para que a gente explore outro caminho. O desconforto muitas vezes indica que você está à beira do seu território previsto. Outra participante do Curso Você e o Dinheiro contou que sentiu esse desconforto no dia em que prometeu somar seu débito no cartão de crédito. Contudo, em vez de evadir-se para um lugar conhecido, desafiou o dragão e enfrentou um importante obstáculo a sua energia monetária — e, em conseqüência, conseguiu liberar mais energia na vida.

Vou dar outro exemplo. Roger acariciava o sonho de abrir uma confeitaria. Trabalhava em uma repartição pública e estava contente com o emprego. Mas queria ser proprietário de uma confeitaria que fizesse os melhores doces da região. Chegou a viajar a Chicago e a Nova York para se informar sobre a melhor farinha, a que tivesse a quantidade certa de glúten.

Quando voltou para casa e pensou seriamente em abrir seu negócio, Roger entrou em pânico. Valeria mesmo a pena largar um emprego confortável, com todas as vantagens, e trabalhar por conta própria? Talvez fosse melhor adiar o sonho até a aposentadoria: faltavam só sete anos. Para atravessar essa fronteira, Roger decidiu olhar de frente para o medo que sentia e transformá-lo num aliado. Convidou um amigo a formar sociedade com ele e, no começo, passou a trabalhar só meio período na confeitaria. Também tratou de obter o apoio da esposa e de outros amigos. Dois anos depois, abandonou o emprego regular para abrir uma filial, e ambas as confeitarias estão indo bem.

Talvez a decisão de Roger não desse certo para você e o seu sonho. Só você pode saber que lições há em sua fronteira. Mas, em qualquer decisão, é preciso estar claro quanto às escolhas e dispor-se a enfrentar o desconforto e a analisar sua origem.

A LUTA PELA VIDA

O contrário de tranqüilidade é luta — não o trabalho duro, como muitos pensam.

A gente pode trabalhar muito e com facilidade. Digamos que você resolveu mudar de carreira, passando da arquitetura para as artes plásticas, e está trabalhando numa escultura. Tem uma visão da forma que gostaria que o bloco de pedra adquirisse e reserva tempo para trabalhar nisso, sentindo-se absorto e concentrado quando se entrega ao duro trabalho físico e mental de cinzelar e polir. Dedica horas e horas ao projeto, mas o tempo passa depressa. Tendo perdido a noção do tempo, pode ser que você apareça muito depois, cansado, coberto de pó de mármore, mas com um sorriso nos lábios. Está forçando seus próprios limites, porém é com uma sensação de alegria que mergulha no processo de criação. Trabalha muito, mas sente um grande bem-estar.

A luta só ocorre quando a gente começa a dar atenção à conversa da Mentalidade do Macaco que aparece no momento em que se esboça um projeto. Você está energizado por sua visão e chega até a comprar um bloco de mármore, mas basta começar para que as dúvidas e as preocupações o assaltem: "Será que eu tenho mesmo talento para isso? Vai sair alguma coisa boa? Agora eu não tenho tempo para esse trabalho. Como vou largar um bom emprego para me dedicar a uma coisa frívola como essa? Que besteira!"

Quanto mais você está às voltas com essas conversas, repetindo-as ou mesmo analisando por que se sente assim, mais energia desperdiça na luta com a Mentalidade do Macaco — *em vez de empregá-la na escultura*. Pode ser que acabe adiando o projeto, que resolva esperar até sentir-se à vontade para pegar no cinzel. Ou talvez abandone completamente a escultura e o sonho. Isso sim é levar a vida como uma luta.

Às vezes, a tagarelice da Mentalidade do Macaco é um verdadeiro canto de sereia. Quando avançamos rumo aos nossos sonhos e metas financeiros, podemos nos perder se dermos ouvidos à Mentalidade do Macaco que nos diz: "No ano que vem, quando as coisas se resolverem, quando a vida estiver mais organizada, vou me dedicar a isso. Estou muito sobrecarregado agora". Eu constatei que as coisas não "se resolvem" — e que mesmo que se resolvessem, em geral algo igualmente distrativo passa a ocupar o lugar delas.

A Mentalidade do Macaco não torce por você. Não lhe diz "Escute as pessoas que o estimulam a arriscar. Esse curso de alpinismo foi organizado com muito cuidado. Vá em frente!" Não lhe cochicha ao ouvido "Você *tem* todo o necessário para o sucesso financeiro! Basta que se disponha a despertar e aprender uma coisa nova. Você é capaz!"

Na saga do herói, não se trata de abolir a Mentalidade do Macaco, pois ela nunca desaparece por completo. Sempre há de estar na Fronteira entre a realidade metafísica e a física. A gente não atravessa a Fronteira uma única vez para manifestar a Intenção de Vida na forma de um objetivo físico. Para o herói, é um processo contínuo, e a Mentalidade do Macaco estará a sua espera toda vez que se aproximar da Fronteira. Nós atravessaremos muitas vezes a Fronteira e sempre toparemos com a Mentalidade do Macaco.

É por isso que dizemos que a luz pode simplesmente desviar a atenção e a energia da Mentalidade do Macaco e direcioná-la aos seus objetivos.

TREINAMENTO PARA O SUCESSO

A gente atravessa a fronteira do sucesso quando empreende o que eu denomino Ação Autêntica — mesmo que a Mentalidade do Macaco continue cochichando-lhe ao ouvido. A Ação Autêntica ocorre na realidade física, mas corresponde à sua verdadeira natureza na realidade metafísica. Reflete suas verdadeiras Intenções de Vida. A Ação Autêntica o aproxima mais de sua meta — ou arruma a desordem antiga, como os impostos atrasados, de modo que você fique livre para avançar em direção ao seu objetivo.

As palestras que fiz foram Ações Autênticas rumo a minha meta de abrir um consultório bem-sucedido. Ir ao pedicuro podia ter me feito bem, mas não seria uma Ação Autêntica na direção do meu objetivo.

Quando falo em empreender uma Ação Autêntica, não estou simplesmente dizendo "Faça!" Muito do que fazemos nos mantém ocupados, mas nos deixa girando em falso no mesmo lugar. Quem quiser dar forma física aos sonhos deve empreender ações que *concentrem* a energia.

Nos capítulos que se seguem, você será convidado a agir de acordo com um dos 12 Princípios que servem de marcos em sua jornada. Saberá que aprendeu deveras a lição da energia quando o princípio estiver agindo em sua vida cotidiana. Você é o porteiro que abre o caminho a sua frente. A Ação vira a chave para o próximo nível de energia e, depois, para o seguinte. Se insistir em empreender a Ação Autêntica que reflete o que aprendeu, você terá sucesso.

Lembre-se, sucesso é fazer com tranqüilidade aquilo que você disse que ia fazer. Ponto final. O sucesso só aparece na realidade física quando se empreende a ação. Minha amiga Johnnie Colemon costuma dizer: "Como se soletra sucesso? T-R-A-B-A-L-H-O!"

Você é bem-sucedido quando cumpre sua palavra a longo prazo. As promessas não precisam ser fantásticas. Quem tenta dar o passo maior do que a perna arrisca dispersar a energia e impedir-se de demonstrar sucesso financeiro. A maioria das pessoas precisa começar com pouco, adquirir confiança e só então fazer promessas maiores. É como no halterofilismo. A gente começa com pouco peso e vai acrescentando-o à medida que adquire força. Comece por aprender a fazer pequenas promessas — e a cumpri-las. Quando o estiver fazendo consistentemente, com o tempo, você pode passar a fazer promessas maiores. Entrementes, vai experimentando o sucesso em cada nível.

Eu sempre penso em Sally, que não tinha a menor idéia do que significava sucesso financeiro quando se matriculou no Curso Você e o Dinheiro, mas que aprendeu a começar com pouco para chegar a muito. Ela me disse: "Eu lembro que queria muito fazer uma aplicação. Mas não ganhava nem para viver. Ninguém, na minha família, nunca tinha investido na vida. Faltava dinheiro. Então eu pensei: 'Tudo bem, se ter sucesso significa cumprir as promessas a longo prazo, que acontece se eu, sendo faxineira, economizar 100 dólares do meu salário por mês?' Pois foi o que fiz. E, um ano depois, estava com 1.200 dólares no banco para aplicar; e os apliquei num fundo de renda fixa."

Estive com Sally quinze dias depois desse seu investimento inicial. Ela parecia flutuar. Estava tão entusiasmada que resolveu economizar ainda mais todo mês, começando com 150 dólares. Hoje tem um portfólio financeiro respeitável. Está demonstrando o que é sucesso financeiro. Sua auto-estima está lá em cima.

Sally é a manifestação viva de uma importante lição que aprendi há alguns anos: *Não espere aumentar a auto-estima para empreender uma Ação Autêntica. Quando você a empreende, sua auto-estima sobe naturalmente.* Sally é um exemplo ao qual eu recorro sempre que me sinto tentada a duvidar disso.

O trabalho que, juntos, vamos fazer pode ser desagradável, incômodo, e nem sempre ocorrerá no momento perfeito para você — quando não houver distrações nem *stress* em sua vida. Mas, se você se aferrar a ele e deixar-me conduzi-lo nisso, sentirá a leveza e o alívio que acompanham o ato de remover os obstáculos entre você e seus desejos mais autênticos. A energia que desencadeará à medida que for dominando cada um dos 12 Princípios é o prazer e a satisfação de ver seus sonhos realizados.

A CONTRIBUIÇÃO DO HERÓI

É um desafio encarar o "lado obscuro" da sua relação com o dinheiro — ou as dúvidas, os medos, as preocupações e as frustrações que podem aparecer. Às vezes é difícil enxergar o tesouro oculto, porém quando dizemos a verdade sobre o que vemos, mesmo quando não queremos ver, adquirimos mais força ainda.

Em certos mitos antigos, o herói não tenta matar o dragão. Limita-se a virar a cara, sem fugir dele nem combatê-lo, e, por vezes, até lhe pergunta o que ele lhe pode ensinar. O monstro se torna, então, um aliado que o ajuda na jornada.

O mito heróico é representado com freqüência na ficção e no cinema contemporâneos. Na trilogia *Guerra nas Estrelas*, por exemplo, Luke Skywalker passa por todos os estágios acima descritos à medida que aprende a ser um condutor consciente de energia: A Força. Nas cenas finais de *O Retorno de Jedi*, ele finalmente joga fora a espada e se volta para encarar Darth Vader, dizendo: "Eu não o vou combater, Pai". Sua nêmesis torna-se uma aliada, e Darth Vader salva Luke do imperador malvado. Uma vez mais, o dragão se transforma num poderoso aliado, agora na forma de um pai extremoso.

Enfrentando a verdade e fazendo aliados, nós adquirimos energia e poder. Vendo e reconhecendo as dificuldades, capacitamo-nos a encarar os obstáculos e a atingir nossas metas e realizar nossos sonhos.

Se não formos bem-sucedidos, às vezes é porque nossos objetivos não estão vinculados às nossas Intenções de Vida, aos nossos Padrões de Integridade ou ao nosso desejo profundo de contribuir. Não são inspirados por um propósito maior e, sem ele, nós nos tornamos míopes. Não temos inspiração. Nossas metas definham, nós também.

Para realizar a saga do herói, devemos despertar para o nosso próprio poder, para o nosso potencial de manejar a energia. Tornando-nos mais conscientes de quem somos verdadeiramente e do que realmente queremos da vida, e trazendo esses importantes elementos metafísicos, por meio da Ação Autêntica, para a realidade física, descobriremos nossa missão pessoal e, simultaneamente, encontraremos a felicidade, o sucesso e a realização.

O primeiro passo é muito simples. Você precisa estar disposto a alcançar tudo isso e a lidar com as dificuldades que encontrar no caminho. No próximo capítulo, você aprenderá a estar disposto e a abrir o coração e a mente para a energia.

PARTE I

O PROPÓSITO DO HERÓI

PRINCÍPIO 1

SEU MAIOR PODER É ESTAR DISPOSTO

Ter disposição é simplesmente o poder de dizer "Sim" — mesmo quando a gente está às voltas com dúvidas, preocupações, medos, contrariedades, objeções e com toda a tagarelice de sua Mentalidade do Macaco. Isso lhe dá tudo quanto você precisa para desenvolver uma relação importante com o dinheiro.

Pode-se dizer que ter disposição é o verdadeiro ato de "ser". É o que evoca quem você é no coração e transcende a tagarelice da Mentalidade do Macaco. Ter disposição é o ingresso para uma vida de criatividade, poder e realização. Muda o curso de sua vida.

Às vezes, pensamos que o poder vem da capacidade de dizer "não", mas é justamente o contrário. Os psicólogos do desenvolvimento lembram que "não" é a primeira palavra com que uma criança de 2 anos aprende a se diferenciar dos outros, principalmente da mãe. Alguns aprendem mais tarde a dizer "não" de maneira peremptória — e se orgulham disso.

Mas a fase seguinte do desenvolvimento humano consiste justamente em aprender a dizer "sim" ao que quer que nos seja oferecido e a perceber que tudo que encontramos na vida, hoje, existe para nos despertar.

DISPOSIÇÃO X VONTADE

A gente pode estar disposto a fazer uma coisa mesmo sem querer. Você pode ter todo tipo de opiniões e pensamentos dispersivos e, apesar disso, ter disposição para empreender a ação quando necessário. Uma grávida pode não querer passar pelo desconforto do parto, mas se dispõe a isso.

Talvez você não queira equilibrar sua conta corrente até o último centavo, e pode parecer até inútil fazê-lo, já que não se preocupa com isso há anos. Mas desencadeia o verdadeiro poder do herói quando diz "Sim, eu estou disposto a fazê-lo. Eu me disponho a despertar em todas as áreas em que posso estar dormindo, inclusive nessa". Você pode ter a opinião que for sobre por que lhe seria impossível equilibrar a conta corrente ou por que é desnecessário procurar um consultor financeiro ou criar uma vontade e, mesmo assim, estar disposto a fazer tudo isso.

O mero fato de saber o que você está disposto a fazer pode energizá-lo. Tendo disposição, você invoca uma coisa, dentro de si, que tem um poder enorme e muito maior que a Mentalidade do Macaco. E atinge o núcleo do seu ser. Para muita gente, ter acesso a esse núcleo é uma experiência que dá poder e, às vezes, chega a ser espiritual. E quanto mais você atua com disposição, não a partir das queixas superficiais e da tagarelice da Mentalidade do Macaco, tanto mais consciente se torna e tanto maiores são as transformações por que passa na relação com o dinheiro e na vida em geral.

Nós todos presenciamos ou ouvimos histórias inspiradoras de pessoas dispostas a fazer o que não querem. Um exemplo, para mim, é Margaret, uma programadora de computadores do vale do Silício. Em casa, ela alugava um quarto a uma amiga. Mês a mês, recebia o aluguel, guardava-o "debaixo do colchão" e continuava cuidando dos seus negócios. Preferia não declarar essa renda extra, pois não queria pagar mais imposto. Um dia, depois do Curso Você e o Dinheiro, ela me escreveu:

> MARGARET: eu não queria declarar essa renda — mas quando compreendi que podia estar disposta a fazer o que não queria, uma coisa mudou dentro de mim. Acabei decidindo declará-la, porque me pareceu correto. O mais esquisito é que, depois de fazer os cálculos, meu contador concluiu que, na verdade, eu teria *deduções* no imposto de renda. Meu dinheiro seria restituído! Tendo tido disposição para fazer o que eu não queria por medo de *perder* dinheiro, acabei *ganhando*. O mais importante, porém, foi que, no momento em que me dispus a purificar o meu "ato monetário", senti-me aliviada de um grande peso. Agora ficou claro para mim que estou disposta a ser financeiramente bem-sucedida com tranqüilidade.

As pessoas de sucesso têm disposição. Descobri que todas elas se dispõem a encarar as perguntas importantes e a aprender as lições importantes que se lhe apresentam. Essas perguntas podem ser:

- O que eu quero realmente fazer da vida?
- Em que realmente quero usar o meu dinheiro?
- Quais são as aptidões que quero desenvolver?

Pode ser que as pessoas bem-sucedidas não queiram enfrentar esse tipo de pergunta. É possível que receiem o que verão ou terão de fazer, mas estão *dispostas* a enxergar. Têm disposição para fazer o que não querem. Não ficam esperando até que lhes venha o estado de espírito adequado ou que a Mentalidade do Macaco resolva calar a boca — e é isso que as torna bem-sucedidas.

Quando discutirmos o Princípio 9, vou lhe sugerir que anote todos os negócios monetários inacabados que lhe ocorrerem, enquanto estiver lendo, para que os resolva. Aí podem incluir-se empréstimos atrasados, a aquisição do seguro adequado ou o cumprimento de quaisquer promessas que você tiver feito com relação ao dinheiro. Quer fazer isso? Provavelmente não. A Mentalidade do Macaco o estimulará a pular essa etapa. Dirá que é um trabalho sem sentido. Porém, mesmo não querendo, você *está disposto* a fazer esses exercícios?

A resposta a essa pergunta é sim ou não: não há talvez nem provavelmente. Dizer "sim" lhe dá poder. Elimina as alternativas. É assim que funciona o estar disposto. Você tem disposição para descobrir suas relações com o dinheiro? A resposta é sim ou não. Vá além das dúvidas e preocupações da Mentalidade do Macaco e escute a voz que fala dentro de você. O que está ouvindo?

ALÉM DA ABORDAGEM PSICOLÓGICA

Repare que eu não emprego a expressão "boa vontade". O motivo é o seguinte: boa vontade é algo que se *tem*. Parece existir fora da gente. Trata-se de uma coisa que você possui, não de uma coisa que você é. Estar disposto, no entanto, é um estado do ser. Uma coisa que existe dentro de cada um, que faz parte de nós.

Esta é a diferença entre dizer que eu *tenho* algo, que pode diminuir ou ser-me retirado, que depende das circunstâncias, e dizer que *sou* algo. O que é preferível: *ter* sucesso financeiro ou *ser* financeiramente bem-sucedido? Com a segunda opção, você possui a qualidade como uma coisa que você mesmo gera. Faz parte do seu ser. Provém do seu centro, do seu núcleo interior, de sua força pessoal.

O destino pode lhe dar sucesso financeiro quando você ganhar na loteria ou encher o bolso ao apertar o botão de um caça-níqueis em Las Vegas. Todavia *ser* financeiramente bem-sucedido pressupõe qualidades que suportam quaisquer circunstâncias externas. É por isso que, quando perguntam o que aconteceria se perdessem todo o dinheiro que possuem, as pessoas financeiramente bem-sucedidas respondem que o recuperariam dentro de alguns anos. Os que ganham na loteria não podem dizer tal coisa.

Por banal que pareça, tal distinção é importante porque todo este livro se baseia tanto na abordagem espiritual quanto na psicológica. A primeira fundamenta-se no conhecimento do nosso verdadeiro ser, no conhecimento de quem somos. Em vez de testar e analisar nossos pensamentos e sentimentos, a abordagem espiritual diz: "Repare nesses pensamentos e nessas atitudes. Pode ser que eles não desapareçam nunca. Fazem parte do ser humano. Não os analise, apenas observe-os. Nós continuaremos avançando, quer eles persistam ou não".

Muitas outras obras apresentam uma abordagem exclusivamente psicológica do sucesso financeiro. Investigam porque você faz o que faz e porque tem as atitudes e os pensamentos que tem. A abordagem espiritual vai além da interpretação psicológica. Observe como as coisas estão ligadas dentro de você. Aqui o princípio operativo é que, quando se consegue observar uma coisa, ela deixa de ter poder sobre a gente. Nada, neste livro, nem mesmo o exercício de escrever sua biografia monetária, neste capítulo, pedirá que você se analise. Ao contrário, o processo do presente livro procura fazer com que você tenha uma visão geral de todo o território de sua relação com o dinheiro, de modo que você possa enxergar-lhe a riqueza. Ver-se a si mesmo faz parte do despertar, e esse é o primeiro passo para dominar a energia do dinheiro.

Em determinadas circunstâncias, a compreensão psicológica chega a ser um obstáculo. Certas pessoas chegam a ficar de tal modo distraídas com sua própria psicologia que não empreendem a Ação Autêntica para seguir avançando na vereda do herói. Em vez de simplesmente ver, elas ficam atadas ao como e ao porquê de se haverem tornado o que são. Limite-se a tomar nota de seus pensamentos, a registrá-los no caderno, e siga em frente.

Os 12 Princípios deste livro lhe pedirão reiteradamente que vá além dos processos e *insights* psicológicos. Quando tiver se purificado a ponto de estar disposto, você se verá em melhores condições de utilizar toda a informação disponível para atingir seus objetivos e realizar seus sonhos.

A única coisa realmente necessária é estar disposto.

A DISPOSIÇÃO VEM EM PRIMEIRO LUGAR

O motivo pelo qual colocamos este princípio em primeiro lugar é que estar disposto é o ingresso de admissão na saga do herói. Não se pode trilhar a vereda do herói como vítima, como mártir, ou porque o forçaram a trilhá-la. É preciso empreender essa jornada por vontade própria. E em nada na vida isso é mais necessário que na relação com o dinheiro, porque o dinheiro é uma área na qual nós muitas vezes nos sentimos vitimados e "fadados" a fazer coisas como equilibrar o nosso saldo bancário.

O propósito deste livro é fazer com que você veja até que ponto está e sempre esteve disposto. Eu verifiquei que essa é a verdade das pessoas em meu trabalho com mais de 4.500 graduados em Você e o Dinheiro, coisa que você verificará em si mesmo no fim do livro.

Nós precisamos do poder de estar dispostos, quando olhamos para a nossa relação com o dinheiro, porque ele penetra todos os aspectos da vida. E essa relação nos enlouquece um pouco a todos.

Ter consciência de como nos relacionamos com o dinheiro parece bastante simples: basta ler as contas, examinar o extrato bancário e pronto! Mas a energia do dinheiro vai além da nossa carteira e de nossa conta corrente. Na verdade, é tão invasiva e penetrante que chega a ser difícil de ver. Estamos tão mergulhados na cultura do dinheiro que pedir que examinemos nossa relação com ele é o mesmo que pedir a um peixe que examine a água em que nada. Chega a ser quase impossível afastarmo-nos para ter uma visão objetiva do que realmente fazemos com ele. Isso torna verdadeiramente difícil tomar consciência do dinheiro.

Para ter um quadro mais nítido do que estou dizendo, eu queria que você fizesse uma breve experiência. Passe 24 horas com um caderninho de anotações à mão e registre cada vez em que pensar em dinheiro. Inclua tudo: os anúncios no jornal, o número de vezes em que se expõe à propaganda no rádio ou na televisão, as ocasiões em que os cartazes lhe chamam a atenção na rua. Anote as vezes em que pensa no salário ou na renda, em que vende uma coisa a um cliente, em que compra alguma coisa, em que cogita fazer uma aplicação.

Isso pode lhe parecer fácil, porém a maioria das pessoas que tentaram acabou desistindo uma ou duas horas depois, do contrário, teriam de deixar tudo de lado e tomar nota sem parar. Você descobrirá que o dinheiro está sempre aí, na sua frente, ou pelo menos presente na periferia de sua mente, reclamando atenção.

Essa experiência foi esclarecedora para mim. Entre o momento em que me levantei e li sobre as taxas de juros no jornal e, uma hora depois, o instante em que liguei o televisor para assistir ao meu programa matinal predileto, eu pensei pelo menos sessenta vezes em dinheiro. Pensei em adquirir cerca de quarenta itens diferentes, desde uma perua até um cartão de crédito especial, desde ingressar num clube de CD até fazer um cruzeiro no Caribe.

Ainda mais desconcertante foi ter sentido um cutucão constante: o impulso de gastar dinheiro que eu não tinha para comprar coisas de que não precisava. Na maioria dos itens, o cutucão durou cerca de um minuto até que uma voz interior me dissesse: "Convenhamos, você não tem necessidade disso." Mas a verdade é que *senti* pelo menos quarenta vezes que precisava disto ou daquilo. Se você contar o número de vezes em que pensa em dinheiro em uma hora e o multiplicar por dezesseis — as horas do dia em que está acordado — pode ter uma idéia da energia mental que dedica a esse fenômeno chamado dinheiro.

É de se notar que não se tratava de uma voz isolada nessa cacofonia matinal (Compre-me! Gaste-me! Você precisa de mim já!) que me instava a recuar, a me conectar com meus sonhos e a concentrar a atenção e a energia do dinheiro nos meus objetivos genuínos. Na verdade, eu me senti envolvida, fragmentada e dividida entre desejos e exigências rivais. Essa mesma sensação de dispersão e a confusão que ela cria nos povoam a vida, a menos que construamos uma relação eficaz e bem enfocada com o dinheiro. Não admira que tenhamos dificuldade de escolher o que queremos e aonde vai nossa energia do dinheiro!

Sim, o dinheiro enlouquece.

A LOUCURA DO DINHEIRO

Por mais que queiramos fingir que isso não acontece, todos sabemos que enlouquecemos com o dinheiro ou mesmo com a promessa de tê-lo. Lembra quando dissemos que a vida é um holograma? Pode-se verificar, nas seguintes histórias, que a vida monetária da pessoa afeta tudo o mais.

ALEX: É difícil admitir, mas tenho adiado o esforço de atingir meus objetivos e realizar meus sonhos até que meus pais morram e eu herde o dinheiro que vão deixar para mim. Não me entenda mal, eu gosto deles. Mas percebi que, no íntimo, acho que não devo examinar minha relação com o dinheiro ou saldar minhas dívidas agora. Quando eles morrerem, eu terei muito mais e tudo dará certo.

CLAIRE: Eu tenho esta necessidade de gastar todo o meu dinheiro. É como se não o merecesse, mesmo que, para ganhá-lo, tenha de trabalhar muito na administração de uma escola. No ano passado, comprei um carro para minha irmã, em meu nome, e paguei a entrada. Olhando para trás, vejo que fiz questão de comprá-lo porque achava que ela realmente precisava da minha ajuda. Os amigos me aconselharam a deixar que ela desse um jeito de adquirir um automóvel, já que tem 28 anos de idade. Mas eu não acreditei que minha irmã fosse capaz disso. Em todo caso, nós tivemos uma briga há três meses. Ela não fala mais comigo. Parou de pagar o carro, e as prestações ficaram por minha conta.

NAOMI: Costumo esconder do meu marido o que compro. Adoro fazer compras. Ele acha que eu gasto demais em roupa. Ora, eu sei o que quero. Compro, levo para casa, tiro as etiquetas com o preço e guardo tudo na prateleira mais alta do armário. Uns seis meses depois, começo a usar. Se ele perguntar se é roupa nova, posso dizer que não sem estar mentindo. Afinal de contas, eu a comprei faz tempo, não é mesmo?

Todos nós, em algum momento da vida, agimos de maneira esquisita no que se refere ao dinheiro. Como diz Jacob Needleman, autor de *Money and the Meaning of Life* [O dinheiro e o sentido da vida], "Nós nem sabemos o que é ser normal com relação ao dinheiro".

Muita gente começa já na infância a cometer loucuras com o dinheiro. Por exemplo, quando menino, você nunca fez coisas como comer um besouro por um dólar? Surrupiar algumas notas da carteira de seus pais? Tirar doces, brinquedos ou gibis do supermercado sem pagar? Na adolescência, não chegou a sair por aí, mostrando o bumbum na janela do carro de um amigo, só porque apostaram 20 dólares que você não tinha coragem de fazer isso? Se esses exemplos não lhe são familiares, tenho certeza de que se lembra de algo parecido! Procure esse antigo videoteipe em sua mente e veja-o mais uma vez.

Mesmo hoje, há coisas que você faria, por dinheiro, que não se encaixam absolutamente em seu caráter. Faça a experiência abaixo e veja. A única exigência é ser sincero.

Se lhe oferecessem 10 milhões de dólares em dinheiro, livres de imposto, você estaria disposto a percorrer, completamente nu, a rua principal de sua cidade, ao meio-dia, durante a semana?

Caso se sinta tentado a dizer prontamente "não", espere um pouco. Imagine uma pasta cheia de notas de mil dólares. Pense no que faria com o dinheiro. Agora responda. Se a resposta continuar sendo não, pense numa coisa totalmente fora dos seus padrões que você seria capaz de fazer por dinheiro.

Indo um pouco mais adiante, se tiver dito "sim" à idéia de sair nu pela rua, você estaria disposto a fazê-lo por um milhão de dólares? E se fossem só 100 mil? Ou 10 mil? Percebe que sua moderação e sua relutância aumentam à medida que diminui a importância oferecida? Porém, são muitas as coisas que a promessa do dinheiro ou a ameaça de perdê-lo nos induz a tolerar. Veja por si mesmo:

- Você continua num emprego psicológica, emocional e fisicamente desgastante porque ele lhe oferece um bom plano de saúde ou de previdência? (dos quais você precisará muito em breve se continuar nesse trabalho?)
- Você mantém um relacionamento porque ele lhe dá segurança financeira, ainda que esteja claro que a separação seria melhor para a saúde emocional e espiritual de ambos?
- Já passou a noite em claro, pensando em como conseguir dinheiro para pagar as dívidas, e acabou indo fazer compras assim que o dinheiro finalmente apareceu?
- Que decisões você já tomou na vida por achar que, se não aceitasse algo que não queria, não ganharia o dinheiro de que precisava?

É importante levar essas coisas em consideração porque também elas refletem uma forma importante de loucura monetária. Não é fácil reconhecer no íntimo que, diante da pergunta "Você quer alegria e plenitude ou prefere dinheiro?", muitas vezes nós respondemos calmamente: "Eu fico com a grana".

Por acaso admira que queiramos mudar de assunto quando surge uma oportunidade de obter um retrato fiel do uso que damos, na vida, à energia do dinheiro? Quando as questões importantes aparecem, ficamos cansados. Ou temos o impulso repentino a dar os telefonemas que estávamos adiando. Ou nos deixamos consumir por questões "mais urgentes" como, por exemplo, onde passar as férias ou onde obter taxas de juros mais elevadas para as nossas economias ou mais baixas no cartão de crédito. Essas podem ser tarefas importantes, sem dúvida, mas quando agem continuamente no sentido de nos afastar daquilo que precisamos saber, ver e fazer, funcionam exatamente como as outras distrações criadas pela Mentalidade do Macaco. Deixam-nos paralisados e inconscientes, presos ao lugar onde nos encontramos.

A pergunta central é: o que você precisa estar disposto a fazer a fim de transcender a loucura do dinheiro e a Mentalidade do Macaco e realizar seus sonhos e metas?

Precisa estar disposto a dar quatro passos. Eu organizei esses quatro passos no que denomino Modelo de Treinamento.

O MODELO DE TREINAMENTO

O Modelo de Treinamento é a chave para que você seja maior que sua tagarelice mental e tenha o que quer, na vida, mesmo quando a Mentalidade do Macaco começa a falar alto. Os quatro passos do Modelo de Treinamento são:

- Olhar
- Ver
- Dizer a verdade
- Empreender a Ação Autêntica

Utilizaremos reiteradamente esse modelo ao longo do livro. É um dos instrumentos mais importantes que lhe posso oferecer. Quanto mais você praticar esses quatro passos, mais facilmente avançará no caminho rumo aos seus objetivos.

Pare um momento e anote-os no caderno antes de continuarmos.

Agora examinemos, um por um, os passos do Modelo de Treinamento.

Passo nº 1: Olhar

Ao olhar para uma coisa, você dirige a atenção para ela. Quando olha, enfoca energia. Em *The Holographic Universe* [O universo holográfico], Michael Talbot cita estudos que sugerem que a consciência do físico, durante determinada experiência com partículas quânticas, afeta o modo como elas aparecem. Nossa própria consciência altera o modo como percebemos a vida e o mundo que nos cerca.

Em *biofeedback*, quando uma pessoa presta atenção em suas mãos frias com a intenção de aquecê-las, o sangue e a energia de fato correm para elas.

O PROPÓSITO DO HERÓI   55

Em estudos clínicos de visualizações de pacientes com ossos fraturados, a energia gerada pela visualização da imagem dos ossos soldando-se auxiliou os ossos reais a sararem mais depressa que os dos pacientes que não fizeram a visualização.

Olhar para uma coisa é simples, mas nem sempre fácil. É por isso que recebemos a interferência de nossa companheira de viagem: a Mentalidade do Macaco.

Suponha que eu lhe peça que olhe se desperdiça dinheiro ou não. Desperdiçar é permitir que o dinheiro resvale entre seus dedos sem saber aonde vai — ou sequer *que* está indo embora. Por exemplo, você pode começar o dia com uma nota de 20 dólares na carteira e acabar com 2,97 sem saber onde 17,03 dólares foram parar.

É esclarecedor ver onde há um vazamento em sua carteira, porém esta experiência às vezes é extraordinariamente difícil. Com demasiada freqüência a Mentalidade do Macaco se introduz e talvez você note que, mesmo quando volta a atenção para a questão do esbanjamento, ela se põe a dizer:

- "Eu não sou obrigada a fazer isso."
- "Isso é para os outros. Minha vida financeira vai muito bem, obrigado."
- "Eu sei que não tenho tempo para esse trabalho. Afinal, para quê?"
- "É uma ótima idéia, mas esta não é a melhor ocasião. Vamos deixar para cuidar disso quando eu não estiver tão estressado."

Só lhe peço que, quando a Mentalidade do Macaco começar a parolar, você diga: "Obrigado por participar" e continue olhando.

A pergunta passa a ser: *Você está disposto a olhar como esbanja dinheiro apesar da avalanche de objeções da Mentalidade do Macaco?* No momento em que responder: "Sim, estou disposto a manter a atenção concentrada no que estou fazendo — por mais inconveniente e desconfortável que seja", você deu um grande passo na direção da ação consciente. E chegou ao passo nº 2.

Passo nº 2: Ver

Ver ou enxergar significa notar, examinar ou discernir. O ato de ver traz ao primeiro plano pensamentos e ações que embora presentes o tempo todo, escapavam ao seu conhecimento. Por exemplo, quando tiver olhado cabalmente para o desperdício de dinheiro em sua vida, pode ser que você veja que adora comprar guloseimas diariamente, quando está a caminho do trabalho, ou que tem "mãos de carrapicho" toda vez que entra numa loja. Ou quem sabe veja que não desperdiça o dinheiro e, aliás, gasta pouco consigo.

É preciso coragem para insistir até "enxergar" o que está acontecendo em sua relação com o dinheiro. Pelo menos, exige energia e persistência para penetrar o emaranhado de confusão que geralmente cerca nossa relação com o dinheiro. Nos seminários grandes, quando eu pergunto às pessoas qual é o seu valor líquido, vejo olhares perdidos. Se insisto, perguntando se elas sabem realmente como querem usar o dinheiro na vida, a sala mergulha imediatamente no mais profundo silêncio. Duzentas pessoas parecendo zumbis! É uma experiência e tanto: gente anestesiada pela Mentalidade do Macaco.

Toda vez que lhe pedem que enxergue algum aspecto de sua relação com o dinheiro, a Mentalidade do Macaco começa a matraquear. Convida-o a parar dizendo: "Não há nada de mais aí. Não perca tempo. E, em todo caso, mesmo que houver, será dificílimo enxergar". Contudo, se você se concentrar o tempo necessário, um quadro começará a ganhar forma, apesar do conselho da Mentalidade do Macaco.

Este processo é como olhar para um estereograma, esses padrões pontilhados, gerados por computador, que revelam uma imagem tridimensional se você alterar a percepção e enxergá-lo de determinado modo. A primeira vez em que vi uma imagem dessas foi num pôster numa papelaria. A legenda dizia alguma coisa sobre uma escola de golfinhos, mas eu só conseguia ver pontinhos. Pensei que fosse uma brincadeira, mas não tardei a reparar nos garotos de 7 ou 8 anos que passavam por lá, olhavam um momento para o pontilhado e, então, se voltavam e gritavam: "Mamãe, olhe os golfinhos!"

Eu passei um tempão tentando enxergar. Então, pouco a pouco, o fundo do quadro recuou e eu vi os golfinhos saltando na minha direção.

Foi necessária energia para ficar diante do desenho confuso até que emergisse uma forma, e é isso que você vai perceber se tentar ver os padrões em sua relação com o dinheiro. Até que ponto você é consciente no que se refere ao dinheiro? Até que ponto é inconsciente? Quais são os seus critérios pessoais de sucesso financeiro? Que metas o entusiasmam? Anote no caderno algumas de suas respostas a essas perguntas.

Se tiver dificuldade para determiná-las imediatamente, não se preocupe. Ficará mais fácil. A única exigência é que você esteja disposto a enxergar os padrões que se apresentam em seu comportamento. Agradeça a Mentalidade do Macaco por participar de qualquer observação que você venha a fazer e continue prestando atenção naquilo que tem à mão.

Passo nº 3: Dizer a Verdade

Para agir eficazmente com a energia do dinheiro, você precisa estar disposto a dizer a verdade do que vê.

Dizer a verdade não é a mesma coisa que ser sincero. A distinção que fazemos, nesta obra, é a seguinte: a sinceridade compreende todos os seus pensamentos, sentimentos, juízos, emoções e até suas sensações físicas. Por exemplo, ao começar a ver como desperdiça dinheiro, você detecta pensamentos e sentimentos como:

- "Eu sei que esbanjo muito dinheiro. Mas eu trabalho tanto, preciso de um pouco de mimo."
- "Eu detesto jogar dinheiro fora. Surpreende-me o quanto gasto inconscientemente."
- "Provavelmente, aprendi isso com o meu pai."

São respostas sinceras, ou seja, versões puras, francas e honestas de sua experiência. É preciso coragem para ser sincero, principalmente quando estamos às voltas com pensamentos ou sentimentos que consideramos fracos, tolos ou constrangedores. Mas é importante ir um passo além.

A sinceridade abre caminho para a verdade. Ao empregar esta palavra, *verdade*, eu me refiro à realidade — aos fatos exatos — de uma situação. A verdade é o que aconteceu na realidade física. É o que é. A verdade é mensurável e objetiva, sem maquiagem. Por exemplo, dizer a verdade pode ser: "Eu gasto 70 dólares por mês em *cappuccinos* e *croissants* antes de ir trabalhar."

Quando se trata de temas com carga emocional, dizer a verdade não é nada fácil. A Mentalidade do Macaco enlouquece.

> Ron: Meu filho largou o carrinho de corrida com controle remoto bem na porta da garagem. Eu já me cansei de lhe dizer que não o deixasse lá para que não acabasse quebrando, mas ele não obedeceu, e, hoje cedo, passei por cima do brinquedo quando estava saindo para o trabalho. Desci do automóvel e lhe disse o que achava daquilo: o quanto ele foi descuidado e o quanto me deixou zangado. Quando será que esse menino vai aprender?

Ninguém há de censurar o que esse pai irritado sentiu. Seus pensamentos correspondem perfeitamente aos seus sentimentos. O filho estava precisando que alguém o sacudisse. A única coisa que falta nisso tudo é a verdade: afinal de contas, quem passou com o carro por cima do brinquedo foi ele. Ora, isso não desculpa o descuido do garoto. Mas, se Ron não disser a verdade, o máximo que vai retirar dessa situação é uma sensação de justificada indignação. Dizer a verdade, pelo menos para si mesmo, há de lhe dar algum espaço para respirar. Ele pode até se perguntar se não tem estado tão apressado, ultimamente, que nem repara nas coisas ao seu redor: no caso, num carrinho de controle remoto na frente da garagem.

A sinceridade, por si só, não alivia uma situação difícil. A gente sabe disso intuitivamente quando alguém chega e diz: "Eu vou ser sincero com você." Fica claro que a pessoa vai dizer o que pensa ou sente e que a experiência provavelmente não será nada agradável. Em geral a gente acaba ficando irritada, culpada ou zangada com os sentimentos e as opiniões sinceras da outra pessoa.

Via de regra, a sinceridade não cria espaço para respirar. Por exemplo, lembra-se da história do cheque de 35.000 dólares que dei em troca de uma nota promissória sem aval? Eu fiquei zangada, ressentida, humilhada, senti-me tola e culpada quando perdi o dinheiro, e queria culpar a pessoa que me manipulou. Porém, mesmo ao reproduzir a situação perante os amigos e parentes, eu percebia que contar a história não me trazia nenhum alívio. Eu não fazia senão zangar-me outra e outra vez. Embora fosse um reflexo sincero do que havia acontecido, a história não era inteiramente verdadeira. O que faltava? Eu estava deixando de lado a minha participação em tudo que aconteceu.

Só quando passei a contar a verdade, ou seja, *que eu preenchi o cheque por livre e espontânea vontade* — e que ninguém me obrigou a fazê-lo — foi que comecei a experimentar certo espaço para respirar. Minha amiga Rita me ajudou a enxergar a verdade numa conversa mais ou menos assim:

Eu: Esse cara me roubou. Eu fui boba de confiar nele.

Rita: Roubou? Como ele pegou o seu dinheiro?

Eu: Fez-me preencher o cheque. Prometeu-me retorno de 110 por cento num prazo de três meses.

Rita: Quem preencheu o cheque?

Eu (Cada vez mais irritada): Eu!

Rita: Você mesma?

Eu: Como assim eu mesma? Claro que fui eu que preenchi o cheque! (Como se pode ver, eu não estava de modo algum na defensiva.)

Rita: Mas ele a fez preenchê-lo? Obrigou-a a pegar a caneta e assinar?

Eu: Não se faça de boba. Claro que fui eu que o preenchi. Lembro-me de ter escrito 35 mil dólares.

Nesse momento, comecei a perceber. Fui eu. Não se tratava de desculpar a vigarice do homem que me propôs o negócio, mas o fato é que eu preenchi o cheque. Ouvi a conversa da minha Mentalidade do Macaco: "Não dê a mínima para as pessoas que desconfiam dessa transação. Elas não sabem o que dizem." Lembro-me até de haver sentido, num dado momento, que era um negócio arriscado. Não dei ouvidos nem a mim mesma! Reconheci que aquela situação foi um alerta para mim.

Muitas vezes me perguntam se sempre é possível dizer a verdade. Não há circunstâncias em que fica difícil separar o fato da interpretação? Sim, há. No entanto, eu quero que você se disponha a descobrir as verdades simples de sua relação com o dinheiro enquanto estiver trabalhando com este livro. Procurar a verdade, em vez de girar em torno das interpretações, dar-lhe-á poder e lhe trará um grande alívio.

Eis um quadro para ajudá-lo a esclarecer a diferença entre ser sincero e dizer a verdade:

SINCERIDADE

Eu me sinto culpado por ter gastado tanto no *shopping* hoje. (Sentimentos)

Eu acho que não devia pagar tanto em impostos de autônomo. (Pensamentos e julgamentos)

Eu simplesmente não tenho dinheiro para abrir uma poupança para o Natal. (Justificativa)

Se não temos dinheiro suficiente para as férias, a culpa é sua. (Acusação)

VERDADE

Eu gastei 45 dólares num lenço, 50 numa blusa, 10 no almoço: 50 a mais do que pretendia gastar.

Eu não paguei todos os impostos que devia.

Eu não abri a conta de poupança.

Eu não lhe pedi que participasse das economias para a nossa viagem.

Ao dizer a verdade, por favor, faça-o com doses generosas de compaixão por si mesmo. Do contrário, pode ser que você esteja se dizendo que enxergar a realidade só serve para fazê-lo sofrer e que o melhor é continuar no "desconforto confortável" de culpar os demais, as circunstâncias externas ou "a sociedade". Aliás, dizer a verdade dá um enorme espaço para respirar e muita liberdade para a Ação Autêntica, o próximo passo do Modelo de Treinamento.

Só se pode empreender a Ação Autêntica em conseqüência de olhar, ver e dizer genuinamente a verdade.

Passo nº 4: Empreender a Ação Autêntica

A Ação Autêntica o faz avançar na jornada heróica. Faz uma de duas coisas:

1. Elimina a desordem como, por exemplo, o débito do cartão de crédito ou outras transações monetárias inacabadas que consomem energia.

2. Aproxima-o mais do seu objetivo. Você quer abrir um novo negócio? Viajar ao Taiti? Escrever uma peça de teatro? Fazer um estudo comparativo das religiões? Matricular-se num curso de culinária na França? Passo a passo, a Ação Autêntica o levará aonde você quer chegar.

A Ação Autêntica concentra e amplia a energia do dinheiro. Todo o *insight* e toda inspiração do mundo nada significam se você não empreender uma ação que o aproxime de suas metas e de seus sonhos. É por isso que, no Curso Você e o Dinheiro, nós dizemos: "O *insight* é o ouro dos trouxas". O *insight* autêntico, por bom que seja, não produz nenhum resultado no mundo físico, que é onde começa a jornada do herói.

Eu uso a palavra "autêntico" porque só a ação não basta. A ação sozinha pode resultar num comportamento dirigido, que tem a qualidade ruidosa e insistente de uma mosca a zumbir na sala. É como ficar marcando passo. Gasta muita energia, mas não o aproxima de seu destino. As pessoas bem-sucedidas empreendem a *Ação Autêntica*: a ação com propósito que as aproxima da manifestação de suas metas.

A Ação Autêntica é tão óbvia que não atrai aqueles que se vêem como "caracteres mais complexos". Nós queremos empreender ações que exprimam nosso esforço, nossa inteligência, nossa esperteza. Contudo a Ação Autêntica é muito mais simples. Pede-nos que prestemos atenção no óbvio, que respondamos à pergunta "Quem está enterrado no Túmulo de Grant?" A Ação Autêntica de quem está com dor de dente é ir ao dentista. Para quem acorda no Ano Novo com um monte de contas a pagar, pode ser que a Ação Autêntica seja abrir uma poupança para as despesas do Natal. Para aquele que quer estudar, pode ser que seja preparar-se para o vestibular.

É simples. Todavia, entre dizer a verdade e empreender a Ação Autêntica, surge a Mentalidade do Macaco a dizer que não temos tempo ou energia para fazer nada agora. A dor de dente não é tanta assim. A poupança de Natal pode esperar até a restituição do imposto de renda em abril. Agora eu não tenho tempo para me matricular no cursinho.

A pergunta que nos desafia a todos é: *Você está disposto a empreender a ação, mesmo que ela pareça óbvia ou simples?* A mulher que gastava 70 dólares por mês em *cappuccino* viu que desenvolvera o hábito de comprar comida mesmo que não quisesse. Decidiu gastar 35 dólares por mês no café da manhã e economizar os 35 restantes para fazer uma viagem.

O bom é que, toda vez que empreende uma Ação Autêntica com o dinheiro, *seja ela qual for*, você está sendo bem-sucedido financeiramente. Sucesso financeiro é fazer, com o dinheiro, aquilo que a gente disse que faria: e com facilidade. É algo que se demonstra no momento, não se trata de um objetivo exterior a você. Qualquer um pode começar hoje mesmo a ser financeiramente bem-sucedido, basta dar um pequeno passo, depois outro, no sentido de mudar sua relação com o dinheiro. Você está disposto a olhar, a enxergar, a dizer a verdade e a empreender a Ação Autêntica? A próxima seção é a sua oportunidade de começar.

Exercício: Sua Autobiografia Monetária

Eu gostaria que você passasse algum tempo examinando sua relação com o dinheiro. Pode ser sua primeira incursão a um território desconhecido, e o que estamos para fazer talvez lhe pareça um modo esquisito de começar. Mas este exercício colocará todo o trabalho que faremos nas páginas seguintes num contexto pessoal para você.

Sua experiência com a energia do dinheiro começou ainda na infância e moldou a maneira como hoje em dia você lida com o dinheiro. Quando foi que você ouviu falar em dinheiro pela primeira vez? Quem falou? Como era o clima emocional na época? Quando foi a primeira vez em que você ganhou dinheiro? Quando o perdeu? As respostas a essas e a outras perguntas, no exercício, dar-lhe-ão um quadro nítido das associações que você leva a qualquer discussão sobre suas finanças pessoais, seus objetivos e sonhos.

Pegue o caderno que está usando para anotar os exercícios deste livro. Intitule este exercício "Minha Autobiografia Monetária". Reserve pelo menos quarenta minutos para fazê-lo. Talvez você prefira dividir esse tempo em seções de dez minutos. Procure um lugar onde não o perturbem. Pode fazê-lo no computador, mas eu recomendo muito o uso da caneta e do papel, que são portáteis e acessíveis.

Comece contando a história de sua vida, tendo como tema o uso do dinheiro. Parta das lembranças mais antigas de sua infância e prossiga até o presente. Escreva em forma narrativa, assim: "Eu tomei conhecimento do dinheiro quando tinha..."

Sirva-se das perguntas abaixo para avivar as recordações. Não é preciso responder a todas em sua autobiografia monetária. Elas figuram aqui para lhe facilitar o trabalho. Mas tenha em mente que, se você sentir uma forte necessidade de evitar uma pergunta ou de considerá-la insignificante, provavelmente valerá a pena levá-la em consideração.

Lembre-se, pode ser que você ache que não tem tempo ou energia para fazê-lo. A Mentalidade do Macaco provavelmente já apareceu com uma dúzia de bons motivos para pular para o próximo capítulo. Porém, se estiver disposto, você criará para si um espaço real para respirar — um espaço para milagres em sua vida no que se refere ao dinheiro. Por favor, procure ter disposição e siga em frente.

1. Qual era a situação financeira da sua família quando você nasceu?

2. Quando você tomou conhecimento do dinheiro? Foi por intermédio do seu pai ou da sua mãe? Qual era a sua idade? Quais eram as circunstâncias?

3. Você ganhava mesada? Precisava trabalhar para isso ou a recebia mesmo sem ter feito nenhuma tarefa? Caso tenha filhos, isso afeta o modo como você lida com a mesada deles?

4. Quando comprou pela primeira vez uma coisa com o dinheiro que economizou? Onde você estava? Que comprou? Foi com dinheiro oriundo de seu trabalho ou que ganhou de alguém?

5. Você se lembra de seu primeiro salário? Como o ganhou? Quanto era? Que fez com ele?

6. Lembra-se de ter perdido dinheiro? Qual foi a primeira vez? Que aconteceu? Isso já aconteceu com seus filhos? Como você reagiu?

7. Você já sonhou um dia ter um emprego ou uma carreira em particular? Conseguiu? Por que sim ou por que não? O dinheiro que ia ganhar foi um fator na sua escolha profissional?

8. Se seu relacionamento com o dinheiro fosse um relacionamento pessoal, como você o descreveria? Você teme, ama, detesta o dinheiro, depende, dele é possessivo ou se sente generoso com relação a ele? Escreva o que vier à sua mente nessa área.

9. Como é o seu relacionamento com as pessoas que têm mais dinheiro que você? E com as que têm menos?

10. Lembra-se do relacionamento de sua mãe ou do seu pai com o dinheiro? Se não morava com eles, fale das pessoas que cuidavam de você.

11. Como a relação das pessoas acima com o dinheiro o afetaram? Elas tinham expectativas com você? Quais eram? Havia algum aspecto do dinheiro que não se discutia? Mesmo que não se discutisse, pode ser que você soubesse qual era. Você tem expectativas semelhantes com seus filhos? Trata-os do mesmo modo como era tratado? Caso você seja casado ou tenha um relacionamento comprometido, essas expectativas afetam sua parceira?

12. Você já realizou uma tarefa ou um projeto importante que envolvesse dinheiro? Qual foi? Que você fez que o tornou bem-sucedido?

13. Houve uma ocasião em que você tentou mas não realizou uma tarefa ou um projeto relativo ao dinheiro? Qual? Que você fez que o tornou malsucedido?

14. Você já deu ou recebeu presentes em dinheiro? Em caso afirmativo, quanto? Por que motivo(s)? Como você se sentiu?

15. Se quisesse caracterizar a sua "loucura monetária" particular, como a descreveria?

16. Como você quer estar daqui a 10 anos no que diz respeito ao dinheiro? Com quanto em poupança? Com quanto em aplicações? Quanto acha que vai ganhar daqui a dez anos?

17. Quanto ao dinheiro, como você quer ser conhecido? Se falassem de você e de sua relação com o dinheiro, como quer que falem?

18. Você receia que o dinheiro não seja suficientemente espiritual para você ou que seu caminho espiritual não seja compatível com o sucesso financeiro?

19. Em que você gasta dinheiro?

20. Em que você não gasta dinheiro?

Não se limite às perguntas aqui listadas. Se eu tiver omitido algo que toca o núcleo de sua relação com o dinheiro, por favor, escreva sobre isso.

Ao terminar, dê à sua autobiografia um título que assinale o que você descobriu sobre sua relação com o dinheiro. Por acaso esse título reflete suas relações com outras formas de energia como o amor, o tempo, a vitalidade física e a criatividade? Se assim for, quais são as semelhanças? O que você notou? Há questões e temas que continuam aparecendo? Há fatos e realizações dos quais você se orgulha? E há coisas que você espera que ninguém nunca venha a descobrir? Em que pergunta, na lista, pareceu-lhe mais difícil pensar? Por quê?

Por favor, tenha paciência consigo quando estiver examinando sua vida com o dinheiro. Todos nós cometemos erros e todos temos períodos bons. Lembre-se de que qualquer material doloroso em que você tocou aponta para aquilo que precisa ser sanado — e nós vamos sanar muita coisa neste processo. Se possível, mostre o que escreveu a um amigo ou ente querido.

Independentemente da extensão de sua autobiografia, congratule-se consigo mesmo por ter tido disposição para escrevê-la. Você começou um trabalho importante ao enxergar facetas do seu relacionamento com o dinheiro que, embora enraizadas no passado, influenciam muito as decisões que você toma no presente. Simplesmente, encare os *insights* e as revelações que surgiram com o trabalho que acabamos de fazer. Por mais que eles pareçam importantes agora, eu garanto que você irá além desses *insights* rumo a um novo modo de se relacionar com o dinheiro.

Não esqueça: o poder de estar disposto abrirá quaisquer portas trancadas que tenham restringido o fluxo da energia do dinheiro em sua vida.

PRINCÍPIO 2

SUAS INTENÇÕES E SUA INTEGRIDADE USAM A ENERGIA DO DINHEIRO

Neste capítulo, eu lhe mostrarei como olhar para a sua verdadeira natureza e enxergá-la tal como ela é. Você também aprenderá a trabalhar com alguns instrumentos de navegação que o orientarão na jornada heróica.

O primeiro deles é uma lista de Padrões de Integridade. Estes são seus pontos de referência de poder pessoal. Quando se age de acordo com eles, a vida é doce, fácil e animadora. O segundo instrumento, uma lista de Intenções de Vida, ajuda-o a definir os propósitos significativos que tem na vida. Tais *insights* hão de mantê-lo enfocado naquilo que você está aqui para ser, fazer e contribuir.

Quando seus esforços para prosperar refletem quem você é e o que está destinado a fazer na vida, você ganha cada vez mais poder pela alegria. Como dizia George Bernard Shaw, "Esta é a verdadeira alegria de viver: ser usado para um propósito que você mesmo reconhece como importante. Ser uma força da natureza em vez de [...] se queixar de que o mundo não se dedica a fazê-lo feliz".

Você está destinado a ser uma força da natureza e a viver o sucesso e a realização com facilidade!

A SUA VERDADEIRA NATUREZA

Suas Intenções de Vida e seus Padrões de Integridade captam e usam a energia do dinheiro. São os fios de retículo com a ajuda dos quais você pode ver quem realmente é. Quando a gente cria objetivos tendo em mente as Intenções de Vida e os Padrões de Integridade, esses objetivos são grandiosos. Quem os cria de modo diferente tende a agir dirigida ou inconscientemente. Tais metas o deixam sempre carente — tanto espiritual quanto criativamente.

Se estamos aqui para ser condutores conscientes de energia, são as Intenções de Vida e os Padrões de Integridade que dirigem a energia, de modo intenso e entusiástico, por meio do condutor. O herói canaliza a energia do dinheiro mediante sua verdadeira natureza. Também você pode aprender a conhecer a natureza do desejo do seu coração e a conferir poder às suas metas.

Quem é você por dentro? Em meu trabalho, eu reparei que muitas vezes as pessoas estão mais dispostas a olhar para os defeitos que para a grandeza de que são dotadas. Como disse Marianne Williamson, "Não é a nossa escuridão o que mais tememos, e sim a nossa luz". E se você se dispuser a ver claramente a força, a integridade, a inteligência e a bondade que tem dentro de si? Enxergar tais qualidades simplesmente o dotará de poder e coragem para dar o primeiro passo na direção de seus objetivos e sonhos e, depois, de outros e outros objetivos e sonhos.

Você recorda alguma vez em que, mesmo enfrentando dificuldades, sabia que no final tudo daria certo? Eu me lembro de certa vez em que voltei de umas férias no Havaí e descobri que nossa casa tinha sido assaltada. Percorrendo os cômodos e verificando o que fora roubado, consegui dizer comigo mesma: "Não é tão grave assim, eu posso viver muito bem sem aquele televisor, sem aquele aparelho de som, sem aquele anel... Sem aquele anel? Mas era o anel de ametista de minha mãe! Não é justo perder o objeto que eu mais estimava. Por que isso?" Depois do acesso de choro, percebi uma coisa que tinha sentido para mim naquele momento. Eu estava bem. Estava respirando. Aliás, estava contente, feliz de continuar viva!

Em meio à perda ou à crise, é perfeitamente possível tomar consciência de que, dentro de nós, existe algo muito maior do que imaginávamos. Nosso núcleo permanece intacto, e o contato com ele pode nos trazer um sentimento de alegria e libertação, mesmo quando estamos tristes.

Ministrando o Curso Você e o Dinheiro, eu me dei conta de que é justamente desse poder que precisamos para enfrentar os obstáculos que se erguem no caminho de nossos objetivos. E, à medida que aprendemos a honrá-lo e respeitá-lo, começamos a criar uma vida que é o reflexo direto de nosso eu mais profundo.

A única coisa que nos impede de querer saber quem somos é o medo de sabê-lo. Certa vez, um professor me explicou que vivemos como se existissem três aspectos de nosso ser:

- Quem fingimos ser
- Quem tememos ser
- Quem realmente somos

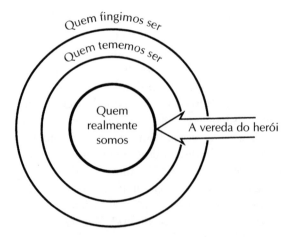

A jornada do herói se inicia na camada exterior e ruma para o centro. Pode-se compará-la a um labirinto. À medida que avança para dentro, você vai encontrando caminhos inexplorados.

Pode ser que as lembranças ou os incidentes passados relativos ao dinheiro surjam à sua frente buscando ser reconhecidos. Cada passo o aproxima mais do centro, onde fica o seu poder. Você está disposto a seguir adiante? Se estiver, terá oportunidade, ao longo deste livro, de se livrar do fingimento e do medo de modo a ficar livre para utilizar a energia do dinheiro sempre e como quiser.

QUEM FINGIMOS SER

Esta é a face que mostramos ao mundo, o círculo mais externo. Quando se trata de dinheiro, o fingimento se expressa de diversos modos fascinantes.

Em 1989, 1.100 pessoas responderam o questionário de uma pesquisa que fiz para uma revista metropolitana. Muitas delas disseram que, diante dos colegas e amigos, fingiam ter mais dinheiro do que realmente tinham. Queriam que pensassem que elas estavam com a vida financeira em ordem, que suas dívidas estavam sob controle e que seu futuro financeiro era seguro. Outras escreveram que fingiam possuir *menos* do que realmente possuíam para que os demais não ficassem com inveja nem tentassem aproveitar-se delas. O nosso ser "fingido" provém daquilo que supomos que se espera de nós e de como percebemos as normas de nossa cultura.

Não é fácil ver com nitidez o que fingimos ser, pois somos nós mesmos os mais enganados quando justificamos ou fechamos os olhos para a verdade de certas situações na vida. Por exemplo, uma das participantes do Curso Você e o Dinheiro apresentou-se como proprietária de uma empresa de jardinagem. Disse que o negócio ia bem, embora o faturamento tivesse caído ultimamente porque alguns empregados haviam pedido demissão. O diálogo foi mais ou menos assim:

EU: Fale da sua empresa, Sylvia.

SYLVIA: Bem, como eu disse, ela vai bem. Este ano pude comprar um carro caro e pretendo fazer uma viagem ao litoral sul da Espanha. Só estamos tendo uma dificuldade temporária.

EU: Desde quando sua empresa tem prejuízo?

SYLVIA: Faz pouco tempo.

EU: Quanto tempo?

SYLVIA: Olhe, você quer os números exatos?

EU: Não, não é preciso. Quando foi a última vez em que você examinou os livros com um amigo ou um contador?

SYLVIA: Agora você está querendo que eu mostre os livros a um amigo? Eu não posso fazer isso, nunca!

EU: E para um contador?

SYLVIA (em voz baixa): Não.

EU: Ok, eu sei que é difícil. Respire fundo (Sylvia respira). Não estou dizendo que há algo errado em você. Sei que quer ser bem-sucedida e estou segura de que pode ter uma ótima empresa. Você é inteligente e enérgica. No entanto, alguma coisa não está dando certo. E você mesma sabe disso, não? Examine a situação. Isso vai tornar as coisas mais fáceis a longo prazo.

SYLVIA: Sim. (Pausa) Acontece é que faz um ano que tenho prejuízo. Meu pai me dá dinheiro, mas eu estou farta de lhe pedir ajuda. Detesto isso! Sinto-me uma fracassada! (Começa a chorar, mas há uma sensação de grande alívio em suas lágrimas.)

Esta história tem final feliz. Sylvia parou de fingir que era uma "empresária de sucesso" e deixou-se orientar para enxergar a verdade de sua situação. Amortizou a dívida com os cartões de crédito, os juros que lhe estavam devorando o lucro, saiu do enorme escritório e passou a trabalhar em casa. Hoje em dia, é bem-sucedida. Com outro empregado de confiança, agora se sustenta consistentemente e comprou a casa de seus sonhos.

Ao ler sobre este nível do fingimento, não lhe ocorre nada sobre você e sua relação com o dinheiro? Pensando nisso, eu me lembrei de minha 35ª reunião com as colegas do colegial. À parte o peso que tive de perder para vestir a roupa que usava aos 16 anos, também senti a necessidade de impressionar minhas colegas de classe, mostrando-me uma psicóloga de sucesso. Pode ter sido verdade para todos os presentes. Não sei. Só sei que me senti muito mal. Não havia muito espaço para a alegria.

QUEM TEMEMOS SER

Dê mais uma olhada no diagrama dos círculos concêntricos. O círculo interior representa a pessoa que tememos ser. Talvez você fique ansioso ao refletir sobre essa parte. Todos nos lembramos de incidentes relacionados com o dinheiro que preferíamos esquecer e de coisas que fizemos e das quais não nos orgulhamos. O fracasso num negócio por falta de cuidado, ter abandonado os estudos, roubado dinheiro ou deixado intencionalmente de pagar uma dívida. Esses atos, quando não retificados, são muito prejudiciais. Mas o pior é o que nós pensamos de nós mesmos por tê-los praticado e não havê-los corrigido. Passamos a nos considerar uns fracassados preguiçosos e loucos. Passamos até a acreditar que não merecemos o que queremos na vida. Às vezes ocultamos esses sentimentos de nós mesmos, tratando de pôr nos outros a culpa dos nossos problemas. Raramente examinamos nossa auto-acusação, pois isso suscita muito sofrimento. Entretanto, mais doloroso ainda, bem que num nível sutil, é viver com a energia bloqueada e limitada pelo medo.

Ao examinar este círculo, é bem possível que você descubra que está se enganando. E, como Sylvia, perceberá que agir para modificar a situação lhe dá certa liberdade para ter o que realmente quer na vida.

QUEM REALMENTE SOMOS

No interior do círculo central, bem no núcleo, está quem você realmente é. Como se verá mais de uma vez neste livro, o desconforto associado à segunda camada resulta das ações que não refletem o seu eu autêntico, o seu ser. Lembre-se, o sofrimento é um grande mestre. Saber quem você realmente é — o que você valoriza e o que lhe dá alegria — ajuda-o a enfrentar todo e qualquer desconforto que surgir em sua jornada. Não deixe que esse desconforto o torne inconsciente. Anote suas observações, registre o incômodo e siga adiante.

Sua verdadeira natureza existe enquanto potencial, é como a semente que contém todas as qualidades de uma exuberante planta tropical ou o pé de milho que há de gerar muitas espigas. A raiz da palavra "potencial" é "potente", ou seja, falar em potencial é falar em poder. Potente significa "ser vigoroso, capaz, poderoso e eficiente". Potencial refere-se ao poder que pode não estar manifesto. Quando se diz: "Ela tem um grande potencial", geralmente está se falando de uma pessoa que dá sinal de fazer grandes coisas no futuro.

Ocorre que nós nunca chegamos ao potencial pleno. A natureza amorfa e imutável do potencial coloca-o diretamente no reino metafísico. O que significa um sério desafio: se o seu verdadeiro eu for puro, tal qual um potencial ainda não formado, você não pode se ver exatamente. Como afirmar ou mesmo identificar sua verdadeira natureza se é impossível enxergá-la? Como identificar seu potencial não realizado?

Voltemos uma vez mais à analogia da física quântica. Ela estuda partículas tão minúsculas e esquivas que é difícil mensurá-las. Também é difícil saber se têm massa, se não passam de vibrações de energia ou se apresentam as propriedades das duas coisas. Um meio de os cientistas observá-las consiste em acompanhar-lhes os reflexos em superfícies fotográficas altamente sensíveis.

É esse, essencialmente, o método que usaremos para enxergar a potencialidade amorfa e pura em seu centro. Você não pode ver seu potencial no espelho, mas pode estudá-lo numa superfície altamente refletora e extremamente sensível ao seu verdadeiro eu: seu coração.

Ao falar em seu coração, não estou me referindo ao centro de suas emoções. Refiro-me ao lugar constante, dentro de você, que se deixa banhar pelas emoções e os pensamentos como por ondas que permanecem essencialmente inalteráveis. É nesse núcleo que reside a sua sabedoria, um núcleo cuja superfície reluzente reflete os aspectos da vida que o inspiram e lhe trazem felicidade. Essa é a sua verdadeira natureza.

OS SEUS PADRÕES DE INTEGRIDADE

Seu coração reconhece e é atraído pelas pessoas cujas qualidades você admira. Você aprecia e encontra prazer nesses atributos porque sabe o que eles são, sabe que refletem seu próprio potencial. Quando vê essas qualidades nos outros, experimenta alegria, inspiração e gratidão. É sinal de que seu coração está reagindo a elas.

Pare um instante e pense numa pessoa que você admira. Que qualidades aprecia nela? Sob a superfície dos atributos físicos ou das posses, que características refletem sua bondade básica? Você lhe admira a coragem, a lealdade ou a criatividade? Honra-lhe o amor, a compaixão ou a fiabilidade? Mesmo quando está simplesmente pensando nela, sente certo calor no coração?

Seu coração se aquece em reação a essas qualidades porque elas estão *dentro de você*. Não se pode apreciar uma característica que a gente não tenha experimentado — esteja ou não experimentando-a atualmente. Para valorizar a lealdade, por exemplo, é preciso saber o que é lealdade. É preciso sentir o que significa ser confiável, firme, fiel e dedicado — e também é preciso conhecer a dor da deslealdade. Isso vale para quaisquer outros atributos aos quais seu coração responde. Recorrendo a uma metáfora fisiológica, se você reage a uma característica, é porque tem um receptor para ela, um lugar no coração que reconhece e responde a essa qualidade quando a vê em alguém. Para ser tocado por uma característica de outra pessoa, é preciso ter a qualidade dentro de si como possibilidade.

Lembra-se do antigo ditado que diz que a gente não gosta de certas pessoas porque elas têm características que a gente não gosta em nós mesmos? E se o oposto também for verdadeiro, se você valorizar, nas outras pessoas, as características que também possui? Isso sempre me interessa quando discutimos o tema no Curso Você e o Dinheiro, porque eu vejo a rapidez com que nós admitimos o primeiro ditado e como relutamos para aceitar o segundo.

Você tem a possibilidade de abrigar atributos e características que considera especiais e admiráveis. Quando as vê nos outros, seu coração se ilumina. Quando você mesmo age de acordo com essas qualidades, experimenta uma sensação de bem-estar, plenitude e completude. Age com integridade. As qualidades que demonstra representam os padrões que lhe são mais importantes; os padrões que, enfim, expressam quem você é.

O FATOR INTEGRIDADE

Muita gente estranha quando colocamos a palavra "integridade" ao lado da palavra "dinheiro". Essa combinação já provocou emoções intensas no Curso Você e o Dinheiro.

MARLENE: Integridade? Quase ninguém mais tem. Basta ler os jornais. É cada um por si.

ALBERT: A integridade é relativa. Às vezes, a gente precisa contornar as regras. Trata-se de saber quando transpor e quando não transpor a linha.

MEL: Quer dizer que, agora, vamos começar a discutir o que eu devo ou não devo fazer com o meu dinheiro! Vai ser uma lição de moral, não?

No Curso Você e o Dinheiro, este é o ponto em que as pessoas fazem careta. Para muita gente, a palavra "integridade" é muito carregada, muito pesada. Talvez tenhamos aprendido que integridade é um tipo rígido e irreal de perfeição. Muitos chegam a acreditar que não a temos em nós; portanto, que sentido faz procurá-la em nossa experiência de vida ou nas outras pessoas? Até mesmo falar em integridade às vezes suscita sentimentos de culpa, remorso ou raiva. Ela está associada à decência, à honra, a princípios e à virtude: coisas difíceis de vivenciar.

A definição mais útil de integridade que eu conheço é simplesmente "inteireza e completude". Portanto, a integridade é a sua condição original: quem você realmente é no coração. Nos nossos heróis, nós vemos integridade e características respeitáveis. É isso que os distingue dos vilões e dos brutos. Suas qualidades centrais afloram quando as coisas ficam difíceis. Na Idade Média, blasonavam-se nas bandeiras, nos estandartes e nos escudos descrições de características heróicas, como "a lealdade, a coragem e a honra", a fim de lembrar o herói do que ele defendia. Qualquer ação que transgredisse esses "padrões" era considerada um barbarismo desprovido de sentido e de propósito.

UMA ADVERTÊNCIA

Você está disposto a descobrir seus Padrões de Integridade? Eles podem vir a ser seu ponto de convergência. A frustração, a ansiedade e o desânimo geralmente são sinais de que não estamos vivendo conforme nossos Padrões. A inspiração e a energia provêm da vivência de nossos Padrões.

Antes de começar, quero fazer uma advertência. Há uma desvantagem em conhecer as qualidades que você mais valoriza na vida. Conhecendo seus Padrões de Integridade, você tem de abrir mão daquilo que eu denomino "nossas pequenas vigarices" com o dinheiro: coisas como fraudar o imposto de renda ou embolsar a diferença, caso o garçom lhe cobre alguns dólares a menos quando você e seus amigos estão dividindo a conta do restaurante. Conhecendo seus Padrões de Integridade, será um tanto doloroso para você fazer essas coisas. Se as fizer, você se sentirá muito mal.

Quanto mais consciente você for da sua verdadeira natureza e dos seus Padrões de Integridade, por exemplo, mais difícil lhe será pegar um jornal na banca sem pagar ou ficar com os cinco dólares que lhe deram a mais no troco. As reverberações de atos que, antes, talvez você considerasse insignificantes adquirem significado. Essas "pequenas" atitudes resultam numa redução geral de energia, a qual se reflete nas suas relações pessoais, na sua saúde e na sua criatividade.

Você está disposto a trocar sua inconsciência e suas pequenas vigarices com o dinheiro por clareza e bem-estar com a energia do dinheiro? Se estiver, prossigamos.

Exercício: Seus Padrões de Integridade

Pegue o caderno e reserve pelo menos quatro folhas de papel em branco. Este processo requer que você seja sereno e contemplativo, procurando aprofundar-se em si mesmo o máximo possível a fim de obter maior precisão. Assim fazendo, você se dará o presente da descoberta do que lhe dá poder. Verá o padrão de seu potencial.

O processo lhe tomará cerca de quarenta minutos. Pode fazê-lo de uma vez, o que é bom, ou dividir o tempo em duas etapas de vinte minutos. Procure não se distrair nos períodos de trabalho.

Primeiro, pegue uma folha de papel em branco.

1. No lado esquerdo da página, faça a lista das pessoas com qualidades que você admira. Escreva-lhes os nomes, utilizando os critérios abaixo arrolados para refrescar a memória. Reserve tempo para retornar ao passado. A lista de possibilidades inclui:

a) Sua família: mãe, pai, irmã, irmão, tia, tio, avó, avô
b) A escola: professores, diretores, funcionários e colegas

72 A ENERGIA DO DINHEIRO

c) Mestres e líderes religiosos, pastores, padres, professores da escola dominical

d) Amigos na escola, no trabalho, em casa, no clube ou em qualquer outro lugar

e) Profissionais da saúde: médicos, terapeutas, praticantes da medicina alternativa

f) Personagens do esporte profissional, amador ou olímpico

g) Líderes mundiais, espirituais ou políticos

h) Pessoas da indústria artística e de diversões: atores, diretores, cantores, dançarinos, pintores, músicos e compositores

i) Personagens bíblicas, pessoas importantes em sua religião

j) Personagens mitológicas da Grécia, dos indígenas norte-americanos, da Índia Oriental, africanas, egípcias ou de outras culturas

k) Qualquer um sobre quem você tiver lido, personagens reais ou fictícias

2. Examine a sua lista. Veja cada nome a partir do primeiro. No lado direito do papel, registre as qualidades ou características que você admira nessa pessoa. Uma qualidade é algo que o inspira, como a lealdade, a inteligência, o espírito de aventura, a coragem, a criatividade, a fiabilidade etc. Passe para a pessoa seguinte na lista. Se ela tiver qualidades comuns com a primeira, limite-se a colocar uma marca ao lado do atributo. Relacione toda e qualquer característica adicional que não tiver encontrado na primeira pessoa. Assim procedendo, você desenvolverá uma lista de qualidades com marcas que assinalam quando essa qualidade foi observada mais de uma vez.

Mãe	Leal ✓✓
Pai	Corajoso ✓✓✓
Tia Glória	Confiável ✓✓
Tio Arnaldo	Solidário ✓
Padre O'Rourke (sacerdote)	Inteligente ✓
Madre Teresa	Gentil

Não esqueça que sua lista pode ter a extensão que você quiser. No entanto, reserve tempo suficiente para compor um inventário tão completo quanto possível. Lembre-se, este processo é vital para o resto do seu trabalho.

3. Agora vamos revisitar sua lista de qualidades. Pegue uma folha de papel em branco. A partir do começo, examine cada característica. Passe alguns momentos contemplando-a. Pergunte-se:

- Ler esta palavra em voz alta ou em silêncio me aquece o coração, ainda que só momentaneamente?
- Eu gosto de estar na presença de pessoas que têm essa qualidade?

Imagine que a região do seu coração é uma pequena lanterna que se acende quando encontra certas características. Se o calor, a luz ou a sensação de bem-estar estiver presente, escreva a palavra na nova folha de papel.

O PROPÓSITO DO HERÓI

73

Repita o processo até que tenha contemplado cada uma das palavras da primeira lista. Pode ser que você ache que as transferiu todas ou apenas umas poucas. A quantidade não importa. O que importa é estar disposto a ver o que lhe toca o coração. Se lhe ocorrerem um ou dois outros atributos quando estiver fazendo isso, anote-os também.

4. Olhe bem para a nova lista. Cada característica tem significado, tem sentido, porque você tem, no coração, o receptor para ela. Se você não soubesse o que cada qualidade significa, ela não teria a capacidade de suscitar uma resposta no seu eu. Em outras palavras: se você enxerga essas qualidades nos outros e se seu coração ressoa com elas, elas existem dentro de você. Do contrário, ser-lhe-ia impossível vê-las nos demais.

5. Pegue essa lista e imprima-a numa ficha. No alto, escreva: "Estes são os meus Padrões de Integridade." No pé, escreva: "Eu sei que são meus porque os vejo nos outros." Leve sempre essa ficha consigo e leia-a com freqüência. Muita gente achou útil plastificá-la. Como me disse uma senhora, "É para protegê-la de sangue, suor e lágrimas".

O que você tem diante de si — a lista de seus Padrões de Integridade — é a planta baixa de seu poder pessoal. Você possui as qualidades que listou. Elas fazem parte da sua natureza. Não pode livrar-se delas, por mais que procure.

O que você sente ao ler as palavras que escreveu nesse rol? Talvez lhe dê vontade de compartilhar suas reações com um amigo. Quando os casais fazem o exercício juntos, a discussão costuma levar a *insights* profundos e à compreensão mútua. Se você o fizer em grupo, é bom que cada pessoa se levante e leia seus Padrões em voz alta. Para alguns, pode ser muito emocional o momento em que começarem a perceber que possuem essas qualidades. Quando estiverem lendo esses Padrões em voz alta, você notará que estão descrevendo a si mesmos! Estão fazendo precisamente a lista das características que você viu neles. Você terá uma janela aberta para o coração deles.

Tenha sempre consigo a sua ficha da integridade e leia-a pelo menos uma vez por dia durante uma semana. Familiarize-se com seus padrões. Acostume-se com a possibilidade de eles *realmente* descreverem sua natureza autêntica. Passada uma semana, verifique se houve alguma mudança em suas relações com os outros ou com o dinheiro. Talvez você detecte uma alteração sutil em seu comportamento, em seu estado de espírito e em suas conversas.

Registre no caderno as observações que fizer sobre si. Quando você leva em conta seus Padrões de Integridade, é mais fácil comunicar-se com os outros? Você pensa antes de falar? Você os deixa "aproximarem-se" um pouco mais? Observe-se. Se o fizer, estará praticando uma aptidão essencial à jornada do herói.

Faça este teste: passe uma semana tentando conscientemente demonstrar seus Padrões de Integridade e tome nota da experiência. Anote os casos específicos em que você realmente mostra esses atributos ou qualidades. Como se sente em tais ocasiões? Qual é sua experiência de si mesmo? Preste muita atenção nessas mensagens interiores.

COMPLETANDO O CÍRCULO DA INTEGRIDADE

Quando tiver um quadro claro das características que identificam sua verdadeira natureza, você tomará consciência imediata de seus limites. À medida que pensa nas qualidades que mais admira e, portanto, possui, será movido reiteradamente a olhar para os lugares em que não as tem demonstrado.

Quem você realmente é, no seu âmago, é compelido a olhar para as regiões nas quais sua integridade não está completa. As incompletudes atraem para si a energia da vida. Afinal de contas, é necessária muita energia para enfrentar a ansiedade e o medo, mesmo em níveis baixos. Esse desperdício de energia só serve para tornar mais difícil atingir suas metas e realizar seus sonhos à vontade.

À medida que se vincula aos seus valores genuínos, à sua verdadeira natureza, e os exprime, à medida que toma consciência de quem realmente é, você já não pode continuar no escuro quanto às coisas que o limitam. Torna-se quase impossível deixar de tomar atitudes que transformem sua relação com a energia do dinheiro. Isso acontece com todo mundo.

> MAXINE: Eu dou muito valor à lealdade, mas quando a apliquei a mim mesma, vi todas as vezes em que fui desleal ultimamente. Não achei graça nenhuma. Por acaso devia me sentir bem com isso? Eu me sinto é culpada.

> JORDAN: Eu sei que não tenho sido corajoso nem confiável em meu trabalho, e estes são os meus Padrões mais importantes. Aliás, estou tenso agora só de pensar nisso.

Essas pessoas estão descrevendo o que eu passei a chamar de *Impulso Para a Integridade*, um fenômeno capaz de ajudá-lo a identificar e vedar as aberturas por onde vaza a energia do dinheiro. Para ver como funciona, olhe para o diagrama a seguir, um círculo a que falta um pedaço. Você sabe que é um círculo porque nós, seres humanos, temos a capacidade natural de enxergar o todo, mesmo que esteja faltando uma parte.

Repare que seus olhos insistem em retornar à falha no círculo. Trata-se de outra parte da sua estrutura. Seu olhar é atraído pela tensão da incompletude. O olho e a mente precisam restaurar a figura na sua "integridade" — o que, na psicologia da percepção, é conhecido por *gestalt*.

Tendo em mente que sua integridade é sua própria inteireza, é fácil compreender por que, quando a vê, você também detecta os lugares onde ela precisa ser remendada ou preenchida. Enquanto não lhe restaurar a inteireza, permanecerá em estado de tensão.

Por exemplo, se um dos seus Padrões de Integridade é o de ser confiável, toda vez que você deixar de cumprir as promessas que faz a si mesmo e aos outros, você provocará um vazamento de energia. Enquanto não cumprir a promessa, ele — e toda a energia da culpa, do remorso ou da racionalização —

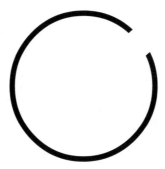

lhe chamará a atenção, por mais que você procure se concentrar em seus objetivos e sonhos.

No íntimo, você sabe que, quando quebra uma promessa, inicia uma série de acontecimentos que lhe tiram poder e energia. Mas o contrário também é verdadeiro: toda vez que cumpre a sua palavra, você ganha força e energia para realizar os sonhos. Este é o processo que se desencadeia sempre que você age, intencionalmente, de acordo com Padrões de Integridade.

Se estiver se sentindo mal com o muito que se desviou de seus Padrões, não desanime. Isso significa que as qualidades às quais você aspira — e sente que não manifestou — estão em seu coração. Se seu próprio comportamento o incomoda, trata-se de uma avaliação de quem você é, não de uma condenação! O mal-estar significa que você tem consciência de sua integridade e que ela está pedindo para atingir sua inteireza. Ninguém gosta de encontrar falhas nos Padrões e nos atos que pratica. Mas, se achar que os sentimentos de dúvida, culpa, frustração ou raiva estão a ponto de dominá-lo, permita-se respirar fundo, tenha um pouco de compaixão de si mesmo e prossiga na jornada. Pouco a pouco, passo a passo, nós o aproximaremos mais de expressar quem você realmente é.

TRABALHO DE CRÉDITO EXTRA

Esta parte é para quem, como muitos de nós, é um "grande realizador" e quer ter certeza de extrair deste trabalho mais que o valor de seu dinheiro e de seu tempo. O exercício leva o Princípio 2 um pouco mais adiante, exercitando o seu natural Impulso Para a Integridade. Prometo que, se o fizer, você se vinculará intensa e indelevelmente ao herói interior. Equipar-se-á para atingir os objetivos e realizar os sonhos com facilidade.

Sua incumbência, caso você a aceite, é a seguinte: nas próximas 48 horas, identifique um lugar específico, em sua vida, no qual um ou mais Padrões de Integridade seus não estejam presentes na sua relação com o dinheiro. Aja e corrija a situação. Tenha compaixão de si e escolha algo passível de alcançar.

Por exemplo, talvez você esteja evitando uma pessoa a quem deve dinheiro. Talvez a mera menção de seu nome o faça encolher-se um pouco por dentro. Examine essa dívida e disponha-se a dar um passo autêntico no sentido de saldá-la ou de estabelecer um plano de pagamento.

Uma de minhas clientes, profissional da saúde pública, é uma demonstração impressionante do que acontece quando a gente decide agir com integridade. Essa senhora, além de muito bem remunerada no trabalho, estava ganhando cerca de 600 dólares por mês com a venda de maconha. Trabalhando com seus Padrões pessoais, viu que o tráfico de droga obviamente não se ajustava a eles — e parou. "Essa é boa", ela me disse. "Eu me inscrevo num curso sobre dinheiro e a primeira coisa que faço é diminuir minha renda."

Porém, cinco anos depois, escreveu-me uma carta contando o resultado de haver eliminado um vazamento de energia em sua vida. Atualmente, ela dirige um importante programa, em sua comunidade, e ganha pelo menos três vezes mais do que antes: bem mais do que deixou de ganhar com a venda de droga. E, o que é mais importante, dorme muito bem à noite, sem medo do que pode vir a acontecer.

Talvez você esteja dizendo que nunca venderia drogas, e, em todo caso, não é preciso ser muito inteligente para ver que a vida financeira e profissional de uma pessoa muda para melhor quando ela abandona as atividades ilegais. Mas tenho certeza de que você consegue identificar pelo menos um lugar, em sua vida, no qual parece arriscado alinhar seu comportamento aos seus Padrões de Integridade porque muito dinheiro está em jogo:

> ALÍCIA: Sim, seria maravilhoso parar de deduzir do meu imposto de renda a pequena despensa que tenho em casa e que chamo de escritório... mas eu preciso pagar menos imposto e, afinal, não estou prejudicando ninguém.

> TOM: Claro, seria ótimo registrar os empregados que cuidam dos meus filhos e me ajudam na minha empresa. Mas eu moro numa área rural de baixa renda. Mal conseguimos dar conta das despesas. Como vou pagar os benefícios, o seguro e maiores salários? E por que minha esposa, meus filhos e minha pequena empresa hão de sofrer em nome dos meus chamados "padrões"?

Quando falamos em nossos Padrões de Integridade, muitas vezes acabamos exprimindo muito de nossa resignação: é assim mesmo, as coisas não vão mudar. "Todo mundo ludibria", dizemos, "por que eu haveria de ser a Poliana que paga tudo direitinho?" E, às vezes, se conseguimos ser cínicos ou céticos o bastante, não temos de nos fazer perguntas difíceis como "Será que não existe nada em que eu possa contribuir?"

Mas e se a vida *for* mesmo um holograma? A questão para os que estão empreendendo a jornada heróica pode ser: já que é por medo que eu comprometo meus Padrões de Integridade com relação ao dinheiro:

1. Onde mais o medo está comandando o espetáculo?

2. Onde mais eu posso estar comprometendo os meus Padrões (examine suas relações, sua criatividade, seu vigor físico)?

3. Se eu puser tudo em ordem com relação ao dinheiro, será que sentirei alívio em outras áreas da existência?

4. Como seria minha vida se eu deixasse de ter medo de ser pego, descoberto ou confrontado por alguém?

5. Seria bom para mim se a vida ficasse mais fácil?

VIRTUDE E DINHEIRO

A vida virtuosa está ao nosso alcance. Afinal, os Padrões que você quer vivenciar e as regras que observa são absolutamente pessoais. Você estabelece esses Padrões para si e não faz senão observar suas próprias regras. Eu sei que pode parecer uma tarefa difícil, mas acho que você é capaz de descobrir que, como disse certa vez a atriz Tallulah Bankhead, "Talvez seja menos do que parece".

Em parte, ser herói é estar disposto a utilizar os Padrões de Integridade como um mecanismo de verificação em qualquer situação, para ver se há discrepância entre quem você realmente é e seu comportamento. Isso nem sempre é cômodo, principalmente quando se examina a relação com o dinheiro. Às vezes, para olhar para nossos próprios Padrões de Integridade, temos de passar pelo círculo de quem tememos ser. Porém, à medida que adquirimos capacidade de fazer essas distinções, vemos que as recompensas de manifestar nossos Padrões superam em muito o custo de permanecer inconsciente. A vida se torna mais fácil.

Há duas maneiras de usar os Padrões de Integridade. Primeiro, você pode se deixar nortear por eles a fim de eliminar os vazamentos de energia cuidando dos negócios inacabados ou tomando a iniciativa de evitar o comportamento que não reflete quem você é.

O segundo modo de aplicar os Padrões de Integridade consiste em praticar a virtude. Esta não é uma coisa abstrata, um estado do ser difícil de alcançar. A virtude é o uso enfocado da energia para obter resultados compatíveis com os Padrões de Integridade. É o resultado natural da demonstração ativa de seus Padrões de Integridade na realidade física. É ser ativo no sentido de eliminar os erros do passado; trata-se de demonstrar ativamente os seus Padrões no presente. É tremendamente fortalecedor dizer: "Hoje eu pratiquei realmente a compaixão com meus colegas de trabalho."

A virtude também é o antídoto perfeito contra a insônia: lembra-se da velha expressão "dormir o sono dos justos"? A ação virtuosa costuma produzir um bem-estar geral. Você expressa quem realmente é, no fundo do coração, sem reservas ou qualificação.

A vida virtuosa começa quando você pergunta a si mesmo: "Como uma pessoa honesta, inteligente, criativa [acrescente as qualidades que o agradam] lidaria com esta situação?" Essa pergunta afasta sua atenção de si mesmo e a orienta no sentido de contribuir realmente com os demais — e, muitas vezes, muda toda a dinâmica energética de uma interação.

> ARNOLD: Eu admiro as pessoas gentis. Ontem tive uma conversa com um de meus vendedores. Fazia quinze dias que ele não conseguia um só cliente para a nossa empresa de curso de informática. Normalmente, eu o teria esculhambado. Dessa vez, perguntei a mim mesmo: "Como uma pessoa gentil enfrentaria esta situação?" Bastou fazer a pergunta para que me ocorressem algumas idéias. Comecei dizendo que eu sabia que ele queria ter sucesso e que decerto estava achando difícil esse período improdutivo. O resultado? Tivemos uma boa conversa sobre o que fazer. Eu me senti maravilhosamente bem. Hoje de manhã ele me procurou. Acabava de conseguir um contrato para nós.

"Eu me senti maravilhosamente bem." Estas cinco palavras de altíssima energia condensam a experiência que vivemos quando colocamos em prática o que temos no coração. Seja tendo sucesso nas circunstâncias externas, seja tendo fracasso, ao demonstrar nossos Padrões de Integridade, a gente sabe que colocou na situação tudo que estava ao nosso alcance e não gastou energia em remorso.

Você ficará assombrado com a quantidade de energia que libera quando olha, enxerga, diz a verdade e empreende a Ação Autêntica conforme seus Padrões de Integridade. No começo não é fácil. A Mentalidade do Macaco o aconselhará a não fazer isso. Mas, se o fizer, você sentirá um delicioso arranco de energia que há de ajudá-lo a perseguir o que realmente quer na vida.

Agindo com integridade, você aumenta a capacidade de transferir os objetivos e os sonhos da realidade metafísica para a física. Consegue transformar os desejos do coração em metas atingidas com eficiência. Não desperdiça energia. Não precisa carregar nenhum excesso de peso na jornada heróica.

Seu verdadeiro poder, o poder pessoal que procede da virtude, é a fonte de onde jorrará o sucesso. Por melhores que sejam as suas intenções, periodicamente, no calor do momento, quando estiver irritado ou ansioso, você se pilhará agindo fora de seus Padrões. Que fazer? Recue e retifique, faça os reparos necessários e siga adiante.

SUAS INTENÇÕES DE VIDA

Pegue a lista de Padrões de Integridade que fez e passe uns cinco minutos pensando neles, que são o reflexo de sua natureza heróica. Você possui toda a força — em parte, plenamente desabrochada, em parte, ainda em forma de semente — de que precisa para trabalhar com a energia do dinheiro, para realizar seus sonhos. A particular combinação de qualidades que encontra dentro de si será a mais adequada às tarefas que surgirem na sua jornada.

Agora, a pergunta passa a ser: Aonde você quer ir? Como descobrir sua meta ou destino? Como discernir seus sonhos mais importantes? A resposta está em suas Intenções de Vida.

Uma Intenção de Vida, tal como eu emprego a expressão aqui, é uma direção, um objetivo ou propósito que vem do fundo da gente. É o espírito vivo por trás das metas e dos sonhos, o fio que conduz a energia ao reino físico. Albert Einstein descreveu a energia das Intenções de Vida quando disse: "Todo e qualquer meio não passa de um instrumento inútil se não tiver um espírito vivo atrás de si. Mas, se o anseio de atingir o objetivo estiver realmente vivo conosco, não nos faltará força para descobrir os meios e traduzi-los em ação".

Suas Intenções de Vida dão um foco puro e claro à energia. São tão vivas com sua paixão que, uma vez que as veja, você jamais as esquece. Nossa cultura está repleta de exemplos do poder das Intenções de Vida. Nós as vemos nos atletas olímpicos que se empenham pela excelência. Eu as vi no filme *Rudy*. O protagonista quer muito ser jogador de futebol americano do Notre Dame, muito embora não seja um grande atleta. Tão grande é o seu desejo que ele insiste em passar algum tempo com a equipe, cuidando das toalhas e jogando nos treinos. Os jogadores o atropelam, mas ele continua se levantando. E, na última partida da temporada, ele consegue se entrosar com todos os demais. Inspirado por sua coragem e persistência, o time o deixa participar do jogo e, no fim, carrega-o em triunfo.

Pode-se dizer que quem tem Intenções de Vida assim é um felizardo. É uma pessoa que sabe o que quer e tem senso de propósito. Você também tem Intenções de Vida e, fazendo o exercício deste capítulo, dará a si mesmo o presente de descobrir exatamente quais são elas.

Suas Intenções de Vida, assim como seus Padrões de Integridade, existem no domínio metafísico. São mais altamente organizadas que as idéias ou os desejos, mais próximas do impulso da realidade física. Por representarem modos de ser, geralmente começam com a palavra "ser".

Alguns exemplos de Intenções de Vida são... ser:

- um empresário de sucesso
- um profissional respeitado
- financeiramente bem-sucedido
- criativo
- bem-educado
- um aventureiro
- um bom pai de família
- um ser humano generoso e caridoso

80 A ENERGIA DO DINHEIRO

- fisicamente capaz e sadio
- artístico
- um colaborador da comunidade
- uma excelente mãe (pai, irmão, irmã etc.)
- um grande anfitrião
- um bom amigo
- cheio de amor e beleza
- escritor (ou poeta ou dramaturgo etc.)

Todos temos uma mistura diferente de Intenções de Vida que reflete as contribuições únicas que estamos aqui para dar. Pelo que me consta, não há correlação entre os Padrões de Integridade e as Intenções de Vida. Não se pode prever uma coisa a partir da outra. No entanto, tomados em conjunto, as Intenções de Vida e os Padrões de Integridade oferecem guias que lhe permitem descobrir e exprimir quem você realmente é.

A gente realiza o vigor, tanto mental quanto físico, quando começa a ver e a trabalhar as Intenções de Vida. As palavras intenção e intensidade provêm da raiz latina *intendo*, que significa "estender-se para a frente". As Intenções de Vida nos impulsionam para a frente em nossa jornada heróica, convidando-nos a crescer e a nos desenvolver.

Swami Yogananda, mestre em compaixão e visão, explicou o princípio do seguinte modo: "O mundo não é senão um sonho objetivado. Aquilo em que sua poderosa mente crê intensamente passa a existir instantaneamente."

É fácil intensificar suas Intenções de Vida, pois elas nos dão alegria e significado. Se você ainda está preocupado por não saber quais são as suas e duvida que as terá um dia, anime-se. Elas já estão aí, e você está prestes a descobri-las.

Exercício: Suas Intenções de Vida — Uma Busca do Tesouro

Suas Intenções de Vida são seu maior tesouro pessoal. Pode ser que você descubra algumas Intenções de Vida ou centenas delas. Depende de você. Mas, sejam quantas forem, terá uma rica experiência de si mesmo ao vê-las.

Para este exercício, serão necessários o caderno e cerca de quarenta minutos. Pode fazê-lo de uma vez ou em partes. O importante é que cada segmento dure pelo menos vinte minutos e que você tenha um lugar tranqüilo onde trabalhar sem ser perturbado.

1. Primeiro, você vai esvaziar a mente. Finja que achou a lâmpada mágica. Quando a esfrega, aparece um gênio disposto a lhe dar o que você quiser. Basta pedir para ter todo o dinheiro, o tempo e o talento de que você precisa.

Num papel em branco, relacione as coisas que você sempre quis fazer ou ter na vida. Anote o que lhe vier à cabeça. Tem toda a liberdade do mundo. Escreva o que quiser. Pode ser pura fantasia, não há necessidade de se basear unicamente na realidade de sua situação atual. Trata-se apenas de tirar da cabeça e pôr no

O PROPÓSITO DO HERÓI

papel tudo quanto lhe captou o interesse ao longo dos anos. Escreva mesmo que o seu desejo lhe pareça absurdo. Aliás, quanto mais audacioso você for, melhor. O importante é que sejam coisas que você realmente quer. A lista pode ser mais ou menos assim:

- Comprar um carro novo
- Escrever um *best-seller*
- Ter uma casa
- Dirigir um filme
- Aprender mergulho
- Ser dono de um veleiro nas Bahamas
- Fazer um safári fotográfico na África
- Nadar com os golfinhos
- Ter um novo guarda-roupa
- Levar meus filhos à Disneylândia
- Arrecadar um milhão de dólares para os pobres
- Participar de uma maratona
- Viajar pelo mundo
- Ter dinheiro para os estudos de minha filha
- Fazer um curso de artes plásticas e pintar um quadro
- Comer nos melhores restaurantes de Paris, Nova York e San Francisco
- Ser pediatra
- Fazer uma importante descoberta na medicina
- Ser astronauta

2. Examine os itens um por um. Pergunte: Por que eu quero isto? Que desejo vou satisfazer? Ao descobrir o motivo de cada escolha, escreva-o numa folha de papel separada. Coloque as respostas na forma "ser..." Por exemplo, caso você queira levar seus filhos à Disneylândia porque isso satisfaria o seu desejo de ser um bom pai, escreva: "ser um bom pai". Do mesmo modo, se quiser escrever um *best-seller* porque isso faria de você um escritor prestigiado, escreva: "ser um escritor prestigiado".

Talvez você descubra que o que o leva a querer ser pediatra é "ser médico de crianças". Ou que viajar à África ou pelo mundo satisfaz o seu desejo de "ser um aventureiro".

Lembre-se, colocar os itens na lista não o compromete a fazer todas essas coisas. É um meio de conhecer os desejos que influenciam cada uma de suas escolhas. Ao concluir essa fase do processo, você terá uma lista de suas Intenções de Vida. Deixe-a de lado um momento e siga adiante.

3. Na próxima fase do exercício, imagine uma festa em que seus amigos, familiares e colegas estejam reunidos para comemorar o seu 85º aniversário. Todos estão presentes, todos vivos e gozando de boa saúde. Você também. Um grupo preparou um discurso descrevendo tudo que você fez na vida. Vão ler o que escreveram. Pegue lápis e papel para anotar o que disserem a seu respeito.

82 A ENERGIA DO DINHEIRO

4. Escreva a lista dos presentes à festa em sua homenagem. Anote-lhes os nomes: marido, esposa, filhos, professores, colegas de escola, amigos, pais, colegas de trabalho, patrões e chefes, sacerdote (pastor, rabino), alunos, vizinhos, membros do clube, tias, tios, primos.

Imagine as pessoas levantando-se, uma por uma, para falar de você. Que espera, no fundo do coração, que elas digam? Resuma cada intervenção em duas ou três frases. Eis o que duas pessoas, Alex e Mary, escreveram em um seminário recente:

ALEX: O primeiro a se levantar é Dave, o meu melhor amigo. Ele começa por me criticar um pouco, mas não tarda a ficar sério e ir ao âmago das coisas. Diz que sempre fui um bom amigo. Elogia-me o senso de humor e acrescenta que eu sempre procuro ajudar as outras pessoas.

MARY: Minha irmã diz que eu sou uma ótima mãe e que sempre a levava, a ela e às outras pessoas, a aventuras. Lembra-se da ocasião em que levei um grupo de amigos a procurar gravuras rupestres no Havaí.

5. Destile a essência do que as pessoas, na festa, dizem a seu respeito, sempre na forma "ser". Por exemplo, Alex escreveu o seguinte: "Ser um bom amigo, ser bem-humorado, ser generoso". Mary escreveu: "Ser uma ótima mãe e ser aventureira". Talvez você precise recorrer à criatividade para colocar as palavras de sua festa imaginária na forma "ser". Esforce-se. Acrescente essas frases à lista iniciada antes.

6. No final desse processo, terá uma lista de afirmações iniciadas por "ser".

Examine-as. Essa é a parte divertida. Quais delas você deseja que sejam mesmo verdadeiras? Sublinhe-as. Não importa que não sinta que as tenha realizado ultimamente ou nunca. Você quer "ser artista" ou "ser médico"? Dê a si mesmo o presente de escolher o que lhe toca o coração. Transfira tudo que sublinhou para a lista de intenções criada na primeira parte do exercício.

Agora você tem um catálogo preliminar de suas Intenções de Vida. Eu lhe peço que conviva pelo menos uma semana com ele. Nesse período, retorne à lista e verifique como se sente ao lê-la. Depois de uma semana, pode acrescentar ou suprimir o item que quiser. Afinal, a lista é *sua*!

É útil participar a outra pessoa as suas Intenções de Vida. Se fizer o exercício em grupo, é bom que cada um se levante e leia sua lista, do mesmo modo como foi feito no processo dos Padrões de Integridade. O grupo dará apoio e o ajudará a esclarecer os itens na medida do necessário.

Pode ser que você descubra que este trabalho é, ao mesmo tempo, emocionalmente satisfatório e desafiador. Muita gente sente a mesma coisa. Você vai ter uma visão diferente de si e de sua vida. Como no processo dos Padrões de Integridade, provavelmente notará uma reação agridoce ao descobrir Intenções que ainda não se manifestaram em sua vida. Esse desconforto indica que você está no caminho certo. Seu trabalho, neste livro, destina-se especificamente a ajudá-lo a transferir suas Intenções de Vida do metafísico para o físico.

Leve a sério suas Intenções de Vida. É graças a elas que você está na jornada do herói. Se achar difícil vê-las em si, peça a ajuda dos amigos e dos entes queridos. É possível que eles as enxerguem muito antes que você.

Seus padrões de Integridade e suas Intenções de Vida são reflexos do seu eu interior e lhe oferecem um mapa claro dos tipos de ações e realizações que lhe darão mais alegria. Pegue a ficha na qual imprimiu seus Padrões de Integridade e, no verso, imprima suas Intenções de Vida. Mande plastificá-la se quiser. Leve-a consigo e leia-a diariamente. À medida que se conecta com seus Padrões de Integridade e suas Intenções de Vida, você se vincula ao poder de avançar na jornada heróica.

Deixando-se levar pela virtude e pela essência das Intenções de Vida que contêm seus desejos mais profundos, você extrai energia do núcleo e encontra uma fonte inesgotável de conforto e coragem. Isso lhe facilitará o caminho quando descobrir o lado sombrio de sua relação com o dinheiro e aprender as lições que darão poder a sua jornada heróica.

PRINCÍPIO 3

OS OBJETIVOS ENFOCAM A ENERGIA DO DINHEIRO

Você está destinado a criar e atingir objetivos. O propósito deste capítulo é reabilitar-lhe a capacidade inata de criar metas que reflitam sua verdadeira natureza e suas Intenções de Vida. Eu digo *re*abilitar porque, quando era menino, você sabia criar metas que o entusiasmavam e divertiam. À medida que foi "amadurecendo", provavelmente resolveu deixar de lado essa criatividade até que, *um dia*, a vida finalmente lhe desse tempo para respirar e sonhar outra vez. No entanto, você já tem toda a aptidão e toda a capacidade de que precisa para energizar os sonhos e torná-los realidade.

Este capítulo lhe dará os meios de impregnar seus objetivos das energias do dinheiro, do tempo, da criatividade, da vitalidade física, da alegria e do apoio. À medida que você o fizer, seu sonho começará a tomar forma, a tornar-se sólido, a materializar-se. E, à medida que desenvolver a relação com a energia do dinheiro, verá cada vez mais nitidamente como ela se articula com as outras energias.

Os objetivos que vamos identificar aqui não coincidem com o que normalmente se concebe como tais. Os que refletem sua natureza provêm de seu coração e lhe nutrem o espírito. São moldados por dentro, não impostos pelas circunstâncias externas. A maior parte daquilo que você, atualmente, considera metas provavelmente não passa de tarefas ou "afazeres" que, embora importantes, não portam um grande fator de alegria.

Neste estágio da jornada, você descobrirá objetivos que têm importância real — e criará o mapa do tesouro que eles representam. Primeiramente, vamos ver por que a palavra "objetivo" faz com que sintamos calafrios e achemos difícil até mesmo pensar em criar um, quanto mais atingi-lo.

O QUE É UM OBJETIVO?

Atingir muitos de nossos objetivos convencionais, como elaborar um plano de negócio, perder cinco quilos ou ater-se a um orçamento, geralmente é uma luta. Decerto nós nos orgulhamos de nossas realizações. Porém, ao olhar para trás, do que é que nos lembramos: do prazer de atingir o objetivo ou do esforço que foi necessário para chegar lá? Na verdade, estes não são objetivos, e sim tarefas ou afazeres. São necessários, mas não divertidos. É por isso que a mera menção da palavra "objetivo" geralmente provoca gemidos e comentários como estes:

> CARL: Só de pensar em ter objetivos eu estremeço. Não sei fazer isso. De mais a mais, imagine que eu finalmente escolha um. Como vou saber se é o melhor para mim? Como saber se não estou apenas me enganando?

> LYNNE: Acho que podem me chamar de viciada em metas. Eu estabeleço uma por semana. Trabalho em vendas, de modo que meus objetivos dependem de quantos contatos telefônicos consigo fazer. Ouvi dizer que as pessoas bem-sucedidas têm objetivos, e é claro que quero ser bem-sucedida. Como me sinto quando estabeleço meus objetivos toda semana? Aliviada. Durante uns quinze minutos. Por que não recebo deles um bom impulso? Não sei.

> RHONDA: Eu não acredito em metas. Pelo menos, não nas formais. Acredito, isto sim, em confiar no universo. Se o que eu quero tiver de acontecer, acontecerá. É como com o dinheiro, por exemplo. Eu não tenho muito, mas ele aparece quando preciso. Portanto, não tenho necessidade de estabelecer um objetivo para conseguir o que quero.

O problema da maioria dos "objetivos" é não estarem ligados ao que realmente queremos da vida. E nós passamos a maior parte do tempo achando-nos ocupados demais para descobrir o que queremos. Se um gênio saísse da garrafa e nos perguntasse o que queremos no fundo do coração, é bem provável que ficássemos sem saber o que dizer. Quase todo mundo sabe o que *deve* querer e talvez se lembre do que queria antigamente. Também temos motivos convincentes pelos quais agora não podemos perseguir o que queremos. No entanto, temos sonhos escondidos na alma que expressam o propósito de nossa vida e as intenções que estão no nosso cerne.

Por ora, eu queria que você deixasse de lado tudo que pensa que sabe sobre os objetivos. Eles não são estranhos, não são formas de tortura projetadas nas escolas de administração de empresa e não são trabalhos hercúleos. Lembre-se de que neste livro utilizamos a definição de objetivo do *Webster*: "área ou objeto rumo ao qual se dirige *o jogo* a fim de marcar um tento". Tenha isso em mente enquanto estivermos trabalhando neste capítulo. Quero sublinhar a palavra "jogo". É a chave do processo.

RECUPERANDO A ALEGRIA: OBJETIVOS X TAREFAS

Na infância, é fácil ver as metas da vida. Feche os olhos e pense numa das primeiras coisas que se lembra de ter desejado quando menino. O que você queria ganhar de aniversário ou Natal aos 8 anos de idade? Consegue ver isso em imaginação agora? Eu queria uma bicicleta vermelha. Quando a ganhasse, ia prender cartas de baralho nos raios, com pregador de roupa, para que ela fizesse barulho de motor quando eu pedalasse. Ainda consigo sentir a alegria que tive quando ganhei a bicicleta vermelha. Tente recordar o entusiasmo de receber aquilo que você mais queria na infância.

Nós somos mais felizes quando criamos o que realmente queremos na vida e quando tratamos de obtê-lo — autêntica, apaixonada e conscientemente. As verdadeiras metas, ao contrário dos onerosos itens que pomos nas listas e nos empenhamos em realizar, destinam-se a produzir em nós um entusiasmo infantil.

Como foi que perdemos o contato com essa alegria? Talvez, na adolescência, você tenha decidido "crescer" ou "endurecer". Talvez não haja obtido o que queria e acabou desistindo. Ou, quem sabe, descobriu que não era sensato entusiasmar-se demais com as possibilidades da vida. Muita gente chega à idade adulta e decide arquivar os objetivos e sonhos, trocando-os por expectativas mais modestas e um cinismo maior. Mas você ainda tem sonhos no coração e conta com a possibilidade de realizá-los. É um dos dons do ser humano. A pergunta que precisa responder agora é: Quais são seus sonhos autênticos?

Qual é a bicicleta vermelha que o inunda de ansiedade e entusiasmo hoje? Pense na vida que você mais quer e nas metas capazes de levá-lo a ela. Consegue imaginar-se atingindo-as com um espírito jovial? Se você for como a maioria dos adultos, o mais provável é que já esteja olhando para o teto com impaciência. Por mais que eu insista em que o jogo é a chave, isso decerto não coincide com seu paradigma pessoal de objetivos. Pode ser que você tenha certeza de que só os atingirá com firmeza, força, perseverança e determinação.

Vamos forçar um pouco essa crença. Imagine uma escala de 1 a 10. O 1 significa "Eu não quero isso" e o 10, "Eu quero muito isso, muito mesmo". Os objetivos de que estou falando são o 8, o 9 e o 10 dessa escala, aqueles que realmente o entusiasmam. São essas as metas que transformarão sua vida.

Se você não está entusiasmado com seu objetivo na vida, pode ser que ele não seja um objetivo. Talvez se trate de tarefas que precisam ou devem ser feitas. Algumas tarefas que as pessoas costumam confundir com metas são:

1. Livrar-se da dívida com o cartão de crédito.
2. Fazer um testamento ou um bom seguro de vida.
3. Ter uma previdência privada.
4. Contratar um consultor financeiro.
5. Consertar o telhado, a instalação hidráulica ou a calefação em casa.

O PROPÓSITO DO HERÓI

87

6. Preencher os formulários e os documentos a tempo.
7. Ter um convênio médico.

Esses não são objetivos. São tarefas que abrirão caminho para que você jogue para atingir seus objetivos. Não têm a energia daquela viagem ao Caribe, da faixa preta no caratê, do brevê, do quadro que você quer pintar nem do presente que quer dar aos seus pais. Nem se aproximam dela. Repare na diferença entre as tarefas e os objetivos na lista acima. No fundo do coração, você reconhecerá o apelo das metas verdadeiras — mesmo que seu cérebro continue pensando que elas, para valer a pena, têm de ser duras e pouco atraentes.

As tarefas na lista numerada são itens de negócios financeiros inconclusos. Ao concluí-los, a gente se dá o espaço para respirar que engendra sucesso e paz interior.

Uma chave para determinar se você está diante de uma tarefa ou de uma meta é perguntar: "Eu ficarei *aliviado* quando ela estiver concluída?" Se a resposta for sim, trata-se de uma tarefa, não de um objetivo. Ao terminar uma tarefa, a gente se sente aliviada. As pessoas dirigidas na vida aprenderam a esforçar-se pelo alívio, confundindo-o com a alegria. Quando atinge um objetivo, o que você sente é alegria.

O FATOR CAPRICHO

Uma segunda pergunta a ser feita sobre as metas é: Qual é o fator capricho? Se você tem uma lista de objetivos que quer atingir imediatamente — principalmente se forem o modelo mais recente, mais vistoso, mais rápido de algum produto — procure refletir um momento sobre a diferença entre meta e capricho. Este se baseia no impulso e na gratificação imediata. Tal espontaneidade condimenta a vida, mas pode se tornar facilmente uma formadora de hábitos.

Um dos sintomas da Mentalidade do Macaco é a resistência a adiar a recompensa. Os objetivos existem num período definido de tempo e, muitas vezes, exigem-lhe que aguarde os resultados enquanto concentra energia em seu alvo. A jornada heróica se aprimora com a capacidade de criar e conservar o interesse por uma meta genuína que leva tempo para ser atingida. É isso que nutre o espírito.

Identificar os objetivos verdadeiramente alicerçados no tempo dá clareza e poder à vida. A gente não cede aos impulsos desprovidos de significado verdadeiro. Eu falei com milhares de pessoas que possuem aparelhos de vídeo moderníssimos, equipamentos de ginástica de última geração, as mais avançadas máquinas de café expresso: tudo comprado ao sabor de caprichos e acumulando poeira num canto. Por outro lado, as aquisições previamente planejadas geralmente são estimadas e aproveitadas.

O primeiro grupo de metas, as quais vêm acompanhadas de um alto Fator Capricho, é de Tipo Um. Elas carecem de significado, e pode ser que você ache difícil dizer por que as preferiu a outras. Acabam sendo frívolas e triviais. As metas Tipo Dois, em compensação, são as que se vinculam a suas Intenções de Vida, ancoram seus objetivos e fornecem condutores de energia capazes de levar esses objetivos à realidade física. As metas Tipo Dois permitem a criatividade e a realização máximas. Você desenvolve objetivos significativos diferenciando-os das tarefas que os ancoram em uma ou mais Intenções de Vida.

A CRIAÇÃO DE METAS RELEVANTES

Eis algumas orientações para criar metas relevantes. Uma meta é uma projeção de sua Intenção de Vida na realidade física. É uma promessa que fazemos a nós mesmos. As metas poderosas têm cinco qualidades representadas pelo acrônimo MARTE. *Cada* qualidade deve estar presente num item para se qualificar como meta.

M de mensurável. Como vou saber se aprendi a mergulhar ou não? Um modo é tirar o diploma. "Quero tirar diploma de mergulhador" é um objetivo mensurável. Ou eu o tiro, ou não. Do mesmo modo, "Quero uma casa de dois quartos e com piscina" não dá lugar a dúvida. *Defina suas metas.*

A de atingível. Toda meta precisa estar a certa distância de você, mas não deve ser impossível. Por exemplo, dizer que vai economizar 600 dólares por ano quando já está economizando 50 por mês não representa precisamente uma distância a ser percorrida. É previsível. Ao mesmo tempo, os objetivos tipo "conquistar o céu" estão fadados ao fracasso. Um homem com quem trabalhei queria ganhar 100 mil dólares por ano, um objetivo específico e mensurável. Mas, quando eu perguntei, ele disse que, na época, estava ganhando 30 mil. Não digo que a sorte não exista ou que seja impossível ganhar na loteria, mas o que as metas têm de melhor é não dependerem da sorte ou do acaso.

Seu objetivo é uma promessa que você faz a si mesmo com relação a uma coisa que realmente vai fazer. Ao pensar nisso, o homem decidiu que um objetivo atingível, para ele, era ganhar 40 mil dólares por ano em sua empresa de consultoria. Isso ele podia planejar deveras e planejou.

Muita gente cria metas inatingíveis. Depois fica desanimada ou se enche de indignação com todo o processo de estabelecer metas. *Estabeleça objetivos pelos quais valha a pena lutar, que sejam atingíveis.*

R de relevante. É aqui que nos ocupamos do Fator Capricho. Examine suas Intenções de Vida. A qual (ou quais) delas seu objetivo corresponde? Em outras palavras, ele tem relevância para quem você é e quer vir a ser? Uma de minhas Intenções de Vida é "ser aventureira". Outra é "ser fisicamente saudável". E, quando vinculo a essa intenção o meu objetivo de praticar canoagem no rio Colorado, dou a ela o sabor de minhas Intenções de Vida. A meta de ter casa própria pode satisfazer sua Intenção de Vida de "ser financeiramente bem-sucedido". Escreva ao lado da Intenção (ou Intenções) de Vida o objetivo que a(s) satisfaz.

A seguir, será que perseguir esse objetivo demonstra seus Padrões de Integridade? Por exemplo, um de meus padrões é "ser corajosa". Se eu aprender a mergulhar, com medo ou não, demonstro coragem. Se pagar a entrada da casa que quero, posso estar demonstrando o Padrão de Integridade de ser confiável.

Ao perseguir qualquer meta, pergunte se ela é compatível com seus Padrões de Integridade. Seu objetivo escapa, de algum modo, a sua integridade? Pede-lhe que minta ou engane os outros? Você está sendo irresponsável ao tentar atingi-lo agora? Verifique isso. Mantendo seus Padrões de Integridade, você se impulsiona no sentido de atingir suas metas. O caminho é limpo e fácil. Agir fora desses padrões geralmente resulta em conflito e numa falta definitiva de alegria.

Por fim, que número você dá à sua meta na escala de 1 a 10 de "Quanto eu o quero?" Trata-se de um 10, de "eu quero muito mesmo"? Ou apenas de um sonolento 1? Atribua imediatamente um número ao seu objetivo. Se escolher 8 ou mais, empenhe-se em realizá-lo. Se o número escolhido estiver abaixo de 8, sinto muito, é melhor riscá-lo da lista. Por quê? Porque você não o quer de verdade. Trate de escolher uma meta que represente algo que você quer, algo que lhe dá alegria.

Avalie sua meta nesses três aspectos para ter certeza de que é relevante. Pode ser que lhe pareça laborioso no começo, mas lembre-se de que você está aprendendo a criar objetivos baseados na integridade e na alegria. Eles terão o espírito vivo que sustenta seu próprio caminho.

T de tempo. É preciso fundamentar sua meta no tempo, estabelecendo a data em que será realizada. Assim, você faz uma promessa a si mesmo e demonstra que a leva a sério. Trata-se de um passo importantíssimo a ser dado: um passo, aliás, que muita gente prefere evitar. Nós preferimos dizer "No próximo verão talvez" ou "Vou fazer isso no ano que vem". Isso enfraquece a sua meta. Em termos de venda, é como fazer todo o necessário para vender uma coisa e não fechar o negócio. Um prazo definido fecha o acordo que você faz consigo mesmo. Assim, você leva a sério a si e aos seus objetivos.

Eu sei que a Mentalidade do Macaco está gritando: "Espere aí! Eu não sei! É impossível calcular quanto tempo vai demorar. Não seja insensato!" Mesmo assim, defina uma data, um período, no ano, em que realmente vai atingir seu objetivo. Se lhe parecer difícil, peça a ajuda de um amigo ou de um ente querido. Às vezes, ao criar metas pela primeira vez, a gente se sente vulnerável, porque está se abrindo para a possibilidade de ter mais alegria na vida.

Por mais animador que seja, isso também dá medo. Sinta o medo, sinta o entusiasmo e *faça com que seu objetivo seja específico, ancorado no tempo.*

Fazer ginástica três vezes por semana durante um ano não é um objetivo. Tampouco "ler cinco páginas de textos inspiradores". Um objetivo não é um processo sem fim estabelecido. Você o conclui, alegra-se e parte para o seguinte. A verdade é que, quando você atinge uma meta, ela desaparece. Deixa de ser uma meta. Foi realizada.

E de específico. O seu objetivo é explícito e preciso? Por exemplo, "Eu quero ser feliz" não é um objetivo. Não é específico. "Quero aprender mergulho no próximo verão" ou "Quero comprar uma casa" são específicos. A Mentalidade do Macaco quer que as metas se conservem embaçadas. Sendo vago quanto ao que quer, a gente se mantém num estado de animação suspensa. *O poder está na clareza.*

UM OBJETIVO É UM SIM, NÃO UM NÃO

Há mais um filtro a ser utilizado ao selecionar os objetivos na vida. Pergunte-se: O meu objetivo é positivo ou negativo?

Perder ou cessar uma coisa não é um objetivo. Pode ser que você queira perder seis quilos ou parar de fumar. São ambições louváveis, mas não objetivos. Trata-se de tarefas. Como saber? Você não se entusiasma ao executá-las. Ninguém acorda um belo dia e diz: "Eu adoro desintoxicar-me da nicotina!" Do mesmo modo, há muitas maneiras de perder seis quilos. Uma delas é ficar doente e não conseguir comer.

Se você for consultor e tiver um monte de contas a receber, cobrar essas dívidas é uma coisa muito boa. Mas não chega a ser uma meta; apenas uma tarefa. Não há alegria nisso. O que você sente ao fazê-lo é alívio, não alegria. Fica aliviado por ter recebido o dinheiro e talvez um pouco ressentido porque demorou tanto. Esse tipo de alívio, associado à mágoa de não ter recebido antes, é a marca registrada dos "afazeres".

Ou você pode marcar entrevista com um consultor financeiro credenciado. Trata-se, uma vez mais, de um excelente "quefazer", não de um objetivo. Você reconhece que deve tomar essa iniciativa, que vai ser bom para você, mas isso não o faz exultar e cantar.

No entanto, é possível que haja objetivos escondidos atrás dessas tarefas. É assim que a gente os descobre:

1. Veja o que você realmente quer para o seu corpo. Quais são as suas Intenções de Vida? Por exemplo, você pode descobrir que uma intenção por trás da vontade de parar de fumar é "ser fisicamente saudável". A intenção por trás de querer receber o que lhe devem e recorrer aos serviços de um consultor talvez seja "ser financeiramente bem-sucedido".

O PROPÓSITO DO HERÓI

2. Procure, entre as suas metas, uma que demonstre que você é fisicamente saudável. Algo que queira fazer do nível 8 para cima. Pode ser que descubra que sempre quis fazer caminhadas na Nova Zelândia, correr dez quilômetros, praticar a canoagem no rio Colorado ou viajar de bicicleta até Vermont. Em alguns casos, é possível que tenha adiado seu sonho até perder o peso que queria ou conseguir parar de fumar. Todavia essa estratégia não o levou a lugar nenhum.

Seu objetivo, ao cobrar o que lhe devem, pode ser comprar os móveis de escritório que sempre quis e fazê-lo com facilidade. Conversar com o consultor financeiro talvez lhe torne possível fazer aquela excursão de três meses, na Europa, que vem sendo adiada.

3. Você está disposto a ter um objetivo que demonstre a intenção de estar fisicamente bem? Se a resposta for sim, você está se preparando para expandir seu paradigma pessoal. Por exemplo, se decidir empreender uma viagem de bicicleta, terá de fazer exercício para se preparar. Isso o ajudará a emagrecer, embora nem tanto quanto você pensa, já que vai aumentar a massa muscular. Eu tenho uma amiga que diz que não se importa com seu peso contanto que ela continue parecida com a Tina Turner.

A ginástica decerto o ajudará muito na tarefa de parar de fumar. Mas é o próprio objetivo embutido na tarefa que o inspirará. Novas capacidades e experiências passam a ser possíveis quando a gente está fisicamente bem e tem sucesso financeiro.

Agora que sabe o que é um objetivo e o que o torna poderoso, vamos levar o que você sabe à realidade física e criar algumas metas.

Exercícios para Criar Metas

O que se segue é seu manual de criação de objetivos poderosos e significativos que lhe permitirá trabalhar com as idéias que acabamos de analisar. Tal qual o caderno de anotações de um mágico, ele é precisamente adequado a auxiliá-lo a energizar os sonhos bem mais depressa do que você imagina.

Nos exercícios abaixo, você fará uma lista de objetivos que têm poder para você e estão vinculados às suas Intenções de Vida mais profundas. Depois escolherá um punhado de metas que quer atingir no ano que vem e criará o Mapa do Tesouro daquela em que vai se empenhar em primeiro lugar.

Por favor, entregue-se de corpo e alma aos exercícios abaixo. Eles funcionam. Você está pronto para isso. Eles são o aspecto mais importante de sua jornada heróica. Se possível, faça o próximo exercício com pelo menos mais uma pessoa. O apoio é decisivo aqui.

Parte Um: Como Você Se Sente com os Objetivos?

Você vai precisar do caderno, de lápis ou caneta e de cerca de vinte minutos ininterruptos.

Numa página em branco, escreva a palavra "objetivo". Espere dois minutos e anote todo e qualquer pensamento ou sentimento que lhe ocorrer ao olhar para essa palavra. Seja franco. Escreva tudo, mesmo que pareça não ter sentido. Podem ser frases inteiras ou meras palavras. Se tiver alguma sensação física, anote-a também. Em que você reparou? Os seguintes exemplos podem ajudá-lo no exame:

> Jessie: Primeiro me deu um branco. Então me vieram palavras como "jogo", "inspirador" e "livre". Mas, ao escrevê-las, senti uma opressão no peito, baixou-me uma sensação de tristeza.

> Mark: Ocorreram-me "produtivo", "útil", "resoluto", "objetivo". Tudo isso está muito bem, mas cadê a alegria?

> Roger: Eu não queria fazer esse exercício. Pensei, "Vai ser muito difícil e, além disso, eu não mereço ter os objetivos que realmente quero".

> Esther: Fiquei com raiva só de pensar em olhar para a palavra "objetivo". Ter objetivos para quê? Eles não vão se tornar realidade mesmo.

> Bob: Ao fazer esse exercício, vi que gosto de criar metas. Mas, quando as crio, elas perdem a graça. Talvez eu seja uma pessoa que só sabe pensar.

Talvez sua reação à palavra "objetivo" seja diferente de todas as mencionadas acima. Ótimo. Leia o que escreveu. Você teria escrito a mesma coisa aos 10 anos de idade? Seu estado de espírito era o mesmo naquela época?

Agora, na mesma folha do caderno, faça a lista dos seus dez objetivos mais recentes e que exigem tempo ou dinheiro para ser atingidos. Consegue enumerar dez? Parece-lhe uma carga pesada fazer isso? Tudo bem. Você está no caminho. Continue avançando!

Leia suas metas para outra pessoa. Como se sente? Gostaria de pendurar esse papel na parede para vê-lo diariamente? Ou preferia rasgá-lo em pedacinhos? Seja sincero. Pode ser que alguns objetivos sejam fantásticos, outros, porém, lhe dão medo. Compare tudo isso com o que você experimentaria se fizesse o exercício aos 10 anos de idade.

Não falta quem se surpreenda com o quanto é oneroso simplesmente pensar em objetivos. As pessoas se sentem pesadas e até doloridas. É importante verificar se você tem esses sentimentos. Agüente firme. O alívio está próximo. Se quiser, rasgue a lista e jogue-a no lixo! Você há de superar tais pensamentos e sentimentos para descobrir a alegria dos verdadeiros objetivos.

Parte Dois: Abrindo a Porta para os Sonhos

Serão necessários o caderno, a caneta e um pequeno gravador. Para ajudá-lo no processo de criação de algumas metas, grave o seguinte num cassete e depois

O PROPÓSITO DO HERÓI

ouça a gravação. Se preferir, peça a alguém que leia para você. Este exercício durará cerca de vinte minutos. Pode repeti-lo quantas vezes quiser.

Grave e depois ouça a seguinte meditação orientada. Faça uma pausa de três segundos onde houver reticências.

Sente-se e relaxe. Fique com os dois pés no chão, repouse as mãos no colo. Feche os olhos quando estiver pronto. Respire fundo. Sinta todas as partes tensas de seu corpo. Localize-as e respire nesses pontos. Ao expirar, exale a tensão...

Recorde o tempo em que tinha 8 ou 10 anos de idade e queria uma coisa. Era uma coisa que você queria fazer? Ser? O que era? Sendo um objeto como uma bicicleta, que cor tinha? Sendo um trabalho especial ou a realização de uma obra na vida, qual era? Você queria viajar? Ser atleta profissional? Músico? Pintor? Procure lembrar como era querer isso. Repare no que seu corpo sente quando recorda como era, para você, saber que realmente queria uma coisa...

Respire fundo novamente. Expire lentamente...

Torne a tomar consciência do presente. Você está sentado num assento de poder. Ele tem a aparência e dá a sensação exata de um assento de poder... seja lá como você o figura mentalmente. Pode ser um trono enorme num palácio real ou uma confortável poltrona de couro de executivo num escritório de cobertura espetacular...

Nesse assento, qualquer coisa que você verdadeiramente queira ter, fazer ou ser pode se tornar realidade... Basta saber o que é. Escolha o que seu coração realmente quer... Que lhe dá alegria? O estudo, as viagens, os projetos criativos, o emprego perfeito e muito mais lhe pertencem... Você só precisa pedir o que quer e o receberá...

Procure ver, sentir ou ouvir aquilo que realmente quer... Que é que o deixa contente ou entusiasmado?... Ache as palavras para o que você quer e diga-as consigo...

Quer tenha tomado consciência de alguns objetivos quer não, algo maravilhoso aconteceu. Ao ocupar o assento do poder, você começou a energizar sua imaginação. Abriu as portas para descobrir seus objetivos. Se ainda não sabe quais são, é bem possível que o surpreenda um devaneio ou um sonho, quando for dormir, que lhe revele alguma coisa sobre seus objetivos. Quando isso acontecer, escreva o sonho ou devaneio para não o esquecer. Também verá que, no fundo do coração, você sempre soube que sonhos eram esses.

Quando terminar, abra os olhos. Anote os sonhos que se apresentaram.

Agora faça a lista de todas as metas que você consegue imaginar e que valeria a pena ter. Anote-as, pouco importa o quanto você ache que vão custar ou o tempo que demorarão para ser atingidas. Olhe para dentro de si. É possível que ouça a Mentalidade do Macaco a dizer: "Mas como vou conseguir isso? É difícil demais. Eu não tenho tempo nem dinheiro. Não tenho orientação". Pare um instante. Pergunte-se: "Em que eu estou mais interessado, em ficar com minhas dú-

94 A ENERGIA DO DINHEIRO

vidas ou com meus objetivos e sonhos?" Escolha os sonhos com que vai ficar sem fazer caso da tagarelice da Mentalidade do Macaco.

Deixe que os objetivos venham do alto de sua cabeça e do fundo de seu coração. Liste-os por mais tolos e frívolos que pareçam. Não é hora de se censurar. Provavelmente, você já faz isso há muito tempo. Siga em frente até que tenha pelo menos dez ou quinze itens na lista. Sinta-se à vontade para repetir a meditação, de olhos fechados, quantas vezes quiser. Você ficará cada vez mais aberto para o processo de explorar suas metas.

Eis uma lista parcial dos tipos de objetivo que os participantes do Curso Você e o Dinheiro escolheram ao longo dos anos.

- Replantar o meu jardim
- Financiar a viagem de estudos de uma criança
- Levar meus filhos ao Parque Yellowstone
- Praticar canoagem no rio Colorado
- Escrever um livro para crianças de 6 a 8 anos
- Abrir um restaurante
- Comprar uma casa nova
- Contribuir com a Cruz Vermelha
- Comprar um computador
- Tirar brevê
- Redecorar minha casa
- Fazer uma viagem ao Taiti com minha namorada
- Fazer uma aplicação de 2 mil dólares
- Escrever um roteiro cinematográfico
- Fazer minha primeira exposição artística
- Fazer doutorado
- Ser premiado pelo conselho de corretores de imóveis

Como você se sentiu ao entrar em contato com alguns objetivos? Entusiasmado? Assustado? Vulnerável? Transbordou de criatividade ou ficou seco feito um poço no deserto? Seja como for, continue. Aí *há* água. Quantas idas e voltas houve até conseguir fazer a lista? A Mentalidade do Macaco apresentou alguma objeção nova? Chegou a hora de falar sobre isso com um conhecido. Você desencadeou um processo que prosseguirá até muito depois deste exercício particular.

Parte Três: Aprimore a Sua Lista

Para dominar a arte de criar metas significativas, é preciso aprender a enxergar o que a gente realmente quer. Isso implica a disciplina de deixar de lado, ao menos momentaneamente, tudo aquilo que não se quer. Assim você cultiva a capacidade de gerar energia abandonando os elementos insignificantes que a dissipam.

Retornando à lista de metas, escolha uma que você quer atingir dentro de um ano. Ao escolher um objetivo, a gente o abraça como possibilidade. Geralmente é difícil, dada a natureza da Mentalidade do Macaco. Seja insensato por um momento. Veja o que quer ser, fazer ou ter em um ano. Tome um objetivo. Nesse ato simples há mais coragem que em quase tudo mais que você faz.

Se tiver escolhido uma meta, congratule-se consigo mesmo! Você acaba de ir além da estrutura do saber. Está revigorando uma capacidade que teve a vida inteira: a capacidade de escolher o que quer. Se não tiver escolhido um objetivo... respire! Como muita gente, você pode fazer sua escolha mais tarde, quando menos esperar. Talvez até sonhe com a escolha. Simplesmente disponha-se a chegar a tanto! Você está indo bem.

Parte Quatro: Tenha Certeza De Que Sua Meta É Relevante

Examine as metas que escolheu. Agora retorne à seção que explica como ter metas relevantes e passe a sua por todos os filtros apresentados. Queremos verificar se se trata de um objetivo ou de uma tarefa. Então, passo a passo, pergunte a si mesmo se estabeleceu um objetivo com os atributos MARTE. Ele é mensurável? Atingível? Relevante? Baseado no tempo? Específico? Confronte sua meta com cada uma das perguntas que aparecer. Acima de tudo, pergunte-se: Atingir esse objetivo me dará alegria?

Se a sua meta for verdadeira, tiver os atributos MARTE e estiver baseada na alegria, prossiga. Se precisar aprimorá-la ou escolher outra, retorne à Parte Um. Tenha paciência consigo mesmo ao enfocar seus sonhos.

O MAPA DO TESOURO: UM RETRATO FÍSICO DO SEU OBJETIVO

Uma das maneiras mais eficientes de aprender a enfocar a energia em seu objetivo é o chamado Mapa do Tesouro. O escritor Napoleon Hill descobriu que as pessoas bem-sucedidas anotam suas metas. Ao fazer o Mapa do Tesouro, a gente dá um passo além. Cria uma representação gráfica, colorida, dos desejos do coração. O Mapa do Tesouro é o melhor esforço para criar uma visualização mental abrangente de como será a vida quando você tiver atingido seu objetivo.

O Mapa do Tesouro inicia o processo de tirar a meta do estado de idéia e levá-la à realidade física. Funciona como um ímã de energia ou um gerador de objetivos, impulsionando-lhe o poder. O próprio ato de criar um Mapa do Tesouro o coloca no caminho do sucesso.

A necessidade de criar representações visuais do que queremos está no nosso sangue. Julga-se que os pictogramas e petróglifos pré-históricos eram um meio artístico de invocar a "energia do bisão". É possível experimentar esse processo hoje. Olhe para a fotografia do automóvel que você quer. Examine um prospecto de viagem com as montanhas ou praias de que gosta. Sente o entusiasmo? Consegue se colocar na foto?

Energizando conscientemente seus objetivos desse modo, você desperta uma capacidade que talvez tenha estado latente aí dentro a maior parte de sua vida. Ao criar o Mapa do Tesouro, você evoca o espírito do que está perseguindo. É um processo simples, embora não pareça à primeira vista. Pode ser que você tenha muitos anos de inércia para remover. É possível que haja dito a si mesmo que é tolice deixar-se levar pelos sonhos. O ato de criar Mapas do Tesouro para os seus objetivos é um ato de vulnerabilidade que contradiz as repreensões da Mentalidade do Macaco, as quais podem incluir:

- "Você parece uma criança brincando de 'faz-de-conta'."
- "Nunca vai dar certo."
- "É melhor que ninguém veja o que você está fazendo."
- "É difícil conseguir o que você quer!"
- "Tem certeza de que não está fazendo tempestade em copo de água?"

Nos últimos dezesseis anos, orientei cerca de dezesseis mil pessoas em Mapas do Tesouro. No Curso Você e o Dinheiro, os alunos estabelecem certo número de metas e traçam um Mapa do Tesouro para cada uma delas. Ouvi falar muitas vezes de milagres a eles associados:

ALAN: Eu fiz o Mapa do Tesouro de uma casa de estilo vitoriano. Recortei a fotografia de uma casa, numa revista, e coloquei na sua frente um retrato meu segurando uma placa de VENDIDA. Estabeleci um prazo de oito meses. Não tinha a menor idéia de como pagar a entrada. Quatro meses depois, estava passando de bicicleta quando vi uma casa com uma placa de VENDE–SE. O proprietário fora transferido, no trabalho, e ia se mudar. Estava disposto a aceitar pouco de entrada. Eu comprei a casa. Era uma cópia quase exata da fotografia do meu Mapa do Tesouro.

CHRISTIE: Dois meses depois de fazer um Mapa do Tesouro para ganhar dinheiro ao mesmo tempo que percorria o mundo, encontrei-me com um primo numa reunião de família. Ele ia fazer uma viagem ao Pacífico Sul, dando aula de mergulho. Lembrei-me de meu Mapa do Tesouro. Já tinha tirado diploma de mergulhadora e, naquele momento, resolvi tirar licença de instrutora. Por que perder uma oportunidade que podia tornar meu sonho realidade? Escrevi para o meu primo no Taiti. Ele havia arranjado um ótimo emprego numa empresa de navegação, dando aulas de mergulho aos turistas. Estavam precisando de mais um instrutor. Tomei o avião e peguei o emprego.

JACK: Eu vendo equipamento médico e fiz o Mapa do Tesouro do objetivo de ganhar 10 mil dólares mensais durante três meses consecutivos. Olhava para o meu Mapa do Tesouro toda manhã. Era como um farol. Acabei ganhando 12 mil por mês!

LOUISE: O meu Mapa do Tesouro visava dobrar minha renda bruta até o fim do ano. Eu trabalho em engenharia do tráfego. Esclareci muito bem minha Intenção de Vida e minha meta e me expressei com tanta clareza para os interessados que, 15 dias depois, fechei um contrato de 27 mil dólares: acabei dobrando minha renda em três meses, ou seja, seis meses antes do fim do ano.

O PROPÓSITO DO HERÓI

Estas são apenas algumas dentre centenas de histórias que me contaram de pessoas que utilizaram o processo de fazer o Mapa do Tesouro. Outros que trilharam esse caminho:

- Publicaram livros e peças de teatro
- Foram reconhecidos como "O Empresário do Ano"
- Concluíram um projeto arquitetônico premiado em tempo recorde e com facilidade
- Escalaram o Himalaia com todo o tempo e o dinheiro necessário para fazê-lo
- Tiveram sucesso na sua primeira exposição de arte
- Tornaram-se consultores respeitados e bem-remunerados
- Criaram um novo guarda-roupa com um corpo em ótima forma para usá-lo
- Desenvolveram um bom *software* de livros eletrônicos

Se você verificar, descobrirá que todo objetivo criativo envolve de algum modo a energia do dinheiro. O Mapa do Tesouro o ajudará a enfocar as seis formas de energia na sua meta. Todo tipo de incidente imprevisível começará a cruzar o seu caminho. Você se tornará mais consciente das janelas de oportunidades já existentes. Talvez a intenção consciente crie deveras a probabilidade de uma coisa acontecer, como acreditam os físicos quânticos. Seja como for, o Mapa do Tesouro o ajuda a preparar-se para o sucesso. Com o foco intencional que um Mapa do Tesouro representa, você provavelmente atingirá plenamente a sua meta.

Exercício do Mapa do Tesouro: Mapeando a sua Meta

Você está disposto a ter o que quer — mesmo que signifique fazer algo novo ou diferente? Se a resposta for afirmativa, siga as seguintes orientações. Eu as desenvolvi cuidadosa e cabalmente depois de anos de trabalho com pessoas e seus sonhos. Você está prestes a abandonar o seu paradigma pessoal de objetivo. Comece imediatamente a levar seus sonhos a sério e faça exatamente o que fazem as pessoas de sucesso. Seja muito preciso em *todos os detalhes* do seu mapa e prepare-se para milagres!

Você precisará de:

- Tesoura e cola.
- Uma folha de cartolina. A melhor cor a ser usada é a branca.
- Cartolina colorida: uns cinco pedaços.
- Revistas, prospectos e catálogos com fotos coloridas. O melhor é contar com publicações em que figure o tema geral do seu objetivo. Por exemplo, revistas de arquitetura ou decoração para a casa, revistas ou prospectos de viagem para as férias e revistas empresariais para as metas profissionais.
- Revistas ou prospectos com frases interessantes ou inspiradoras que possam ser recortadas e coladas no mapa.

A ENERGIA DO DINHEIRO

- Calendários com datas que também se possam recortar.
- Uma fotografia recente sua e de quem participar de seu objetivo. Atenção: peça autorização a essa pessoa antes de colar seu retrato no Mapa do Tesouro.
- Seu caderno.

No Curso Você e o Dinheiro, fazer Mapas do Tesouro é um processo grupal. Trabalhamos juntos, trocamos *feedback* e compartimos idéias. A energia e a sinergia de um grupo ajudam a superar a inércia das velhas crenças.

Pense em fazer o seu mapa com pelo menos um ou dois amigos. Afinal, qualquer um que tenha um sonho ou um objetivo pode perfeitamente contar com companhia ao iniciar a jornada para atingi-lo. E não há quem não se beneficie com um Mapa do Tesouro. Os que se ajudam mutuamente encontram imagens e palavras que compartilhar. Apóiam-se reciprocamente para se aventurar fora das antigas crenças. Empreendem e incluem novas maneiras de representar sua meta. Aliás, a maneira mais eficaz de fazer um Mapa do Tesouro é estar presente enquanto os amigos o fazem para a gente! Você escolhe algumas imagens, mas os autoriza a encontrar a maior parte delas e a construir o mapa. Uma participante do Curso Você e o Dinheiro contou o seguinte:

> SUSAN: Meu coração quase parou quando você nos mandou trabalhar em nossos próprios Mapas do Tesouro! Nunca pensei que pudesse deixar outras pessoas fazerem-no por mim. Achei que elas perderiam a essência do meu objetivo, que é fazer uma viagem às Bahamas com meu marido no nosso 14º aniversário de casamento. Pois bem, quando superei o choque, eu relaxei. Capitulei. Eles apresentaram imagens lindíssimas e palavras de grande sensibilidade. Sozinha, eu nunca teria imaginado um mapa tão primoroso e esplêndido.

É possível que o processo de criar o Mapa do Tesouro evoque os obstáculos mentais que, no passado, o impediram de atingir seu objetivo. Talvez sejam exatamente aqueles que você esperava que desaparecessem antes de empreender sua jornada. É como um pequeno laboratório no qual você consegue ouvir a Mentalidade do Macaco repetindo suas desculpas prediletas. À medida que continua a trabalhar, independentemente da tagarelice de sua mente, você lhe reduz a potência. Será útil fazer uma pausa, de vez em quando, para examinar as conversas e os sentimentos que vão surgindo enquanto você cria seu mapa.

Eis como se monta o Mapa do Tesouro:

1. Crie uma frase que descreva a sua meta. Coloque-a no tempo presente. Por exemplo, em vez de dizer "Eu estarei na praia, no Havaí, com meus filhos, no dia 14 de abril de...", escreva "Eu estou na praia com meus filhos no dia 14 de abril de..."

2. Pegue sua(s) fotografia(s) e cole-a(s) no Mapa do Tesouro. Ponha-a(s) no lugar que quiser. É o primeiro grande passo no sentido de se colocar (e quem você tiver escolhido, com sua autorização) na jornada rumo ao seu objetivo.

3. Procure nas revistas e forme a frase do seu objetivo com as palavras que for recortando. *Não escreva* essas palavras nem as imprima no computador. Olhan-

O PROPÓSITO DO HERÓI

do para elas, nas revistas, você amplia suas opções. Pode ser que encontre uma maneira ainda melhor de exprimir sua meta. Cole-a no Mapa do Tesouro, de preferência na parte superior. Se desejar, recorte um pedaço de cartolina colorida e use-a como fundo da nova frase que descreve seu objetivo.

4. Arranje fotografias coloridas que representem sua meta. Utilize os catálogos, prospectos e revistas que separou. *Não desenhe* nada no Mapa do Tesouro. Seus desenhos são influenciados pelas próprias crenças que você está superando. Seja um carro, uma casa, um emprego, uma viagem pelo mundo ou um diploma acadêmico, trate de achar as fotos que tornam seu objetivo claro como cristal.

5. Ao dispor e colar as fotografias, procure preencher todo o Mapa do Tesouro. Ele deve explodir em cores ao incorporar sua meta. Você quer um carro? Recorte da revista uma foto dele. Pode até colocar um retrato seu lá dentro. Quer abrir um negócio? Talvez você queira uma foto sua sentado a uma escrivaninha ou parado diante de sua loja, de seu equipamento, de sua fazenda etc. Solte a imaginação.

Uma mulher queria iniciar a carreira de fotógrafa de cinema. Achamos o tipo de câmera que usaria e a fotografamos com ela na mão. Um homem que queria abrir um albergue para mendigos mandou fazer uma placa com o logotipo do local e se fotografou diante dela.

6. Ao trabalhar com o Mapa do Tesouro, não se esqueça de respirar. Você está fazendo aquilo que nasceu para fazer. Está realizando um sonho. Está mostrando que tem respeito por si mesmo e leva a sério os seus objetivos. Honre suas metas. Elas vêm do seu coração.

Ao notar que certos pensamentos ou sentimentos estão se tornando fortes, pegue o caderno e escreva sobre eles. Que você está se dizendo? Que emoções estão surgindo? Elas o detiveram no passado? Se assim foi, quando? Você está recriando a capacidade de figurar e afirmar seus objetivos. Vai topar com os antigos obstáculos no caminho. É um processo natural.

7. Recorte palavras ou frases que reflitam o que você vai sentir quando atingir o objetivo. Procure escolher palavras adequadas para exprimir os sentimentos. Elas devem ter carga emocional. Palavras como "importante" e "bem-sucedido" e frases como "o melhor recebe o melhor" são motivadoras, não emocionais. Você pode colocá-las no Mapa do Tesouro, mas não são palavras de sentimento.

Aqui estão alguns exemplos de palavras de sentimento: abençoado, admirável, adorável, agradecido, alegre, amável, animador, apaixonado, arrebatado, atrevido, bravo, brincalhão, cálido, calmo, certo, confiante, confortável, contente, corajoso, determinado, divertido, emocionado, empenhado, encantado, energético, energizado, engraçado, esperançoso, estimado, estimulante, extático, exuberante, fascinante, feliz, festivo, forte, grande, gratificado, grato, intrigado, jovial, livre, maravilhoso, motivado, otimista, ousado, paciente, relaxado, satisfeito, seguro, sensível, terno, valente, vibrante, zeloso.

Pode usar cartolina colorida como fundo das palavras. Ajuda a destacá-las no mapa.

Ao procurar nas revistas e nos prospectos, talvez você se surpreenda ao constatar como são *poucas* as palavras de sentimento que empregamos. Nós nos apoiamos em conceitos. "Vá procurar o ouro!" "Seja um vencedor." "Você merece o melhor." Tais expressões não são reflexos da emoção centrada no coração que estamos procurando. Buscar os sentimentos e colocá-los no mapa lhe dá a experiência imediata do objetivo. O imediatismo das palavras de sentimento o manterá no caminho. Se você olhar para uma antiga pintura rupestre, verá os sentimentos de seu criador. A experiência é vívida, mesmo depois de milhares de anos.

8. Inclua, numa fonte claramente visível recortada de uma página impressa, de uma brochura ou de uma folhinha, o dia, o mês e o ano exatos em que você atingirá a sua meta na realidade física. A data é o ponto em que o pneu toca o asfalto. Ancora o objetivo na realidade física. Faça-o maior do que você pensa que deve. Será a medida certa.

9. Acrescente ao mapa pelo menos uma das intenções que apóiam o objetivo. Também ela deve estar numa frase feita com palavras recortadas das revistas. Na medida do possível, comece-a com a palavra "ser". Por exemplo: "ser financeiramente bem-sucedido"; "ser um artista conhecido"; "ser fisicamente sadio". Também aqui você pode usar um fundo de cartolina colorida a fim de realçar as palavras no mapa.

Você acaba de concluir um projeto importantíssimo. Chegou a hora de compartilhar sua experiência com os outros. Quais foram seus pensamentos e sentimentos durante o processo? Eis algumas perguntas a fazer a si mesmo:

1. Surgiu alguma tagarelice da Mentalidade do Macaco? Você a anotou? Caso não a tenha anotado, aproveite para fazê-lo agora. Como foi fazer o trabalho sem esperar que ela desaparecesse?

2. Como foi procurar palavras de sentimento? Esse processo ampliou os tipos de palavra que você pode usar para expressar seus estados emocionais em geral?

3. Seu Mapa do Tesouro ficou colorido e gráfico? Que você percebe quando olha para ele? Agora trata-se de acrescentar as partes que estiverem faltando.

Mostre seu Mapa do Tesouro a pelo menos duas pessoas que não o tenham ajudado a fazê-lo. Veja se elas conseguem dizer qual é o objetivo sem que lhe seja necessário dar explicações. Se ficarem confusas, verifique o que está faltando no mapa. As pessoas devem conseguir dizer imediatamente do que se trata. Você precisa afastar-se do mapa sentindo que a imagem total que criou ficou indelevelmente gravada em sua mente.

Coloque-o num lugar em que possa vê-lo facilmente. Olhe para ele uma vez por dia durante um mês. Leia o objetivo, as intenções e as palavras de sentimento. O processo começou.

SIGA EM FRENTE

Você concluiu o processo acima delineado para um objetivo. Parabéns! Prossiga com o processo até identificar duas metas que está disposto a atingir dentro de um ano. Eu o estimulo a escolher pelo menos um objetivo que expresse sua Intenção de Vida de ser financeiramente bem-sucedido. Lembre-se de que não é preciso pensar em termos extravagantes. Pode começar com pouco — digamos, economizando 50 dólares por mês a fim de aplicá-los. E, caso isto lhe pareça pouco inspirador, descubra algo que realmente o entusiasme e desafie. Que seus objetivos sejam grandes o bastante para fazer com que você cresça, mas suficientemente realistas para lhe permitirem demonstrar sucesso.

Se continuar neste caminho e seguir a orientação que encontrará no próximo capítulo, eu lhe prometo milagres! Não esqueça, você terá sucesso se conseguir pegar um sonho, articulá-lo como um objetivo e saber que cumprirá a promessa feita a si mesmo de atingi-lo ou até ultrapassá-lo.

PARTE II

COMO IDENTIFICAR OS OBSTÁCULOS INTERIORES AO PROGRESSO

PRINCÍPIO 4

O COMPORTAMENTO DIRIGIDO DESPERDIÇA A ENERGIA DO DINHEIRO

Você tem Padrões de Integridade, Intenções de Vida e alguns objetivos a manifestar no reino físico. E agora?

No momento em que sabe claramente aonde vai, consegue ver onde foi que começou a ir devagar no passado. Os três capítulos seguintes procuram identificar os obstáculos interiores ao progresso. Ensinar-lhe-ão a lidar com seus dragões de modo a continuar avançando. Que você faz quando sai de seu caminho e topa com os antigos modos de proceder? Como supera os padrões criados por você mesmo? Joga mais energia nisso na forma de vitalidade física, tempo e dinheiro?

Veja se não está se sentindo um pouco preocupado ou impaciente ao ler estas palavras. Muita gente está habituada a simplesmente "tocar o barco" e ver se vai adquirindo mais força no caminho. Se alguma coisa não der certo, sempre se pode pôr um pouco mais de empenho naquilo que se está fazendo — um pouco mais de suor. Mesmo que você queira empreender a jornada heróica a toda velocidade, talvez não seja a melhor escolha. Agora que é capaz de liberar mais energia, é preciso saber usá-la com sensatez.

Nos próximos capítulos, eu só lhe peço que observe seu comportamento. Reserve algum tempo para se perguntar se o que você faz corresponde aos seus Padrões de Integridade e às suas Intenções de Vida. Todo mundo apresenta comportamento dirigido ou obstáculos mentais ao progresso.

Você conhece suas tendências particulares. O que precisa é saber quando está comprometido com o comportamento dirigido, dizer a verdade e desviar

106   A ENERGIA DO DINHEIRO

a atenção para seus Padrões de Integridade, suas Intenções de Vida e a realização de seus objetivos. Isso o conservará na jornada heróica e calará a Mentalidade do Macaco.

COMO ENFRENTAR O MEDO

O medo é uma reação natural a uma percepção do futuro. Às vezes, a Mentalidade do Macaco pinta retratos assustadores do que *pode* acontecer, e nós reagimos como se realmente *fosse* acontecer.

Eu ouvi dizer que o medo representa a Falsa Evidência que Parece Real. Isso me traz à memória a frase de Mark Twain: "Já sou velho e passei por muitas provas e tribulações na vida, a maior parte das quais não ocorreu de fato".

Se suas metas são tentativas de fugir ao medo, você desperdiça muita energia procurando obter uma coisa que não quer realmente. Desperdiça esforço na tentativa de administrar o desconforto. Procurar atingir um objetivo a fim de escapar ao medo é qualitativamente diferente de buscar algo que verdadeiramente se quer. A gente gasta energia a ponto de se esgotar. Não há satisfação, talvez apenas um alívio momentâneo até o próximo acesso de ansiedade.

Caso você se identifique com o que estou dizendo, tenho certeza de que está farto de fazer as coisas do jeito antigo a que se acostumou. Quer, isto sim, usar sua energia para atingir metas que contribuam com você e com os seus entes queridos. É esse o sentido de sua jornada heróica.

Este capítulo o levará a ver quando e como você foge do medo, de modo a lhe permitir canalizar a energia do dinheiro para aquilo que quer. Por isso, cada seção conclui com uma série de perguntas. Ao respondê-las, verá mais claramente o que tem valor real para você.

Tenha consigo os seus Padrões de Integridade e as suas Intenções de Vida ao ler este capítulo. Se ainda não descobriu quais são, por favor, retorne ao Princípio 2 e faça os exercícios lá propostos. Serão úteis para lembrá-lo de quem você realmente é.

Às vezes a gente faz o possível e o impossível para escapar ao sentimento de medo. É o comportamento dirigido.

O COMPORTAMENTO DIRIGIDO: SIMPLESMENTE, *NÃO* FAÇA!

Talvez você não tenha consciência de que "Simplesmente Faça" é o primeiro *slogan* que lhe dá bom-dia, toda manhã, nos dez minutos que reserva para passar os olhos pelo jornal e tomar uma xícara de café. Ele está presente em quase todos os anúncios que lê ou propaganda que ouve a caminho do trabalho. Acompanha-o o dia inteiro enquanto você verifica os itens da lista de coisas a fazer e fica à sua espera quando você arrasta o corpo e a mente cansados à livraria a fim de comprar o mais recente manual para melhorar o desempenho. A onipresença dessa frase quase sempre vem acompanhada de um ponto de exclamação: Simplesmente Faça!

Pense nisso. Para a maioria de nós a vida é uma questão de "melhorar o desempenho", de fazer mais, melhor e mais depressa. Um recente cartaz publicitário de uma academia de ginástica mostra uma mulher esmurrando um saco de areia; ao lado, lê-se em letras garrafais: "Você pode descansar quando morrer".

Nós temos nossas listas de afazeres, nossas metas, nossos planos e, para acompanhá-los, uma atividade infindável. Dormimos mal, vivemos mais exaustos e ocupados do que nunca e, mesmo assim, nossos sonhos continuam distantes.

É porque simplesmente não podemos alcançá-los com nenhum tipo de ação. Muita gente fica presa a um ciclo de comportamento dirigido: atividade no domínio físico que não corresponde às Intenções de Vida no domínio metafísico. O comportamento dirigido é como um enxame de moscas zumbindo em círculos velozes num dia de calor: produz muito barulho e atividade, mas disso não resulta nada substancioso. Não há conexão nenhuma com nosso propósito, com nossa direção, com nossa meta, com nossos sonhos – e nem todo comportamento dirigido do mundo consegue nos aproximar deles.

O comportamento dirigido comanda nossa atenção porque dá a impressão de ser extremamente urgente. Aliás, quando colhidos por ele, temos a sensação de que é uma questão de sobrevivência, como se fôssemos tubarões fadados a ficar em movimento ou morrer. Esse tipo de comportamento se destina a eliminar o medo, seja ele de não ter dinheiro ou tempo suficiente, seja de não saber ou não ter o talento necessário.

A fuga desse medo nos prende a padrões de comportamento nos quais não pensamos muito. Ficamos estressados demais para cessar o que estamos fazendo e perguntar se vale a pena, se é algo para nós, se é o que realmente

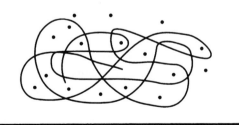

queremos. Achamos que não temos tempo para sair da pista de alta velocidade e mudar. Nossos pensamentos vertiginosos nos cegam para o que tem verdadeiro significado para nós. Pelo contrário, deixamo-nos distrair pelo que devemos ter, ser ou simplesmente pelo que fazemos para sobreviver. "Um dia eu vou parar e ver o que realmente quero", dizemos, "assim que essa crise passar." Agüente firme, dizemos. "Você pode descansar quando morrer."

Em *The Tibetan Book of Living and Dying*, Sogyal Rinpoche diz que o comportamento dirigido é um tipo de preguiça ativa que "consiste em abarrotar a vida de atividade compulsiva, de modo que não sobre tempo para enfrentar os problemas reais. Nossa vida parece nos viver, possuir um impulso próprio e bizarro, parece arrastar-nos. No fim, sentimos que não temos escolha nem controle sobre ela".

O custo de viver uma existência repleta de comportamento dirigido é elevado:

- Assumimos despesas excessivas — escritórios enormes, secretárias, pessoal de apoio, telefones — porque precisamos parecer bem-sucedidos. E gastamos a maior parte de nossa energia preocupando-nos e simplesmente tentando manter a cabeça fora da água.
- Aceitamos demasiadas transações porque tememos rejeitar alguma coisa e, em conseqüência, temos dificuldade de cumprir adequadamente as promessas feitas aos clientes.
- Ficamos de tal modo cansados que acabamos cometendo erros custosos.
- Aparamos arestas a fim de descansar um pouco, e a qualidade de nosso trabalho diminui.
- Assumimos riscos desnecessários ou insensatos na esperança de obter lucro rápido.
- Aceitamos trabalho excessivo, mas nos recusamos a contratar mão-de-obra, mesmo quando podemos pagá-la.

Todos nós acabamos sendo presas do comportamento dirigido num momento ou noutro. É uma conseqüência natural de dar ouvidos à tagarelice da Mentalidade do Macaco. Portanto, para a maioria, a questão não é sermos dirigidos, e sim *a maneira pela qual* nossas preocupações, nossas dúvidas e nossos temores nos dirigem. A conselheira psicológica e espiritual e professora de meditação Sylvia Boorstein diz no título de um de seus livros: "Simplesmente não faça, sente-se aí!"

Nosso objetivo é descobrir onde o seu comportamento dirigido o impede de enfocar efetivamente a energia. Queremos descobrir onde o comportamento desse tipo lhe dissipa a energia e talvez até mesmo a tenha exaurido. Quanto mais claro isso ficar, mais depressa você poderá fazer escolhas autênticas — as que estão profundamente enraizadas em suas intenções, em seus sonhos. As escolhas autênticas geram resultados. *Sua experiência de vida abundante é a soma das escolhas autênticas menos a soma dos comportamentos dirigidos.*

É AUTÊNTICA OU EU ESTOU SENDO DIRIGIDO?

Como distinguir a escolha autêntica da dirigida pelo medo e pela Mentalidade do Macaco? Primeiro, use o filtro da alegria. Sendo o reflexo de suas Intenções de Vida, a escolha autêntica lhe dá uma sensação de alegria. Quando você faz uma escolha autêntica, ela simplesmente parece correta e é profundamente satisfatória. Você sabe que está se aproximando de suas metas e expressando sua verdadeira natureza de modo construtivo e criativo. Faz e tem o que realmente quer, sem culpa, exaustão, ressentimento ou uma súbita perda de interesse ao obter o que buscava.

O comportamento dirigido, por sua vez, tem três características distintivas que examinaremos minuciosamente: a repetição, a satisfação limitada e o perfeccionismo.

SINTOMA Nº 1: A REPETIÇÃO — TOQUE OUTRA VEZ, SAM

A repetição do comportamento dirigido é assim: você faz ou pensa insistentemente numa coisa, mesmo que isso lhe cause problema ou lhe imponha um esforço desnecessário. Por mais que isso o deixe frustrado, irritado ou triste, você prossegue no comportamento ou pensamento. Como o expressa Rita Mae Brown, "Insanidade é fazer sempre a mesma coisa e esperar um resultado diferente".

Eis como se apresentou a repetição na vida de alguns participantes do Curso Você e o Dinheiro:

> FRANK: Eu sempre espero até o último minuto para pagar minhas contas. Tenho o dinheiro, mas não importa. No mês passado, esperei demais e acabaram cortando o meu telefone. Isso me deixou numa situação! Alguns clientes telefonaram e ouviram a gravação: "Esta linha foi cancelada". Foi a terceira vez que aconteceu.

> JANE: Eu sei que não posso pagar, mas preciso ter televisão a cabo com todos os canais. Não tenho muito tempo para assistir à televisão, mas quando me imagino sem poder ver o que quero quando quero, fico frustradíssima.

Agora dê uma olhada em sua própria vida. Que pensamentos ou comportamentos você repete mesmo sabendo que não lhe são úteis? Anote no caderno o que descobriu. Você costuma gastar demais ou acumular multas de estacionamento proibido? O que promete não tornar a fazer e acaba fazendo novamente? Veja o que faz ou pensa por ocasião do Natal, do Hanuká, dos aniversários ou de outros eventos regulares. Por acaso compra presentes que não estão ao alcance do seu bolso? Você é levado a se explicar?

Eu sei que não é fácil, mas diga a verdade a si mesmo. Anote o que sente quando examina seu comportamento repetitivo. Fica constrangido, humilhado, aborrecido, zangado ou sobrecarregado? Lembre-se, faz parte da jornada heróica. Agora nós estamos encarando o lado sombrio, de olhos abertos. Talvez você queira parar para tornar a examinar seus Padrões de Integridade e suas Intenções de vida. Isso é que importa! O resto é o que o impediu de expressar quem você realmente é.

A *Síndrome do Disco Emperrado*

A repetição pode se dar naquilo que eu denomino a "Síndrome do Disco Emperrado". Disco emperrado é aquele hábito ou padrão que lhe obstrui o avanço num determinado caminho. Embora repetitivo, ele pode ser de tal modo automático que escapa à sua consciência. Quando você cai no disco emperrado, sua visão fica bloqueada. Você se sente incomodado, frustrado ou resignado.

Examine os seguintes cenários verdadeiros. Em cada caso, a pessoa se entrega a antigos e conhecidos modos de lidar com as coisas, mesmo que esses mecanismos a impeçam de atingir os objetivos e realizar os sonhos. Repare também que as desculpas para continuar emperrados geralmente parecem bastante "sensatas".

> RAY: Eu sei que estou sempre no mesmo lugar, mas pelo menos ele é conhecido. Não é como entrar no desconhecido. Nada é pior do que isso. Tenho 47 anos e sou funcionário público. Há três anos que estou decidindo se largo esse emprego e monto minha empresa de consultoria. Sei muito sobre desenvolvimento executivo, e é uma coisa que eu sempre quis fazer. Porém, faltam só sete anos para a minha aposentadoria e eu ganho muito bem. Além disso, sei que posso agüentar mais sete anos de seja lá o que for.

> FRANK: Eu detesto ficar mais de um ano no mesmo emprego. No ano passado, vendia computadores numa loja. Era o melhor vendedor. Sei conversar com os fregueses. Mas acontece que, cedo ou tarde, o gerente começa a me azucrinar. É sempre a mesma coisa. Que importa que eu chegue alguns minutos atrasado ou demore um pouco mais na hora do almoço? Isso não me impede de continuar sendo o melhor vendedor da loja! O gerente continua me enchendo e eu dou o fora. E depressa! Foi o que aconteceu no mês passado. Agora estou trabalhando em outro lugar. Mas não demora para que comece a me dar nos nervos.

Para examinar a Síndrome do Disco Emperrado e verificar se ela é um fator em sua vida, responda às seguintes perguntas no caderno:

COMO IDENTIFICAR OS OBSTÁCULOS INTERIORES AO PROGRESSO   111

- Em que rotinas específicas eu me encontro emperrado atualmente? Veja sua vida financeira, profissional, pessoal e social, assim como sua condição física.
- Que motivos eu uso para continuar emperrado?
- Quanto já me custou manter essa rotina? Quanto continua me custando? Olhe primeiro para a área do dinheiro. Consegue calcular o custo específico de prosseguir emperrado? Visite áreas como o dinheiro, o tempo, os sonhos, o bem-estar e a criatividade.

Respire fundo algumas vezes! Eu sei que é difícil de ler, porém, se você ao menos pensou nessas perguntas, está fazendo muito para liberar sua relação com a energia do dinheiro.

SINTOMA Nº 2: SATISFAÇÃO LIMITADA: "EU ESTOU MUITO CANSADO/PREOCUPADO/DESGASTADO PARA APROVEITAR"

O comportamento dirigido é particularmente desprovido de alegria. Muitas vezes há qualquer coisa de mártir no fato de se sentir compelido a preencher todas as horas de vigília com um item da lista de afazeres. A gente se esgota e não deixa a menor possibilidade de a alegria ou a criatividade trazerem frescor e vida à nossa rotina. No entanto, declinamos as ofertas de apoio dos outros, pois nos consideramos adultos responsáveis e capazes de resolver os problemas sozinhos. Além disso, a outra pessoa vai estragar tudo. Quando chega a hora de gozar do fruto de nosso trabalho, vemo-nos atordoados, desgastados e exaustos demais para estar plenamente presentes. O nosso mantra passa a ser: "Só quero que isso acabe logo". Por fim, constatamos que a satisfação de fazer as coisas é fugaz ou inexistente.

SYLVIA: Que bom que o casamento de minha filha finalmente passou. Eu estava preocupadíssima com os planos da recepção mesmo tendo contratado uma pessoa para cuidar de tudo. Preocupava-me com o dinheiro mesmo sabendo que o bufê estava cobrando um bom preço. E, quando chegou o dia, fiquei o tempo todo observando, temendo que alguma coisa saísse errada. Não estou acostumada a deixar nada por conta dos outros. Eu estava uma pilha de nervos e exausta no fim do dia — muito embora tudo tenha sido perfeito.

FRED: Lembro de mim com o diploma na mão durante a cerimônia de colação de grau no verão passado. Meus pais e amigos estavam presentes, festejando, e lá estava eu com o "canudo", pronto para iniciar a licenciatura. Sei que devia estar orgulhoso, mas uma pergunta não me saía da cabeça: Então é só isso? E pensava: "Eu me formei. E daí? Agora vou ter de ralar para fazer a licenciatura. Depois é trabalhar. Não conseguia parar e não aproveitei absolutamente nada.

Torne a pegar o caderno e anote as ocasiões em que esteve excessivamente apressado, preocupado ou desgastado para desfrutar da satisfação de um trabalho bem-feito. O seu prazer é efêmero? Geralmente você se concentra na tarefa seguinte? Nas comemorações, nas viagens de férias ou nos passeios familiares, você fica pensando "Só quero que isso acabe logo"? Seja específico ao pensar nessas experiências. Recorde os nomes, as datas e os lugares.

SINTOMA Nº 3: O PERFECCIONISMO — "SÓ MAIS UM RETOQUE..."

No mundo do comportamento dirigido, existem primeiro o Super-homem/ Mulher Maravilha e, depois, você. O Super-homem/Mulher Maravilha estabelece o padrão que achamos que devemos alcançar e, no fundo do coração, sabemos que não somos bons a ponto de nos medirmos com ele/ela. Temos medo de tentar porque nos preocupamos por ser inferiores ou menos talentosos ou não ser competentes como gostaríamos. Assim, não concluímos os projetos; ficamos polindo-os. Se não os concluirmos, ninguém pode nos julgar. Sempre é possível dizer: "Mas eu ainda não terminei!"

Os perfeccionistas raramente sentem que fizeram uma coisa bem-feita. Não sentem que fizeram o suficiente para justificar um descanso ou algum reconhecimento.

JACLYN: Eu não inscrevi minha fotografia na competição local. Achei que não estava boa. Todos os meus amigos me estimularam a concorrer, mas eu não estava cem por cento satisfeita com ela. Na semana passada, vi a foto que ganhou o primeiro prêmio. A minha era tão boa quanto ela. Sempre quis ser fotógrafa profissional. Mas e se eu não for boa o suficiente? Além disso, ouvi dizer que não dá muito dinheiro.

JORGE: Tudo bem! Eu tenho dois dias para fazer o que quiser. Podia terminar o armário que comecei há seis meses. Está quase pronto. Ou a casa de bonecas que prometi à minha filha no ano passado. Só falta a pintura final. E também queria continuar com o novo *software* de contabilidade. Tantos projetos fantásticos e tão pouco tempo!

Reflita sobre as seguintes perguntas ao escrever como o perfeccionismo se manifesta em sua vida:

- Tendo iniciado uma coisa, você desiste quando falta pouco para terminar?
- Ao trabalhar num projeto, você continua insistindo mesmo sabendo que já fez tudo que podia fazer?
- Há um relatório, uma tese ou dissertação inacabados entre você e a obtenção daquele certificado ou diploma pelo qual você estudou tanto durante tanto tempo?

COMO IDENTIFICAR OS OBSTÁCULOS INTERIORES AO PROGRESSO   113

- Você não pára de adiar a entrevista para a promoção porque acha que ainda não está preparado?

Nós gostamos e até nos orgulhamos de dizer que somos perfeccionistas. Mas quase sempre é uma coisa que nos emperra. O perfeccionismo não é senão a incapacidade de chegar à conclusão. Embora pareça uma virtude, geralmente não passa de uma desculpa para não produzir o resultado.

Pense nisso um instante. Você nunca usou a desculpa de ser "perfeccionista" para não cumprir a palavra dada ou não terminar um projeto? Encara o termo "perfeccionismo" como uma virtude, não como uma desculpa? Já viu alguém usá-lo para explicar por que não concluiu um projeto mais cedo?

Seja qual for a sua causa, o perfeccionismo detém nossa energia em projetos quase acabados e nunca nos deixa cobrar as recompensas da conclusão — ou entrar em contato com a vibrante energia da satisfação.

DIRIGIDO OU DIRIGINDO?

Quando você é dirigido, seu pensamento chega a ser obsessivo, e seu comportamento, compulsivo. As obsessões são padrões de pensamento recorrentes que nos impedem de fazer as coisas com facilidade e nos sugam a energia qual uma esponja. Suponha que você esteja preocupado em conseguir o emprego que quer. A preocupação em si não é uma obsessão a menos que se torne praticamente a única coisa em que você pensa ou sobre a qual fala. O pensamento obsessivo lhe toma toda a energia e não o motiva, necessariamente, a resolver o problema. Aliás, os pensamentos obsessivos são capazes de imobilizá-lo. Ou de compeli-lo a ações inadequadas quando você tenta aliviar a ansiedade que eles provocam.

As compulsões são um pouco diferentes das preocupações obsessivas. São atos que a gente precisa praticar repetidamente a fim de manter certo nível de conforto ou segurança, mesmo que esses comportamentos sejam tediosos ou dolorosos. Por exemplo, talvez você insista em que a ceia de Natal deve ser preparada de um modo específico, ano após ano, sem nenhuma variante. Ou quem sabe trata de estar sempre com muito dinheiro ou muitos cartões de crédito na bolsa ou na carteira "só para o caso de vir a precisar". Ou vai ver que tem necessidade de ir toda semana ao hipódromo porque "simplesmente sabe" que dessa vez vai ganhar.

As obsessões e as compulsões funcionam como os antolhos do cavalo. Mantêm sua atenção estreitamente enfocada num temor que você precisa evitar ou num aspecto da vida que tem de controlar. São mínimas as suas chances de desfrutar o momento presente enquanto ele se desdobra. Detectar esses comportamentos dirigidos começa por dizer a verdade sobre o que você acha que precisa ter para se sentir seguro: os pensamentos na base do "preciso ter" são mais ou menos assim:

- Mas eu preciso mesmo de um carro novo de três em três anos.
- Eu trabalho muito. Mereço comer nos melhores restaurantes.
- Sabemos que as crianças foram embora. Mas precisamos manter esta casa enorme. E se elas resolverem nos visitar daqui a alguns anos?
- Eu preciso ter essa lancha. Não importa quanto me custe.
- Eu sempre vou tomar umas e outras, às sextas-feiras, para aliviar a tensão.

Uma coisa que você decerto descobrirá ao começar a examinar suas conversas na base do "preciso ter" é um fluxo infindável de argumentos interiores, razões perfeitas, regras e histórias referentes ao que precisa. Tudo isso é muito convincente.

OS VÍCIOS

Muitos especialistas dizem que há paralelos entre o comportamento dirigido e o viciado. O comportamento viciado, tal qual o dirigido, pode ser medido pela extensão em que interfere em nossa vida e nos afasta de nossas escolhas e metas autênticas.

O vício pode se entrelaçar com o comportamento dirigido da seguinte maneira: este último superaquece sua mente. Você não consegue parar de pensar no que precisa ter ou de fazer o que sente que precisa fazer a fim de ficar livre da ansiedade e do medo. Para aliviar-se, pode ser que você se "automedique" com atividades ou substâncias que o distraiam: a comida, as compras, o jogo, o trabalho, o sexo, as drogas, o álcool. E não tarda para que passe a *precisar* dessas atividades ou substâncias — tornando-se dependente delas, ou seja, viciado.

O vício, por sua vez, interfere no seu funcionamento. Você fica mais estressado e precisa de mais comportamento ou substância viciados para enfrentar isso. Em breve, inicia-se a espiral do vício. O "remédio" que lhe entorpece os sintomas passa a ser o problema, não a solução.

O primeiro sinal de vício é manifestar sintomas de abstinência quando você tenta parar de usar a substância ou de ter o comportamento em questão. Sem dúvida, isso é muito conhecido quando se trata de drogas ou de álcool. Mas e quando se trata de uma reação de abstinência emocional ligada a coisas que têm a ver com o dinheiro?

Quando nos aventurarmos no território da compulsão, tenha em mente não só o que você faz, mas também o que acontece quando tenta suprimir uma dessas formas de comportamento dirigido.

O VÍCIO DE GASTAR — OUVINDO O CANTO DAS SEREIAS

Sereias eram mulheres mitológicas cuja voz irresistivelmente bela atraía os marinheiros gregos, levando-os a saltar do navio e esborrachar-se nas rochas pontiagudas. Quando lidamos com a energia do dinheiro, nossas "Sereias" são as vozes interiores e exteriores que nos seduzem com visões de coisas de "precisamos ter". Por maior que seja a nossa clareza quanto ao curso a seguir — por exemplo, a necessidade de economizar para pagar a entrada de uma casa ou a faculdade de nossos filhos —, as Sereias oferecem gratificação imediata, diversão, liberdade, deliciosas recompensas por nosso trabalho. E, quando as seguimos, nossas melhores intenções se estatelam nas rochas.

CHRISTINA: Eu vivo no *shopping*. Sua iluminação colorida é maravilhosa no inverno, quando há neblina lá fora. No *shopping*, as cores, o brilho e os aromas deliciosos elevam-me o estado de espírito. Nos primeiros quinze minutos, sou capaz de gastar facilmente 20 dólares em iogurte e guloseimas diversas. E, geralmente, passo horas lá dentro.

DENISE: Minhas amigas me chamam de "rata de livraria". Não gasto muito em roupa ou restaurante, mas, se me soltarem numa livraria, qualquer que seja, em menos de uma hora estou diante da caixa registradora com uma pilha de livros nos braços. Quero levá-los todos para casa para quando tiver tempo de lê-los.

MARK: Minha mulher e eu brigamos muito por causa de dinheiro. Ela diz que gasto demais em brinquedos, mas já estou bastante crescido para saber o que quero. Eu trabalho muito. Portanto, qual é o problema se as coisas passam semanas dentro das caixas até que eu possa desembrulhá-las? Na semana passada, comprei um programa excelente para o meu computador, o qual ainda não instalei. Na semana anterior, foi um aparelho portátil de CD. Há uma máquina de relaxamento, adquirida há seis meses, que ainda não aprendi a usar. Sou obrigado a reconhecer que, toda vez que o carteiro traz um catálogo novo, eu sei que estou perdido.

Para quem é prisioneiro desse padrão de comportamento, a idéia de não ter o que quer no momento em que o quer deixa-o frustrado e ansioso. A gente se sente privada e experimenta momentos de tristeza. Você escuta o canto das Sereias Gastadeiras? Verifique isso respondendo as seguintes perguntas no caderno. Diga a verdade.

- Quando eu ponho na cabeça que quero uma coisa, como roupa, livros, brinquedos ou peças de coleção, geralmente dou um jeito de comprá-la, mesmo que isso me deixe em dificuldade financeira?
- Quando não obtenho o que quero quando quero, eu fico triste, zangado ou contrariado?
- A idéia de me ater a um orçamento me causa arrepios?

116   A ENERGIA DO DINHEIRO

- Eu criei um orçamento unicamente para transgredi-lo reiteradamente?
- Eu costumo chegar em casa e descobrir que, na verdade, não quero o que comprei, porém, mesmo assim, não o devolvo?
- Quanto me custa agir assim? Verifique primeiro o custo financeiro. Depois pense no que esse comportamento dirigido lhe custa em tempo, relacionamento, bem-estar físico e paz interior.

NADANDO EM DINHEIRO E SEM UM TOSTÃO

Pode-se ter uma relação com o dinheiro parecida com o vício em comida, com os picos de gastos excessivos e muito dinheiro no bolso seguidos de temíveis quedas, sem ter como pagar o aluguel. O drama é intenso e infindável, sendo que o que mais falta é senso de moderação. Com muita freqüência, as pessoas que experimentam o ciclo festim/fome são empresários de renda errática, com períodos de vacas gordas geralmente seguidos de épocas em que não aparece nenhum cheque e o dinheiro vivo escasseia.

> PHYLLIS: Sendo corretor de imóveis, para mim, ou há banquete ou fome. Em certos meses, não levo nada para casa e, então, de uma hora para outra, fecho três negócios de uma vez e fico cheio da grana. Sei que devia guardar um pouco para ter uma renda estável. Mas, quando começa a entrar dinheiro, estou tão obcecado pelas coisas que me ponho a comprar, comprar e comprar. Depois volto a um novo período de rigorosa dieta financeira.

> NED: Trato de manter um orçamento rigoroso. Passo semanas observando-o. Tomo o cuidado de saber onde gasto cada centavo. Mas sempre acontece uma coisa inesperada. Da última vez, um amigo me telefonou falando em uma especulação imobiliária e pedindo-me para participar. Sem me informar muito dos detalhes, fui correndo ao banco e saquei 10 mil dólares. Só contei para minha esposa quando o negócio já estava fechado. Ela ficou furiosa. E, até agora, eu estou suando frio, rezando para não ter feito uma besteira. E, tendo prometido a mim mesmo nunca mais entrar num negócio desses, volto ao meu orçamento apertado.

Os períodos de abstinência, com pouca ou nenhuma despesa, seguidos de intervalos de gastos intensos, criam uma espécie de carga emocional. A gente se sente como se estivesse vivendo extremos. Coisa que, para dizer o mínimo, não promove a estabilidade. Embora não deixe de ser atraente, esse estilo de vida o impede de perseguir as metas que têm significado real e substância.

Ao responder as perguntas abaixo, seja sincero consigo. Qual desses obstáculos está em sua vereda heróica?

- Eu penso, secretamente, que seria tedioso ter uma relação previsível com o dinheiro?

- Quando fecho um negócio, eu conto com o dinheiro como coisa líquida e certa mesmo antes de receber o cheque?
- Acho emocionante receber uma enorme quantidade de dinheiro depois de um período particularmente pobre?
- Eu chego a criar essa emoção, esperando sem cobrar, até que o que tenho a receber se acumule bastante?
- Eu acredito que dinheiro a receber é a mesma coisa que dinheiro no banco? (Sabia que quanto mais o tempo passa, menor é a possibilidade de receber o que lhe devem?)
- Há quanto tempo eu cumpri a palavra dada a mim mesmo ou a outra pessoa de atingir metas financeiras a longo prazo? Com que freqüência isso se deveu a minha relação de altos e baixos com o dinheiro?
- Quanto me custa fazer coisas assim?

O JOGO: ARRISCANDO MUITO

É gostoso tentar a sorte. Ganhar a troco de nada, é assim que vemos a coisa, ou muita emoção em troca de um investimento pequeno. Jogar de vez em quando pode ser divertido e, para algumas pessoas, é um passatempo com um custo mínimo de energia. Porém quando se torna um comportamento dirigido, eivado de qualidades de vício, pode sair muito caro.

Os jogadores veteranos descrevem uma espécie de êxtase quando ganham, mas também dizem que o maior prazer consiste em ganhar depois de haver perdido durante algum tempo. O que nos leva a perguntar: Para que eles jogam — para ganhar muito ou perder muito?

> WILL: Eu moro perto do lago Tahoe. Nos fins de semana, gosto de ir jogar vinte-e-um. Chego na sexta-feira à noite e não saio da mesa até a noite de sábado. Tudo vai muito bem enquanto eu não começo a perder. Fico desesperado e sou capaz de qualquer coisa para conseguir mais dinheiro e continuar jogando. Da última vez, estourei o limite de meu cartão de crédito e voltei para casa devendo 2.500 dólares. Vivo dizendo que é a última vez que vou para lá com o cartão de crédito. Mas sempre dou um jeito de esquecer de tirá-lo da carteira antes de sair.

> JULIE: Há um novo tipo de loteria em nosso estado. É como o bingo, a gente se senta à mesa, escolhe os números e fica esperando que eles apareçam na tela. Até agora, perdi 500 dólares. Toda vez que entro numa loja de bebida e vejo os números na tela, fico lá pelo menos uma hora.

O jogo fascina à medida que despoja o dinheiro de seu valor intrínseco. Quando está à mesa, perdendo 600 dólares, raramente a gente pára para pensar no que podia fazer com essa importância.

118   A ENERGIA DO DINHEIRO

Como tudo o mais neste capítulo, a única coisa que você precisa fazer agora é olhar. Pergunte-se: *O que eu faço concentra minha energia na realização dos objetivos, na vida, que realmente significam alguma coisa para mim ou só atrapalha?* É possível que, até agora, você tenha atirado em seu próprio pé? Escreva suas respostas para as seguintes perguntas:

- Eu sei ou desconfio que tenho esbanjado tempo e dinheiro arriscando a sorte na vida? Pense nos investimentos de alto risco, nas loterias, nos jogos, nas apostas altas no local de trabalho etc.
- Meus amigos, parentes e colegas andam preocupados com o meu hábito de jogar? Um ente querido se queixou disso abertamente?
- Se eu somasse todo o dinheiro que perdi no jogo nos últimos dez anos, qual seria a cifra estimada?

Se estiver disposto, por favor, compartilhe essas respostas com pelo menos uma pessoa em que você confia. De preferência, escolha uma cujo destino não esteja ligado ao seu, de modo que seja um ouvinte objetivo.

O VÍCIO DA INFORMAÇÃO

Nunca se teve tanto acesso à informação como atualmente. Em casa ou no escritório, é possível conectar-se, a qualquer hora do dia ou da noite, e fazer compras, bater papo, conferir o estoque ou pesquisar qualquer tema concebível. Somos arrastados para dentro da *internet*, aprisionados pela *Web*, sendo que muitos se mostram vulneráveis a um tipo de vício do qual não se ouvia falar há apenas quinze anos: o vício em informação.

> JEFF: Para mim é fácil passar oito horas por dia diante do computador. Entro na *internet*, escolho uma sala de bate-papo virtual ou procuro as grandes páginas da *Web*. Também adoro fazer compras *on-line*. Tenho um bom *modem*, mas ainda não é rápido o suficiente. Estou pensando em comprar uma linha ISDN, dedicada à conexão com a *internet*. É cara, mas e daí? Eu trabalho muito. Mereço. Minha mulher fica chateada porque tem pouco contato comigo.

O período que você passa navegando na *Web*, fazendo compras *on-line* e batendo papo virtual enfoca seu tempo e sua energia do dinheiro ou será que você começou a usar tudo isso compulsivamente, como um viciado?

Pergunte a si mesmo:

- Meu período de lazer com programas de computador, inclusive os jogos, a *internet* e os programas de administração da informação, ultrapassa duas horas diárias? Em caso afirmativo, eu sei até que ponto isso interfere em meus relacionamentos, em meus objetivos, em minha saúde e em minha paz interior? Por exemplo, meus entes queridos se queixam porque eu passo mais tempo com o computador que com eles?

- Eu chego a "me perder" no computador, sem perceber que preciso comer, dormir ou satisfazer minhas necessidades biológicas?
- Consigo imaginar o que faria com o tempo e o dinheiro se não gastasse tanto de um e de outro no computador?

O VÍCIO DO TRABALHO

Assuma o controle! Tire o traseiro da cadeira! Tudo pode ser seu! Deus ajuda quem cedo madruga.

Consegue sentir a descarga de adrenalina? Os norte-americanos gastam centenas de milhões de dólares, anualmente, para ser estimulados por mensagens como essas, exortando-os a trabalhar mais. Moderadamente, esses sentimentos não deixam de ser úteis, mas são verdadeiros psicotrópicos para quem é viciado em trabalho. E há milhões de *workaholics* entre nós. Aumentar a jornada de trabalho é essencial para a maioria das culturas empresariais e institucionais — e, se por acaso você for pequeno empresário, vendedor ou comerciante, esse comportamento não só é tolerado como também exigido. O vício do trabalho, embora pareça um modo seguro de nos concentrar em ganhar mais dinheiro, desencadeia um ciclo que, no fim, sabota a energia do dinheiro, assim como outras formas de energia em nossa vida.

Você consegue ir a algum lugar sem o seu *pager*, o telefone celular, a agenda, a pasta de documentos? Conserva-se sempre acessível ao seu escritório, aos clientes, aos empregados? Lembra como é passar um tempo ininterrupto com os entes queridos ou sozinho — simplesmente sem fazer *nada*? (Engasgo! Por favor, respire um pouco!) Você cancela reiteradamente os encontros com os amigos por causa das emergências ou dos compromissos de trabalho?

O clima competitivo em que vivemos valoriza muito os empreendedores motivados e nos recompensa com respeito, remuneração e gratificações pelo nosso compromisso de 24 horas por dia. Todavia o que se perde nesse empurra-empurra frenético e urgente é a noção de quem somos. Já não conseguimos parar e descansar o bastante para lembrar.

O interessante é que um estudo realizado há vários anos com pessoas de maior desempenho descobriu que, qualquer que seja o campo de atuações delas, elas têm em comum uma singular característica que as distingue de todas as outras pessoas: os que têm maior desempenho tiram tempo para um repouso completo todos os dias.

Descansar, a palavra tabu dos viciados em trabalho. Contudo entre os homens de maior desempenho que nunca deixaram de arranjar tempo para isso figuram nada menos que John F. Kennedy, Winston Churchill, Albert Einstein e Thomas Edison. Todos eles tiravam uma soneca durante o dia, mesmo que de apenas vinte ou trinta minutos.

Descansar e distrair-se não são a mesma coisa. Nós tendemos a confundi-las.

> PAUL: Eu trabalho muito e me distraio muito. Esse é o meu descanso e o meu relaxamento. Se ficar muito tempo sem fazer nada, eu fico nervoso.

Descansar significa deixar o corpo e a mente diminuir o passo e reabastecer-se. Não existe "descansar muito".

Você despeja energia no trabalho à custa dos seus sonhos mais íntimos? Pegue o caderno e responda as perguntas abaixo:

- Se reservasse tempo para descansar, eu me sentiria culpado ou ansioso porque ficaria pensando em tudo que preciso fazer?
- Que eu faria comigo mesmo se não trabalhasse tanto?
- Quem sou eu ao sabor de toda a atividade em minha vida?

SINAIS REVELADORES

Ser viciado em trabalho não é a mesma coisa que trabalhar com diligência. É, isto sim, trabalhar sem descanso e deixar que o trabalho interfira nas outras áreas da vida, como os relacionamentos íntimos, a criatividade, o lazer e a saúde física.

Sendo viciado em trabalho, você talvez persiga mais dinheiro e mais objetivos assim como um adicto procura a "velocidade". Pode ser que use os objetivos para mergulhar na ação, por mais cansado que esteja, e se orgulhe de sua capacidade de fazê-lo. Aqui entram em ação todos os elementos do comportamento dirigido. Você pega trabalho repetidamente, mesmo que isso o esgote. Estabelece uma escalada incessante de padrões, permitindo que o perfeccionismo lhe roube a satisfação. As alegrias do momento se perdem, durante anos e anos, na busca da meta esquiva.

A Ação Autêntica vincula-o ao seu eu mais profundo e à alegria. Não deixa sua "vida real" em suspenso; alimenta-o de imediato. Os objetivos viciados, no entanto, são bem diferentes. Sugam-lhe toda a energia para nutrir o vício do movimento, a adrenalina, o estar ocupado.

Jim, um inteligente vendedor de móveis de escritório, ingressou no Curso Você e o Dinheiro com o objetivo de aposentar-se aos 45 anos. Tinha 38 e trabalhava muito. Nosso diálogo foi mais ou menos assim:

> JIM: Acho que se eu economizar o bastante, consigo me aposentar.
> EU: Como você imagina a aposentadoria?

COMO IDENTIFICAR OS OBSTÁCULOS INTERIORES AO PROGRESSO   121

JIM: Eu vou poder fazer o que gosto. Descansar. Divertir-me. Terei mais contato com os amigos e familiares.

EU: E se você pudesse fazer o que gosta, descansar o necessário e aproveitar a vida agora? Continuaria querendo se aposentar?

JIM: Não, nesse caso eu começaria a fazer o que quero com meus parentes e amigos em vez de ficar mais sete anos esperando. Acho que, se me divertisse, eu não quereria me aposentar. Talvez continuasse no meu emprego, talvez voltasse a estudar. Pensando bem, eu poderia voltar a estudar agora mesmo. Oh! oh! (riso) Está ficando fácil demais!

A solução de Jim pode parecer óbvia. Mas, quando a gente é prisioneira do trabalho excessivo, é fácil esquecer a falta de lógica no pensamento. Esse tipo de erro geralmente é produto de uma mente dirigida e superaquecida.

Se alguma dessas coisas lhe parecer familiar, ainda que remotamente, não desanime. Esta é a sua oportunidade de despertar para o que você anda fazendo. Faça as seguintes perguntas a si mesmo. Acalme-se e escute, escute mesmo. Anote suas descobertas no caderno. Conte suas respostas a um amigo ou ente querido, é um modo de fixar tudo na consciência.

- O que eu encontraria aqui dentro se diminuísse o meu ritmo frenético de trabalho durante várias horas?
- Quem sou eu quando não estou trabalhando?

Essas perguntas podem levar a respostas importantes. A última, sobre sua identidade à parte do trabalho, pode ser particularmente reveladora. O *workaholic* acha difícil desenvolver uma identidade pessoal separada daquilo que ele faz. Eu sempre me pergunto como seria ir a uma festa, hoje em dia, e não falar no que fazemos para ganhar a vida. E se nos apresentássemos falando de nossos sonhos, de nossos atos de caridade favoritos, dos bons livros que lemos, das qualidades que admiramos nas pessoas ou nos lugares que queremos visitar? Talvez fosse esquisito no começo, mas nos ajudaria a superar a tão devoradora identificação com o trabalho.

VOCÊ SE OUVE NESTAS VOZES?

Eu lhe pediria que ouvisse as palavras de algumas pessoas que se deixaram consumir pelo trabalho e saíram do caminho que leva à plenitude. Ao ler esses casos, substitua os detalhes de cada história por sua própria profissão e por outros aspectos de sua vida. Não deixe que as diferenças entre essas histórias e a sua o impeçam de examinar os temas básicos que dominam grande parte de sua vida. Só assim conseguirá ver aonde vão suas energias.

LAURA (*relações públicas*): Eu sou co-proprietária de um bangalô num condomínio à beira do lago. Faz muito tempo que não vou para lá. Costumo ceder os períodos em que tenho o direito de ficar no bangalô aos amigos em férias. Na semana passada, finalmente resolvi passar quinze dias lá. Mas haverá uma grande festa de publicidade para os nossos clientes mais importantes justamente num dos fins de semana em que estarei viajando. Todo mundo vai participar. E se alguma coisa der errado? Por que isso foi acontecer justamente quando eu queria descansar um pouco?

Quando uma pessoa é *workaholic*, as questões relacionadas com o trabalho *sempre* ameaçam interromper-lhe os planos de descanso e recreação. Ela acha motivos imperiosos e até irrefutáveis para continuar trabalhando. Ou leva os problemas do trabalho consigo aonde quer que vá. Na última hora, fica às voltas com uma crise súbita que lhe exige toda a atenção. E se convence de que é a única capaz de resolvê-la.

Você costuma sair de férias absolutamente exausto porque trabalhou excessivamente para deixar tudo em ordem, no escritório, antes de partir? A idéia de se afastar temporariamente do trabalho o incomoda ou lhe provoca ansiedade? São dois sintomas reveladores do vício do trabalho.

STEVE (*empreiteiro*): Há dois anos, minha mulher me abandonou e foi morar com o meu melhor amigo. Eu entrei em parafuso. Fiquei furioso, é claro. Mas, depois, tive de encarar a verdade. Eu a afastei de mim. Trabalhava catorze horas por dia, seis dias por semana, para montar esta empresa. Dizia a mim mesmo que estava fazendo isso por ela e que nós superaríamos nossas dificuldades mais tarde, quando eu tivesse ganhado uma boa grana. Três anos atrás, ela me pediu que fôssemos fazer terapia de casal. Eu não quis porque não tinha tempo. Então ela me deixou. Não arranjei outra mulher. Mas, sem dúvida, tenho trabalhado muito. Às vezes, quando há poucos negócios, fico preocupado com o que fazer nas horas livres.

A última frase de Steve revela tudo. Denuncia seu vício no trabalho. A seguinte pergunta o expressa melhor:

• Se eu tivesse tempo livre, saberia o que fazer com ele ou comigo?

O tempo livre é um desafio para os *workaholics*. E, em geral, eles se mantêm de tal modo ocupados que não pensam senão nas muitas tarefas que têm à mão. Porém enfrentar a compulsão e falar a verdade a seu respeito conduz a uma sabedoria — e a uma saída.

Exercício: Eu Sou "Ocupista" ou Não?

A esta altura, você já trabalhou muito para identificar seu comportamento dirigido, mas antes de passarmos a outro tópico, peço-lhe que examine ainda uma vez o que denominamos "ocupismo". O termo designa a necessidade de estar sempre ocupado, seja em casa, seja no trabalho. Isso nos permite ver claramente o comportamento dirigido. Proponho que você vá um pouco mais devagar que de costume. Tome o cuidado de não deixar de lado os itens que lhe parecerem incômodos.

Se puder, converse em grupo sobre eles. Cada pessoa pode falar nos problemas que mais a preocupam. Uma atmosfera de solidariedade lhe dá espaço para respirar e reconhecer publicamente o que você talvez rejeite no íntimo.

Vai precisar de uma caneta e do caderno para apontar suas respostas. O exercício durará cerca de quarenta minutos — vinte para o inventário, vinte para a discussão.

Cada item abaixo é apresentado como afirmação. Anote-a. A seguir, indique até que ponto ela é verdadeira para você. Utilize uma escala de 1 a 5 com os seguintes valores: o número 1 significa "falso"; o 2, "um pouco falso"; o 3, "não sei"; o 4, "um pouco verdadeiro"; e o 5, "verdadeiro". Não há necessidade de somar os pontos no fim. A escala é só para ajudá-lo a determinar mais facilmente se o item se refere a você ou não.

Depois de avaliar cada item, reserve alguns minutos para escrever o que pensou, sobretudo se ele tiver sido considerado "verdadeiro" para você. Por exemplo, lembra-se da última vez em que isso aconteceu? Quem estava presente? O que você fez? Quanto lhe custa fazer as coisas desse modo, em termos de dinheiro, tempo, amor e saúde?

INVENTÁRIO DO OCUPISMO

1. Eu fico cansado a maior parte do tempo.

2. Tenho a impressão de sempre estar em movimento.

3. A maioria das pessoas em minha vida [esposo(a), amigos, familiares] desaprovam o muito que tenho que fazer.

4. Fico bem frustrado quando não consigo concluir uma tarefa ou quando me interrompem, obrigando-me a adiá-la.

5. No domingo (ou em meu dia de folga), tenho uma lista de coisas a fazer antes de me distrair ou descansar. Raramente consigo distrair-me ou descansar.

6. Geralmente eu me sinto isolado dos que amo.

7. Quando chego a fazer uma coisa de que gosto, estou muito cansado para aproveitar de verdade.

8. Sinto-me culpado quando descanso ou simplesmente relaxo.

9. Quando faço uma coisa (como ver meu filho ou minha filha jogar futebol), quase sempre deixo de me divertir porque estou muito preocupado com o que preciso fazer depois.

10. Uso substâncias como cafeína ou açúcar para me estimular, durante o dia, e me volto para o álcool, a maconha ou outras drogas (legais ou ilegais) para relaxar de noite.

124 A ENERGIA DO DINHEIRO

11. Fico ressentido por não fazer as coisas que realmente quero.

12. Sinto que tenho mais responsabilidade que a maior parte de meus familiares e amigos.

13. Minha vida, em geral, é uma correria, eu engulo a comida e me visto às pressas.

14. Vivo me esquecendo de cuidar de mim (não como, não tomo água, não relaxo).

15. Meus amigos e parentes dizem que têm pouco contato comigo. Ou, quando estou com eles, dizem que eu me mostro apartado e emocionalmente distante.

Este inventário não acumula pontos. Pouco importa que você tenha marcado 5 em apenas um ou em todos os itens. O que importa é o autoconhecimento resultante do processo.

Ao examinar seu ocupismo, a maioria das pessoas fica face a face com sua Mentalidade do Macaco ativa. Por sua própria natureza, o "ocupista interior" não quer se expor, e a Mentalidade do Macaco procura se proteger. Você a ouvirá fazendo o possível e o impossível para convencê-lo de que todo o ocupismo e o trabalho que lhe enchem a vida são absolutamente justificáveis. Porém, se estiver disposto, conseguirá ver o que faz deveras. Passará a precisar de espaço para respirar.

COMO ENXERGAR A LIÇÃO

Há uma possibilidade, por ínfima que seja, de você ser ocupista? Ou de ter essa tendência? Se não tem certeza, há uma maneira segura de verificar. É preciso coragem, mas, se você o fizer, com toda certeza receberá bem mais do que o preço que pagou por este livro. Pergunte aos parentes e amigos. Não se volte para as pessoas que trabalham com você, pois elas podem ser prisioneiras do mesmo sistema. Ou quem sabe têm um interesse velado em que você continue ocupado. As respostas mais confiáveis são as daqueles que o conhecem e o amam fora do trabalho. E esteja disposto a olhar, ver e dizer a verdade!

Se quiser realmente controlar seu comportamento dirigido e seu ocupismo, autorize as pessoas a sua volta a lhe chamar a atenção para isso e a lembrá-lo de quem você é e o que pretende da vida.

É importantíssimo ter compaixão de si mesmo ao olhar para as lições deste e dos próximos capítulos. Eu trabalhei com milhares de pessoas confrontadas tanto com seu próprio comportamento dirigido quanto com suas versões particulares de escassez.

Talvez a maior recompensa seja esta: à medida que prosseguir em sua jornada heróica, você se abrirá para ser menos dirigido e mais interessado nas alegrias do momento presente. Liberará seu dinheiro, seu tempo e seu coração para os sonhos mais profundos.

PRINCÍPIO 5

A ESCASSEZ É UM DE SEUS MELHORES MESTRES

No capítulo anterior, vimos que o medo é o propulsor do comportamento dirigido e, por vezes, até mesmo do vício. Neste, vamos abordar um de nossos maiores temores, principalmente quando se trata de dinheiro: a escassez.

O QUE É ESCASSEZ?

Dorothy Parker disse: "Eu fui rica e fui pobre, e é melhor ser rica". Não é exatamente isso que todos nós pensamos em algum momento da vida?

Ser pobre, duro, falido ou pé-rapado é o receio que geralmente temos ao ingressar no próximo trecho da jornada do herói. Alguns o denominam "Cidade do Medo", e os mais desanimados o chamam de "Cidade do Pavor". Para todos os que estão na vereda, é o território em que se deve parar de correr e refletir um pouco.

A escassez é um de nossos temores mais profundos. *É a experiência mental dos limites que são uma parte natural da realidade.* Por mais esclarecidos ou conscientes — ou ricos — que sejamos, topamos, natural e reiteradamente, com a escassez todo santo dia.

OS LIMITES FAZEM PARTE DA REALIDADE FÍSICA

Tomemos a definição que você acaba de ver: "Limite" é a fronteira que define os objetos. É o que lhe permite existir na realidade física. Pegue um lápis ou uma caneta e sinta-o na mão. Agora imagine-o ficando maior, dilatando suas fronteiras três metros em cada direção. Continue expandindo essas fronteiras, fingindo que elas aumentam mil quilômetros. Remova todos os limites e deixe as extremidades do objeto avançarem rumo ao infinito. O que acontece à medida que ele cresce? Se você for como muitas pessoas, notará que, quando tenta enxergá-lo mentalmente, ele desaparece. Torna-se tudo e nada ao mesmo tempo.

O lápis infinito pode ser uma idéia fantástica, mas é difícil segurá-lo na mão. Retirar-lhe os limites é retirar-lhe a utilidade.

Além dos limites tridimensionais do plano físico, também operamos dentro dos limites do tempo, da duração da vida, do ciclo de nascimento e morte que governa a existência de tudo na realidade física. As rochas, as pessoas, os oceanos, as flores, tudo nasceu, existe e desaparecerá. Os limites geram a impermanência.

Nenhuma dessas informações é chocante nem particularmente carregada de emoção. Os limites são um fato da vida. Pode-se dizer que um dos sentidos da existência é aprender a dominar o que temos — nossa quantidade limitada de tempo e energia — e a apreciar e reagir bem aos limites de nossa vida.

A interpretação calma e cerebral, ainda que verdadeira, está divorciada da segunda metade da definição. Quando falamos em escassez, não nos referimos precisamente aos limites. Referimo-nos à maneira como nossa mente os experimenta. E a verdade é que a mente enlouquece toda vez que depara com um limite — como enlouquece toda vez que despertamos na vida.

Faça esta experiência: inspire fundo e segure o ar nos pulmões. Continue segurando — e segurando — tanto quanto lhe for possível e preste atenção no que acontece com seu corpo e sua mente. Nota o limite do oxigênio? Como o sente? (Ok, pode expirar agora.) A sensação de estresse, mal-estar e até pânico que sentimos quando encontramos um limite faz parte da escassez. Esse medo provoca a Mentalidade do Macaco, que nos diz: "Meu Deus! Eu não tenho o suficiente", ou então, "Eu não tenho o suficiente, nunca terei o suficiente e vou sofrer ou morrer".

Basta colocar a palavra "limite" perto da palavra "dinheiro" para sentir o gatilho da escassez começar a mover-se. A maioria das pessoas se põe a correr quando isso acontece, sendo que muitas se sentem levadas a esquivar-se do impressionante dragão da escassez. Vamos ver como enfrentar esse dragão e aprender com ele. Lembre-se: se estiver disposto a aprender com seus dragões, você os transformará em aliados. Mas primeiro deve pedir para ver as lições que eles trazem.

Nós procuramos continuar avançando para não ter de parar e olhar, olhar de verdade, para a pergunta que vamos lhe fazer agora:

O que você mais detesta na idéia de não ter dinheiro na vida? Qual é o cenário do pesadelo que lhe tira o sono quando você pensa em não ter essa energia em quantidade suficiente?

Não são perguntas intelectuais. As verdadeiras respostas vêm das entranhas, e é preciso ter coragem para achá-las. Mas, se estiver disposto a se despojar das teorias que tem sobre como experimentar a escassez e se permitir a si mesmo senti-la, olhar para ela e dizer a verdade a seu respeito, você lhe retirará o temível poder.

A escassez é a realidade no domínio físico. Como certa vez disse um pastor amigo meu, "É como se estivéssemos fartos de viver sem limites. Como se decidíssemos encarnar — que significa, literalmente, transformar em carne. Depois escolhemos trabalhar com os limites da forma, do tempo e da energia finita. E verificar quanto do divino podemos trazer ao mundano antes que chegue nossa hora de partir".

Nós alcançamos o infinito vivendo plenamente no finito. Não se chega ao infinito tentando fechar os olhos para os limites, como muitos tentam.

O MACACO JÁ ESTÁ GRITANDO?

A Mentalidade do Macaco detesta limites porque sua preocupação principal é a sobrevivência. Quer viver eternamente e quer segurança e conforto, de modo que, quando encontra o medo de que o tempo se esgote ou de que a conta corrente míngüe, faz o possível para impedir que esse medo se aproxime a ponto de obrigá-la a olhar para ele.

> WARREN: A última coisa que eu quero que saibam é quanto dinheiro eu *não* tenho. Eu tenho um monitor interior que me diz exatamente quanto gastar para continuar duro. Não consigo segurar o dinheiro. Sei que alguma coisa está errada em mim. Às vezes, passo a noite preocupado com a velhice e a pobreza.

O destino de Warren é comum. Por um lado, teme não ter dinheiro suficiente. Por outro, não suporta a idéia de enfrentar esse medo e fazer alguma coisa com ele. Passa ao largo da Escassez, cartão de crédito em punho, e gasta tudo que tem, com a conseqüência de conservar-se pobre. Isso não tem o menor sentido. No entanto é o que mais se repete na vida. Nós gastamos bravamente e apresentamos uma bela fachada. Tomamos outras atitudes que atraem justamente aquilo que mais abominamos. Em nossa trajetória circular para escapar ao dragão, acabamos batendo em sua porta!

Outra ocasião em que a Mentalidade do Macaco se choca com os limites é quando as pessoas escolhem viver com uma renda fixa ou reduzida. Jeannette resolveu que não queria mais continuar subindo na carreira profissional e achava melhor ter uma vida simples. Procurou o Curso Você e o Dinheiro para facilitar a transição a deixar de gastar os tubos. Contou que tinha ataques de pânico e sonhava com as catástrofes que lhe ocorreriam se ela deixasse de ganhar mais dinheiro todo ano. Não sabia como viver sem o luxo de que desfrutava.

Quando olhou, viu que tudo isso não passava de conversa da Mentalidade do Macaco. Antes de mais nada, quando fez a lista dos luxos, constatou que não eram tantos assim e que a maior parte deles não passava de itens de conveniência como contratar um serviço de compras no supermercado e de limpeza doméstica — coisas que, agora, Jeannette teria tempo de sobra para fazer. Seu diálogo interior estava tentando convencê-la de que ela ia ficar arruinada porque a Mentalidade do Macaco tinha horror à possibilidade de um limite. Seu mantra é "Mais, eu quero mais!" Acontece que Jeannette abriu sua pequena empresa de consultoria e se deu muito bem com os limites.

A situação de Jeannette responde à pergunta "Se a simplicidade é tão boa, por que não é todo mundo que a usa?" A resposta é que, antes de poder apreciar a simplicidade, temos de lidar com a Mentalidade do Macaco que se coloca no caminho e diz: "Vai ser horrível. A sua sobrevivência está em jogo".

A Mentalidade do Macaco é paranóica. Diz-nos uma coisa em que quase todo mundo acredita: *Acumular mais resolverá o problema e aniquilará o monstro da escassez.* Ironicamente, no entanto, isso não é verdade. Se você tentar eliminar a escassez acumulando mais — mais objetos, mais dinheiro, mais práticas espirituais — a experiência de escassez crescerá ainda mais.

As pessoas têm todo tipo de pensamento quando ouvem isso pela primeira vez:

- Claro, claro. Deixe só eu ganhar na loteria que eu lhes mostro como lidar com a escassez!
- Eu tenho certeza de que, se tivesse mais dinheiro, sairia desta porcaria.
- Lá vem você com essa patacoada metafísica. Sejamos realistas! A melhor maneira de resolver problemas de dinheiro é com dinheiro!

Por mais que queiramos usar a energia do dinheiro como muralha contra a ansiedade, não conseguimos. Seu propósito não é acrescentar combustível de jato à nossa fuga do que nos assusta profundamente; é levar-nos rumo aos nossos sonhos. Por mais que tentemos, o dinheiro sozinho não basta para aliviar o medo envolvido na pergunta "E se eu perder tudo?" Mesmo assim, persistimos, com resultados como este:

ESTHER: Quando eu era estudante e tinha bolsa de estudo, eu vivia com 500 dólares mensais. Lembro que costumava dizer: "Se eu ganhasse mais 100 por mês, tudo ficaria resolvido". Arranjei um emprego de meio período e passei a ganhar 120 a mais. Três meses depois, começou a mesma ladainha: se eu ganhasse mais 75 dólares por mês, poderia ir ao cinema e comprar um pouco mais! Então consegui um emprego, em período integral, com um salário mensal de 2.500 dólares. Passei uns seis meses no paraíso. Mas a antiga voz não tardou a voltar: "Com mais 500 dólares, minha vida seria uma delícia". Isso foi há seis anos. Hoje em dia, com meu diploma de administração de empresa, ganho 6.000 dólares e *continuo* desejando mais. O esquisito é que devo mais do que devia há cinco anos e me preocupo com dinheiro tanto quanto no tempo em que era estudante.

A história de Esther não é apenas um caso de má administração do dinheiro. É um reflexo da *escassez não confrontada*. A Mentalidade do Macaco, que insiste "mais, mais e mais", nunca se satisfaz. Recordo da história estranha do homem que tinha uma tabacaria em minha cidade natal. Vivia frugalmente e, pelo modo como se vestia, as pessoas achavam que ele mal ganhava para viver. Mas, quando morreu, os parentes que foram esvaziar seu apartamento acharam 200 mil dólares em dinheiro debaixo do colchão.

Quanto era "suficiente" para esse homem? Quanto era necessário para que ele se permitisse gastar um pouco consigo? Qual era a importância capaz de calar o rosnar da Escassez?

A experiência de escassez é uma condição da vida. E uma das propriedades de uma condição de vida é que, quando não a enfrentamos, quando tentamos colocar mais coisas entre nós e a experiência dessa condição, ela não faz senão crescer.

Fazendo o trabalho aqui proposto, você descobrirá uma satisfação genuína com o que tem. Poderá gozar da abundância pela qual anseia há tanto tempo. Talvez constate que pode ser mais feliz ganhando menos do que ganha atualmente. Ou quem sabe descubra que está disposto a ter mais dinheiro e tem condições de usar sua energia sabiamente. O importante é o seguinte: essas alternativas só são possíveis se você estiver disposto a enfrentar a escassez e com ela aprender lições pessoais. Então, sim, estará verdadeiramente livre para ter o que quer na vida.

Quando Esther compreendeu o quanto a escassez lhe influenciava a relação com o dinheiro, ocorreu uma mudança sutil. Um ano depois, ela comprou sua primeira casa, começou a trabalhar com um consultor financeiro profissional e passou a economizar em vez de endividar-se. O mais importante foi o alívio que sentiu: a vida ficou mais fácil. Ela deixou de fugir de seu medo dos limites.

O nosso tempo de vida é limitado. O nosso dinheiro é limitado. A nossa saúde física é limitada. E nenhuma quantidade de trabalho, oração, atividade frenética ou dinheiro debaixo do colchão pode evitar o fato de a realidade física nos despertar toda vez que respiramos ou damos com uma nova ruga no espelho.

NÃO SE PODE NEGAR A ESCASSEZ

Não estamos acostumados a falar em limites ou no intenso desconforto que eles provocam em nós. Aliás, um dos truques a que a Mentalidade do Macaco recorre para não olhar para a escassez consiste em nos dizer: "Se eu não pensar nela, talvez ela deixe de existir". Muita gente avança mais um passo e acredita que nós envenenamos nossas chances de experimentar a prosperidade se passarmos o tempo que for com o "pensamento negativo": como, por exemplo, tomar conhecimento de nossa preocupação em não ter o que queremos ou precisamos em quantidade suficiente. Imaginam que, se afirmarmos o positivo, conseguiremos enganar a realidade e fazê-la seguir o rumo desejado.

Eu lembro que pensava assim: "Se toda manhã, ao acordar, eu disser para mim 'Tenho dinheiro suficiente. Tenho dinheiro suficiente', isso será realidade". A verdade é que afirmações como essa não funcionam. Conforme Shakti Gawain, que escreveu *Creative Visualization**, as afirmações funcionam melhor quando a gente as utiliza para afirmar a verdade sobre si. Eu constatei que elas fracassam miseravelmente quando usadas para suprimir pensamentos ou sentimentos negativos. No Curso Você e o Dinheiro, nós chamamos essa açucarada variedade de pensamento positivo, na base do "vamos fingir que tudo está ótimo", de "cobertura de caramelo para o esterco". O cenário é mais ou menos assim:

Digamos que você topa com um monte de esterco no meio do caminho — coisa que você não quer sentir. Precisa dar um jeito nele — afinal de contas, cheira mal e atrai as moscas —, de modo que o pega com cuidado e o cobre com caramelo. Derrama sobre ele o caramelo do pensamento positivo: "A escassez não existe. Eu sempre hei de ter do bom e do melhor. Terei tudo que preciso". Toda vez que a indesejável sensação de escassez aparece, você a recobre com um pouco mais de caramelo. O problema é que, apesar de tudo, não se livrou do monte de esterco. Apenas o cobriu, e ele continua fermentando. Você sente o cheiro. Por isso continua cobrindo-o de caramelo. E, por mais que tente, não consegue escapar ao odor desagradável e penetrante de suas dúvidas e de outros pensamentos negativos. Não é uma imagem bonita, mas toca o núcleo do problema das afirmações do pensamento moldado pelo desejo.

No entanto, em toda parte as pessoas continuam assegurando que o pensamento positivo fará com que as coisas melhorem:

HAROLD: Já fui a vários seminários de prosperidade. Disseram que se eu conservasse os pensamentos certos, minha realidade externa começaria a refleti-los. Mas nada mudou em minha vida no ano passado. Ainda não consegui o emprego que quero. Estou mais endividado do que nunca. Talvez haja algo errado em mim ou em meu modo de ver as coisas.

PAUL: Entrei num sistema de rede de *marketing* para ganhar mais dinheiro por fora. Assisti a videoteipes de pessoas que tiveram sucesso nisso. Elas aparecem nas

---

* *Visualização Criativa*, publicado pela Ed. Pensamento, São Paulo, 1990.

COMO IDENTIFICAR OS OBSTÁCULOS INTERIORES AO PROGRESSO

praias do Havaí ou em belas mansões e me mandam ter pensamento positivo e esperar o melhor. Dizem que o importante é trabalhar muito e ter uma "atitude vencedora". Mas como posso ter uma "atitude vencedora" estando tão ansioso com minhas finanças? Eu procuro não me preocupar, mas não consigo.

Harold e Paul estão tentando usar o pensamento positivo para evitar suas sinceras reações à escassez. Procuram controlar pensamentos e sentimentos para os quais não querem nem olhar. Mas os pensamentos e os sentimentos precisam de uma válvula de escape e, se não a encontram, infeccionam e minam toda a nossa visão de mundo. O esforço para fazer com que desaparecam com afirmações positivas é tão fútil quanto tentar impedir que as ondas lambam a beira de um lago.

É bem provável que você saiba o que acontece quando tenta ativamente evitar pensar numa coisa. Nos próximos dez segundos, *não pense* num suntuoso *sundae* com calda quente. *Não pense* na deliciosa cobertura de chocolate, no gosto frio e doce do sorvete, no creme *chantilly* nem na noz picada.

Se você for como a maioria de nós, sua mente com certeza reagiu a essa tentação dizendo algo como:

Tudo bem, vou parar de pensar no *sundae* com calda quente e creme *chantilly*. É fácil. Eu não dou a mínima para o *sundae* com calda quente. Aliás, vou simplesmente meditar. E, naturalmente, a última coisa em que vou pensar é no sorvete com cobertura quente e noz picada. Não foi difícil. Viu? Eu simplesmente parei de pensar nesse *sundae*.

É claro que nossa mente é atraída exatamente pelas coisas que a mandamos evitar. Como há de ser possível fugir dos pensamentos negativos? É a mesma coisa que querer controlar as ondas de um lago. É possível, mas primeiro é necessário congelar ou drenar o lago. E você *pode* controlar os pensamentos indesejáveis — desde que congele áreas enormes de sua experiência de vida. O problema é que, quando a gente congela a dor, também congela a alegria e o entusiasmo pela vida.

VAMOS CAIR NA REAL

É necessária uma grande quantidade de energia para suprimir os pensamentos, e essa energia estaria muito mais bem empregada na realização dos sonhos. Nós conhecemos muita gente que sustenta que tudo vai "às mil maravilhas" — seja lá o que for. E é inevitável a sensação de que seu sorriso radiante e seu firme aperto de mão não são reais. Embora essas pessoas se mostrem expansivas, alegres e transbordantes de energia, é praticamente impossível ligar-se a elas, pois não conseguimos lhes ultrapassar a fachada feliz. A sorridente plástica exterior é uma barreira intransponível. Um pastor amigo meu conta a seguinte história:

FLOYD: Antigamente, eu me recusava a aceitar que tinha pensamentos negativos com relação aos outros. Passei anos convencido de que só era capaz de pensamentos *positivos*. Há uns dois anos, notei que estava incrivelmente irritado com certas pessoas que eu encontrava no culto dominical. Sabe, aqueles que amassam uma nota de um dólar e a jogam na bacia como se a igreja pudesse viver de brisa. Procurei não ter maus pensamentos. Afinal, éramos todos filhos de Deus. Mas, depois de algum tempo, tornou-se impossível. E eu ficava com raiva de mim mesmo por isso. Julgava os outros e me condenava por fazê-lo, e o ciclo não tinha fim. Ao mesmo tempo, minhas contribuições dominicais começaram a diminuir. Conversei com alguns paroquianos que conhecia bem, e o *feedback* consistente que recebi foi que eu já não parecia um ser humano.

Pensando nisso, percebi que meu julgamento das pessoas que não doavam muito à igreja eram minha própria experiência pessoal com a escassez. Resolvi enfrentar os pensamentos negativos. Primeiro eu me senti implacável. Porém, encarando-os, vi que sou um ser humano real, como qualquer outro. E algo aconteceu. Eu relaxei. As pessoas começaram a se aproximar de mim e dizer, "Sabe, Floyd, você está muito mais acessível do que antes. Sinto ternura em você". E o mais esquisito é que passaram a doar mais dinheiro.

É importante olhar para o que parece estar errado em você — sua experiência pessoal de escassez — e dispor-se a ver e dizer a verdade sobre ela. Isso lhe dá mais espaço para respirar e abrandar-se um pouco. Mais espaço para a compaixão. E, quando tal coisa acontece, as pessoas e situações à sua volta geralmente também têm espaço para mudar.

LILLIAN: Sempre achei que meu filho não era nada confiável com dinheiro. Gastava a mesada num instante e vinha chorando pedir mais. Eu não dava. Ficava irritada e procurava ensinar-lhe a importância de ser econômico. Pensando nisso, reparei no quanto ele lembrava o meu irmão na preguiça e no modo de choramingar atrás de meus pais. Não queria ter esses pensamentos e sentimentos negativos com relação ao meu filho e ao meu irmão. O pior era o que eu pensava de mim mesma por ser capaz de tais julgamentos. Quando percebi que era minha Mentalidade do Macaco em ação, parei de me sentir tão prisioneira. Embora não tenha dado dinheiro extra ao meu filho, parei com os "sermões". Ele deve ter percebido, pois um dia me disse: "Sabe, mamãe, eu vivo lhe pedindo dinheiro. Aposto que, se estivesse no seu lugar, ficaria muito frustrado". Isso fez uma diferença enorme para mim.

O que aconteceu? Pode-se dizer que a mudança do filho foi apenas uma coincidência. Mas eu notei que, quando a gente fica mais à vontade ao encarar os próprios pensamentos negativos e tem compaixão de si mesma, as pessoas reagem. Isso lhes dá oportunidade de ser mais autênticas e mostrar quem realmente são no fundo do coração.

É muito diferente de querer eliminar os medos e os juízos pela afirmação. Pense um minuto numa pessoa de quem você não gosta ou que o irrita. Tente achar dez coisas positivas a dizer sobre ela. O que acontece? Sua mente fica confusa ao procurar elogios e é bem possível que a tensão aumente à medida que seus pensamentos positivos lutam com os negativos. O mais provável é que você não se sinta nada contente ao fazer isso. Não lhe parece uma falsidade, como se estivesse tentando enganar alguém mentalmente? Acontece que você *está*. Está tentando usar os pensamentos positivos para se proteger das emoções ou circunstâncias negativas. Não dá certo.

Olhar para os pensamentos negativos é uma coisa, mas, e aquela voz insistente, dentro de você, que o insta a sair e obter o que merece? Por acaso isso também é uma forma de escassez? É!

O CICLO DA PRIVAÇÃO: "MAS EU ME SINTO TÃO PRIVADO; NÃO POSSO TER SÓ MAIS UM POUCO?"

"Eu estou cansado. Quero uma distração. Afinal de contas, tenho sido bom, não tenho? Trabalho muito para levar o pão para casa. Não mereço um agrado?"

A privação é um dos modos como experimentamos a escassez. Privação é a sensação de necessidade, o sentimento profundo de não ter dinheiro (diversão, satisfação, amor ou qualquer outra coisa) suficiente na vida. Vem acompanhada da sensação do direito de comprar algo que preencha o vazio deixado por dias ou semanas de comportamento implacavelmente dirigido.

A gente tem a sensação de privação quando trabalhou muito, durante muito tempo, sem pausa. Esgotado, inquieto e muitas vezes sozinho, você procura uma compensação. Precisa de uma recompensa. Gastar dinheiro oferece a melhor solução.

Racionalizações:
a) Esta semana foi de matar — está na hora de tomar um trago.
b) Preciso de roupa nova, de uma excelente refeição, de um brinquedo novo.
c) Afinal, eu trabalho muito para ganhar dinheiro. Mereço.

Olhe para as racionalizações no diagrama. Geralmente precedem a despesa numa coisa, não necessariamente porque você a quer genuinamente, mas porque ela compensa a privação. Você trabalhou tanto e descansou tão pouco que precisa de uma recompensa.

BRIAN: Quando não tomo cuidado, acabo caindo no pensamento "eu mereço". Cansado e estressado, tenho a idéia de que mereço comer muito bem num restaurante de luxo. Uma noite, olhando para um prato de 25 dólares que, no fundo, não me apetecia, tive de me perguntar: "Será que eu trabalho tanto para pagar um prato de macarrão disposto feito uma paisagem do Sudoeste, com folhas de manjericão no lugar dos cactos? Será que é isso mesmo o que quero?" Não me entenda mal; eu adoro comer bem. Mas às vezes sei que acabei acreditando que um jantar caro, num restaurante chique, é a melhor recompensa para o excesso de trabalho. Trata-se de uma resposta automática ao estresse. Mesmo porque gastar dinheiro desse jeito é um dos motivos pelo qual acabo tendo de trabalhar mais! É um círculo vicioso!

O raciocínio "eu mereço" oferece motivos para comprar praticamente tudo. Assim que começamos a achar que merecemos uma coisa qualquer, criamos uma necessidade. A Mentalidade do Macaco pensa que nossa necessidade só se satisfaz gastando dinheiro. É por isso que os anúncios publicitários mais eficazes começam com as palavras "Você merece". Sim, você merece um descanso, um carro, umas férias, um computador novo e tudo que seu dinheiro tão suado pode comprar.

Em vez de ter o que merece, como seria simplesmente ter o que você quer? É uma perspectiva completamente diferente. Em geral, nós assumimos uma postura defensiva, por vezes exigente, no que se refere a obter o que "merecemos". Além disso, precisamos construir um estado de privação a fim de justificar tais exigências. E, com muita freqüência, é esse mesmo estado que interfere em nossa satisfação. Para citar Brian: "Quando vou jantar num restaurante caro porque mereço, geralmente estou cansado demais para saborear o que como. E, ainda por cima, como demais porque quero mais energia".

Sai caro consumir movido pelo sentimento de privação. Somos colhidos querendo tudo mais, maior, mais depressa e temos de voltar a ganhar dinheiro para pagar. Além disso, geralmente não ficamos satisfeitos, porque o que realmente queremos é descansar, ter tempo, significado e conexão com os outros. Isso é que é realmente importante para nós e é disso que, em geral, estamos exauridos para criar.

Se quiser entrar em contato com o que é verdadeiramente valioso para você, faça esta experiência: imagine que sua casa pegou fogo. Seus familiares e animais de estimação já estão em segurança, e lhe restam dois minutos para salvar alguns bens. O que você tiraria de lá? Eu trataria de salvar as fotografias de meus parentes e de outras pessoas que quero bem. Acho que seriam a coisa mais difícil de perder. A seguir, talvez quisesse alguns objetos de arte e os disquetes com o que escrevi. Meu aparelho de vídeo e minha máquina de café expresso? Fora da lista. Mesmo que não estivessem assegurados.

Eu conversei com algumas pessoas cujas casas foram destruídas num incêndio em Santa Bárbara, na Califórnia. O choque imediato de perder tudo foi devastador. Mas ser despojado dos bens gerou em todos uma nova visão da vida. Falei com uma senhora dois anos depois do sinistro:

> LAURIE: Eu perdi tudo no incêndio e o que mais chorei foi meu tear. Porém meus amigos souberam disso e fizeram uma vaquinha para me comprar outro. O mais interessante é que ter poucos bens serviu para liberar energia. E, morando numa casa com pouca coisa, eu passei a pensar muito no que realmente queria da vida.

Laurie decidiu que o que mais queria era escrever um livro sobre a tecelagem nos países do Terceiro Mundo e, recentemente, recebeu um adiantamento para fazê-lo. Ela vê nisso uma bênção vinda da tragédia e disse: "Eu não teria tentado se não fosse o incêndio em minha casa, por trágico que tenha sido no começo".

Você vai ficar assombrado com o que acontecerá quando sair da roda-viva do "ter de trabalhar/ter de ter/ter de trabalhar". Suas escolhas e sua vida ficarão muito diferentes.

"EU MOSTRO O MEU SE VOCÊ MOSTRAR O SEU"

Se quiser ficar cara a cara com uma forma de escassez, compare a sua situação financeira com a das pessoas que o cercam. Pode surgir um sentimento de tensa competição quando comparamos nossa vida com a dos outros, e isso ocorre repetidamente desde a idade em que comparamos as partes do corpo até a época em que negociamos os detalhes do plano de previdência. Olhe para estes exemplos e veja em qual você se encaixa:

> JAMES: Eu não falo de meus contratos nem de quanto levo para casa no fim do mês. Não é da conta de ninguém. A verdade é que tenho medo de ganhar menos que a maioria dos corretores de minha companhia de seguros. Não quero que ninguém fique sabendo!
>
> MARGE: Eu estava contentíssima com a minha caminhonete 4 x 4 até que descobri que uma amiga tinha comprado uma igual por melhor preço. Agora me sinto uma otária porque não fui à outra agência de automóveis e estou com raiva porque o vendedor me enganou.
>
> ROBERT: Na semana passada, andei espiando a estrutura de salários do escritório de advocacia em que trabalho. Alguns advogados ganham muito mais do que eu. E não trabalham nem a metade do que trabalho. Ontem recebi minha gratifi-

cação anual de 25 mil dólares. Normalmente, teria ficado contentíssimo. Porém essa importância me deixou ainda mais ressentido. Aposto que os outros ganharam muito mais. Isso me deixa furioso!

Ao se comparar com os outros, geralmente você descobre que está em desvantagem? Pois é exatamente assim que a mente funciona. Mesmo quando nos comparamos com os menos favorecidos, nossa mente os descarta rapidamente e se volta para aqueles que estão em melhor situação que nós. A escassez costuma dizer que não temos o suficiente porque os outros têm mais, e a sensação de "ter ficado para trás" é particularmente intensa quando nos comparamos com pessoas que supomos pouco à frente de nós. Eu pesquisei esse fenômeno nas crianças e descobri que ele ocorre também nos adultos.

Em meu estudo, ao jogar *pinball*, os meninos competiam mais quando estavam perdendo por pouco dos adversários. Era mais fácil induzir os que estavam muito à frente, um pouco à frente ou muito atrás a parar de jogar e dar seu lugar aos outros. Do mesmo modo, os adultos sentimos mais o calor da competição com pessoas que operam aproximadamente no mesmo nível de responsabilidade que nós, principalmente em campos nos quais os salários se baseiam no esforço individual, como em vendas ou na advocacia.

Vimos que não faz bem pôr cobertura de caramelo ou querer apartar os pensamentos negativos. Do mesmo modo, é desperdício de energia tentar parar de nos compararmos com os demais e esperar não ter a sensação de escassez que a comparação suscita. As comparações são reflexos que não podemos evitar. O importante é reconhecê-las e tê-las em mente, porque as comparações que você faz com as outras pessoas geralmente refletem sua atual lição de vida.

Veja a história de Robert, por exemplo. Estava irritado porque os outros ganhavam mais que ele, mas a fonte real de seu sofrimento não era a preocupação com dinheiro. Seu maior temor era que olhassem para ele de cima para baixo. Temia muito isso — e falar a verdade lhe deu algum espaço para respirar. Nossa conversa, no Curso Você e o Dinheiro, foi mais ou menos assim:

Eu: Por que você tem tanto medo de que olhem para você de cima para baixo?

Robert: Eu trabalho muito. Mereço respeito.

Eu: Não há mais ninguém que trabalhe assim?

Robert: Há.

Eu: Ok. Então verifique de novo. Do que você realmente tem medo quando o olhem de cima para baixo? Qual é o seu medo?

Robert: É como se eu não existisse. Eles nem reconhecem os muitos negócios que fiz para o escritório nos últimos dois anos.

Eu: Vamos examinar isso melhor. Como sabe que eles não reconhecem o trabalho que você conseguiu para o escritório?

ROBERT: Bem, eu nunca ouvi nenhum dos donos falar na minha contribuição.

EU: Quando foi a última vez em que realmente conversou com eles? Sabe, sair com um deles para tomar um café? Você teria oportunidade de dizer o que sente.

ROBERT: Não tenho tempo.

EU: Não tem tempo para se relacionar? Isso tem todas as características de uma boa lição.

ROBERT: É. E não tenho passado muito tempo com minha esposa e meus familiares ultimamente. Trabalho muitas e muitas horas.

EU: Você se sente sozinho, não?

ROBERT: Ok, já sei aonde você quer chegar. Sua próxima pergunta vai ser: "Você ganhou o suficiente agindo assim?" Você é tão previsível. Sim (riso), eu ganhei o suficiente. Amanhã vou tomar café com um dos sócios do escritório. Vou contar a minha esposa o quanto tenho sentido a falta dela. Satisfeita? (Riso novamente).

EU: E você pode aproveitar a ocasião para pedir um aumento se achar adequado.

Ao encarar o desconforto, a gente abre a porta para a transformação pessoal. Cria uma oportunidade de ver a escassez em perspectiva. Você tenta evitar a escassez? Manipula a si mesmo para pensar que ela não existe e racionaliza os sentimentos dizendo coisas como: "Eu estou sendo hipersensível?" Você abusa das estratégias e afirmações do pensamento positivo? Tenta lidar com a escassez criando um ciclo de privação-despesa? Infelizmente, quanto mais você corre e mais concentra a atenção em evitar os sentimentos, mais depressa o dragão da escassez o agarra com sua língua de fogo.

COMO ENCARAR A SOMBRA

Carl Jung, o conhecido psicoterapeuta, falou nas conseqüências de não encarar o nosso lado sombrio ou obscuro. "Todo mundo leva consigo uma sombra", escreveu, "e quanto menos ela estiver incorporada à vida consciente do indivíduo, mais negra e densa há de ser. E forma um obstáculo inconsciente que bloqueia as nossas melhores intenções."

Lado sombrio significa simplesmente o lado em que ainda não incidiu a luz da consciência. Não é pior que o lado não sombrio, do mesmo modo que o lado escuro da lua não é pior nem mais nefasto que o iluminado. Para detectar sua sombra, pergunte a si mesmo: "Para o que eu não quero olhar? O que eu pagaria um milhão de dólares para passar a vida inteira sem ver?" Essa é a sua sombra.

Toni não queria olhar para o fato de não ter cumprido a promessa que fizera a si mesma de ser artista, porém, mesmo assim, estava disposta a olhar. Viu que era criativa e adorava a arte (sua especialidade era a aquarela), mas não pintava. Fazia anos que encobria seu sonho dizendo: "Espere até que eu deixe de trabalhar tanto, até que eu tenha posto minha carreira em ordem, então sim, eu voltarei à arte". Sua preocupação era que a pintura a tornasse preguiçosa ou irresponsável.

No Curso Você e o Dinheiro, percebeu que fazia vinte anos que dizia isso a si mesma. Viu que seria bom deixar sua energia criativa expressar-se, que não precisava esperar e que esperar significava adiar para sempre.

Outro participante do Curso Você e o Dinheiro, Steve, não queria olhar para sua prática de usar o dinheiro para "comprar" relacionamentos. Dava montes de presentes às pessoas – relógios, ingressos de teatro, jantares – e era generosíssimo com os amigos. Mas percebeu claramente que, em parte, distribuía tantos presentes porque queria que gostassem dele. Gostava das pessoas, mas compreendeu que temia que não o estimassem só pelo que ele era. E olhando para si mesmo com tanta coragem, deu-se conta de que as manipulava sutilmente para que lhe dessem a intimidade pela qual ele tanto ansiava. O resultado era nenhuma intimidade, pois Steve não dava às pessoas oportunidade de avaliá-lo. Ele também viu que não ganhava tão bem assim e que fazia anos que vinha adiando a compra de um barco porque o dinheiro não dava.

Ao iluminar essa dinâmica com a luz da consciência, ele viu que aquilo não dava certo porque continuava se sentindo só e vazio. E vislumbrou a possibilidade de as pessoas gostarem dele pelo que ele era, com ou sem presentes: que, na realidade e ironicamente, os presentes obstruíam a intimidade. Passou a dar menos presentes e a dar mais de si. Também descobriu outros modos de demonstrar intimidade. Ingressou num clube de caminhadas, envolveu-se em projetos comunitários e constatou que essas iniciativas realmente satisfaziam seu desejo de vincular-se às pessoas e com elas contribuir.

A escassez, assim como os sentimentos negativos que tentamos ocultar, é uma das melhores mestras desde que estejamos dispostos a aprender suas lições. Quando o fazemos, a vida fica repleta de aventuras em vez de defesas. Se estiver com medo, olhe diretamente para a cara do que você teme. Não há necessidade de fugir do desconforto. Você é capaz de lidar com ele. Recorra ao apoio dos amigos. Lembre-se de que o tornar-se consciente dá lugar tanto para o prazer quanto para a dor. Como escreve Pema Chödrön:

"Há um mal-entendido comum a todos os seres humanos que habitam este mundo, segundo o qual a melhor maneira de viver é tratar de evitar a dor e de obter o confortável [...] Uma abordagem da vida muito mais interessante, gentil, aventurosa e alegre consiste em desenvolver a curiosidade, seja amargo ou doce o objeto de nossa investigação [...] É preciso perceber que podemos suportar muita dor e muito prazer para descobrir quem somos e o que é o mundo [...]"

Procurar fugir do desconforto não faz senão prolongar o sofrimento. Pegue a essência da aflição por trás da conversa da Mentalidade do Macaco. Basta reconhecê-la pelo que ela é, ou seja, uma coisa *irreal*, e permitir-se sentir o que você está experimentando. Incline-se para a dor em vez de fugir dela. Fazendo isso, você ouvirá a verdadeira pergunta que a Escassez lhe faz. Não é "Você tem o suficiente?" Na verdade, a Escassez nos pede que perguntemos: "Que é *realmente* importante para você? Você usa a energia limitada da vida para criar seus sonhos?"

A resposta a essas perguntas nos remete a nossos Padrões de Integridade e a nossas Intenções de Vida, os quais estabelecem os parâmetros do que verdadeiramente queremos e do que finalmente nos satisfaz.

Esses parâmetros também são limites e concentram nossa energia do mesmo modo que o leito estreito de um rio acelera o fluxo de suas águas. As afirmações que daí vêm, descrevendo a verdade sobre nós, têm uma força e um poder que o pensamento dirigido pela Escassez não tem.

Examine suas Intenções de Vida. São grandes reflexos de seu coração de herói. Você está aqui para manifestá-las, para moldá-las com as mãos, para agarrá-las e para contribuir com elas com o seu talento. Mas antes de poder fazer isso, precisa enfrentar os medos que lhe obstruem o poder. Vê-los permite-lhe afastá-los, e isso o libertará.

Exercício: Encontro com o Dragão

Você vai ler algumas perguntas que o ajudarão a esclarecer como a escassez opera em sua vida. Embora já possa ter tido *insights* significativos lendo este capítulo, eu lhe pediria que as responda por escrito, no papel. Tenha consigo seus Padrões de Integridade e suas Intenções de Vida.

Este é um exercício múltiplo, sendo que cada seção tem um formato diferente a fim de ajudá-lo a chegar a um quadro de sua relação com a escassez.

Você vai precisar do caderno para registrar as respostas. Tome o tempo que for necessário para cada parte do exercício. Não dê respostas apressadas mesmo que se sinta tentado a fazê-lo. Responda uma ou duas perguntas de uma vez. Os benefícios que colherá estarão em proporção direta com sua franqueza consigo mesmo. É possível que você encontre algumas semelhanças entre estas perguntas e as que respondeu anteriormente. Todavia, o trabalho aqui aborda mais explicitamente a escassez e o dinheiro.

Mostre suas respostas a pelo menos um amigo de confiança ou a um grupo de apoio. Vai encontrar semelhanças impressionantes no modo como todos vemos a escassez. Mesmo achando-se em diferentes momentos da vida e mesmo detectando certas diferenças de perspectiva, é importante ver que todo mundo encontra a escassez. Isso dá uma sensação de esperança para enfrentar o dragão. Mostrar suas respostas também ajuda a diluir o poder que o mantém preso. Aquilo que você examina e principalmente aquilo que compartilha com outras pessoas perdem o poder sobre você.

Ao terminar este exercício, talvez você queira substituir o dinheiro por outra forma de energia, como o tempo, o amor ou a saúde física. Há semelhanças nas suas respostas? É interessante verificar.

Parte Um: Um Quadro Geral do Dragão

1. *Quais problemas, dificuldades ou preocupações você tem com o dinheiro?*

Orientações para responder: considere todas as suas preocupações com o dinheiro, por insignificantes ou tolas que pareçam. Você tem dívidas vencidas? Preocupa-se com a educação de seus filhos ou com a aposentadoria? Tem a impressão de nunca possuir o suficiente, por mais que trabalhe? Foi vítima de uma fraude, de um roubo ou de um engano relacionado com o dinheiro? Inveja as pessoas que parecem ter mais que você? Quem são elas? Olhe para todos os seus sentimentos negativos com relação ao dinheiro ao responder este item. Você detesta o dinheiro? Teme-o? Teme não tê-lo? Escreva sobre isso até se sentir vazio. Você já disse a si mesmo que o dinheiro não é "espiritual"? Escreva durante pelo menos dez minutos sem pausa. Mas não se esqueça de respirar!

2. *O que eu digo ou penso de mim mesmo por ter esses problemas, dificuldades ou preocupações?*

Orientações para responder: você se condena por causa de suas preocupações com o dinheiro? Acha-se bobo, incapaz ou irresponsável? Espera que ninguém descubra? Todos temos alguns desses pensamentos e sentimentos conosco mesmos. Isso é particularmente verdadeiro quando fazemos reiteradamente a mesma coisa esperando resultados diferentes. Continue escutando até obter pelo menos seis afirmações.

3. *Quais são os meus erros principais com o dinheiro?*

Orientações para responder: o que você fez no passado, com relação ao dinheiro, que tem vergonha de contar a quem quer que seja? Jogou e perdeu muito? Pediu empréstimo sem ler o que vinha escrito em letras miúdas no contrato? Cometeu erros de cálculo que o deixaram com o saldo negativo no banco? Investiu e perdeu o dinheiro que não conseguia economizar em aplicações muito arriscadas?

4. *Quem eu culpei pelas minhas dificuldades com o dinheiro?*

Orientações para responder: Esta é a oportunidade para se soltar de verdade. Quem são eles e que lhe fizeram? Liste todas as coisas ruins que você pensa das pessoas que "fizeram isso" com você. Não é hora de bancar o esclarecido. Não caia na armadilha de dizer "Mas eles não fizeram nada comigo, fui eu que lhes permiti que fizessem". Ponha tudo para fora. Que aconteceu? Como você se sentiu? Outra dica: não se inclua na lista. Procure os culpados fora de você.

Escreva o que sente ao responder essas perguntas. Você fica zangado, triste, frustrado, entediado, irritado, ressentido ou cansado? Muitos que passam por esse inventário acham que ele suscita diversos sentimentos ligados à escassez. É raríssima a pessoa — rica ou pobre — que não tem nada a tirar de dentro do peito. Mas todos os que reservam algum tempo para enfrentar desse modo seus sentimentos e dificuldades são beneficiados.

Lembre-se: enfrentando sua experiência de escassez, você prepara o caminho para ter uma relação plena com o dinheiro. Essa relação deixará de ser a mera extensão de suas contrariedades passadas.

COMO IDENTIFICAR OS OBSTÁCULOS INTERIORES AO PROGRESSO 141

PARTE DOIS: PEGADAS DE DRAGÃO NA AREIA

Nesta seção, você encontrará uma lista de palavras, cada qual acompanhada de uma definição. Elas representam o modo como geralmente lidamos com a escassez quando queremos sair dela. Escreva todas no caderno. A seguir, relacione os incidentes referentes ao dinheiro que sejam exemplos de cada palavra ou conceito. Extraia-os da experiência real em sua própria vida. Por exemplo, tome a palavra "ganância". Aqui se pode escrever algo como "Eu vendi refrigerante, no jogo de futebol, por muito mais do que valia. Sabia que as pessoas pagariam o preço exorbitante porque estava fazendo muito calor aquele dia". Não precisa ser uma descrição extensa. Quanto mais breve melhor. Faça o possível para eliminar as racionalizações ou justificativas para o fato. Vá diretamente à essência. Liste tudo que conseguir recordar diante de cada palavra. Garanto que a lista não vai se prolongar eternamente, por mais que a Mentalidade do Macaco diga o contrário. Talvez você perceba que um incidente pode corresponder a duas ou mais palavras. Algumas listas serão curtas, outras longas. Escreva o que lhe ocorrer. Seja o mais completo possível.

Ganância: O desejo de ter mais que o necessário ou merecido, principalmente sem consideração pelas necessidades alheias.

Desonestidade: Mentir, enganar, roubar.

Culpa: Sentimento de autocensura resultante da crença em que fizemos uma coisa errada ou imoral.

Remorso: Um sensação desagradável com algo que fizemos ou deixamos de fazer. O sentimento de que "não devia ter acontecido como aconteceu".

Inconsciência: O estado de não ser consciente, como ter cometido um erro por desatenção. Agir sem o conhecimento ou o preparo que devíamos ter.

Manipulação: Administração ou controle mediante o uso maldoso da influência ou do poder. Geralmente praticada de modo desleal ou fraudulento, visando à vantagem ou ao lucro próprios. Levar os outros a agir contra sua vontade ou seu interesse para que você saia ganhando.

Ressentimento: Sentimento de contrariedade e indignação com base na sensação de ter sido magoado, ofendido ou usado.

Erro: O estado de acreditar em algo que não é verdadeiro. Fazer uma coisa incorretamente por ignorância ou descuido.

Medo: Ansiedade, agitação ou sensação de mau presságio. Causado pela presença ou a proximidade de um perigo ou sofrimento percebido, o qual pode ser real ou imaginário.

Auto-engano: Levar-se a si mesmo a acreditar que uma coisa é verdadeira quando não é.

Meus parabéns! Este processo é bem difícil, mas você o concluiu. Tal qual uma pessoa que despiu uma armadura pesada, incômoda e volumosa, você vai se sentir mais leve e mais ágil — principalmente se conversar com um amigo ou grupo de apoio sobre o que acaba de descobrir.

Parte Três: Descobrindo a Magia no Dragão

As três perguntas seguintes lhe pedem que veja como seria a sua vida se você permitisse que a escassez fosse sua aliada. Reserve tempo para responder. Saiba que está acelerando sua trajetória na vereda do herói. Está se unindo a milhares de outros que continuaram a florescer e prosperar depois de haver examinado cabalmente o papel da escassez em sua vida. Está providenciando uma abertura que lhe dará espaço para respirar e fazer escolhas autênticas.

1. *Que escolhas eu faria se deixasse de encurralar a escassez?*

Orientações para responder: que sonhos abandonados você realizaria? Que relações estabeleceria ou cultivaria mais?

2. *Recorde uma ocasião em que você enfrentou uma limitação e aprendeu com ela. Qual foi?*

Orientações para responder: você ficou agradavelmente surpreso com o resultado? O que pensou de sua avaliação inicial? Que idéias novas, criativas, surgiram desse encontro?

3. *Se eu simplificasse a minha vida, o que faria com o meu dinheiro?*

Orientações para responder: olhe para as áreas de sua vida em que você poderia ter prazer, contribuir com os outros e ser mais criativo.

Parabéns! Você acaba de fazer mais para compreender sua relação com o medo da escassez do que a maioria das pessoas faz durante toda a vida. Reparou que está mais consciente do papel que o seu medo da escassez, sua insistência em evitá-la, teve na sua relação com o dinheiro?

Caso esteja fazendo este exercício com outras pessoas, reserve algum tempo para compartilhar as respostas. Repito: pode ser que encontre muitas semelhanças. Afinal, nós não somos tão únicos quanto gostamos de acreditar.

Quando tiver examinado cabalmente suas respostas com os outros, eu queria que você fizesse uma coisa especial com as partes Um e Dois deste exercício. Tire-as do caderno. Arranque as páginas e rasgue-as. Jogue-as no cesto de papel e despeje-o no lixo. Repare que é desagradável fazer isso. Mas faça assim mesmo. Você está dando a si mesmo a mensagem de que é bom desembaraçar-se desses sentimentos. Eles podem aparecer novamente — e provavelmente aparecerão. Quando isso acontecer, simplesmente anote-os outra vez e, depois, torne a jogar fora as folhas de papel. Note que seus pensamentos e sentimentos perdem a aparente importância.

* * *

Agora que sabe que olhou de frente para a escassez, em vez de fugir, você pode ir além de seus modos costumeiros de ver o mundo e descobrir maneiras novas de se relacionar com o dinheiro e outras formas de energia na vida. Honre sua coragem. Ao abraçar a escuridão, nós abrimos espaço para a luz.

É mais ou menos como se, tendo enfrentado o dragão e aprendido suas lições, o herói se sentasse à beira do caminho com o novo aliado e dissesse: "Não posso acreditar que, em todos esses anos, você estivesse me perseguindo para me ajudar. Ainda estou exausto de tudo o que fiz para fugir de você".

O dragão responde com um sorriso enigmático: "Você vai se surpreender ao descobrir quantas coisas não são o que parecem!"

PRINCÍPIO 6

TRANSFORMAR OS OBSTÁCULOS INTERIORES LIBERA A ENERGIA DO DINHEIRO

Embora os últimos capítulos tenham falado muito na Mentalidade do Macaco, este a examinará um pouco mais profundamente. E vamos descobrir as suposições básicas que você tem sobre a vida, sobre você e sobre os outros, as quais certamente estão no núcleo do pensamento de sua Mentalidade do Macaco.

Já vimos como a Mentalidade do Macaco se põe a gritar e espernear quando nos acercamos dos Problemas na Fronteira, quando começamos a traduzir o pensamento em ação e quando nos propomos a fazer uma coisa heróica ou arriscada. O que acontece nos quinze dias de suas resoluções de Ano Novo? O que acontece quando você colhe, uma vez mais, informações sobre um investimento ou torna a iniciar, pela enésima vez, um programa de ginástica? Ouvi centenas de exemplos no Curso Você e o Dinheiro.

ROBYN: Às vezes eu consigo *ver* meu objetivo bem diante de mim. Como o de praticar triatlo. Matriculei-me numa academia caríssima e contratei um *personal trainer*. Elaborei um programa minucioso para ficar pronto em seis meses. Mas perdi o interesse em menos de dois. Foi como guardar meu programa na gaveta, cobri-lo de culpa e continuar do mesmo jeito.

HOWARD: Eu prometi a mim mesmo que ia vedar todos os meus vazamentos de dinheiro. Paguei uma antiga dívida ao meu ex-colega de quarto. Senti-me maravilhosamente bem! Então, e essa é a loucura, simplesmente desisti. Você podia pensar que eu teria continuado, mas não. Não sei o que aconteceu.

A NATUREZA DA MENTALIDADE DO MACACO

Nós observamos que a Mentalidade do Macaco é o aspecto reativo da mente que os budistas tibetanos denominam "*sem*", o qual é como uma chama a tremular diante de uma porta aberta, oscilando ao sabor da energia da corrente de ar. A Mentalidade do Macaco é um movimento perpétuo, que conspira, trama e reúne evidências para as decisões que toma.

Desde que perceba que sua Mentalidade do Macaco há de acompanhá-lo permanentemente, você já não tem necessidade de combatê-la, de tentar fugir dela ou de ficar assombrado em sua companhia. Pode relaxar e parar de desperdiçar energia procurando mudá-la. Tentar alterar aquilo que sua mente diz obriga-o a dançar com ele, no ritmo dele, a concentrar nele a atenção. Porém assim que você sai da dança, sua atenção e sua energia ficam livres para enfocar as possibilidades que o rodeiam.

Você pode dedicar sua energia a modificar a Mentalidade do Macaco ou utilizá-la para impregnar seus sonhos. Trata-se de escolher dançar com a Mentalidade do Macaco ou com seus objetivos e sonhos. A escolha é sua.

Desviar a atenção da Mentalidade do Macaco para os seus objetivos e sonhos é um ato ao mesmo tempo delicado e sutil. Pressupõe que não há nenhuma necessidade de mudança em seus incessantes diálogos interiores. Aliás, você a leva consigo na jornada heróica. Não é preciso esperar que ela vá embora para buscar a realização dos sonhos. Basta guardá-la numa cesta debaixo do braço e partir. Você pode concentrar a atenção no exterior, não no interior.

A DANÇA COM O MACACO

Quando você começa a prestar atenção no modo como a tagarelice da Mentalidade do Macaco o afeta e ergue obstáculos em seu caminho, pode ser que lhe dê vontade de pegar um pedaço de pau e enxotar o macaco. Mas eu vi muitas vezes que as pessoas bem-sucedidas não gastam energia tentando alterar o curso das águas dos rios de sua mente. Pelo contrário, elas as observavam e tratam de descobrir a melhor maneira de navegá-las. São as que observavam a Mentalidade do Macaco — e, a seguir, deixam-na fundir-se com o rumor indefinido que se ouve por aí e a esquecem. Sabem que a ladainha não vai cessar, por isso não se esforçam inutilmente para controlá-la.

No Curso Você e o Dinheiro, Paul contou como a Mentalidade do Macaco entrou em ação, cinco meses antes, quando ele combinou escalar o Monte Shasta com uns amigos:

> PAUL: Eu pretendia começar a treinar imediatamente, já que a escalada é muito difícil. Mas não conseguia. Lembro que pensava: "Eu não tenho tempo. É

só um dia de escalada. Não há de ser tão difícil assim!" A única coisa que fiz foi caminhar alguns quilômetros por semana. Mas isso, evidentemente, não era suficiente. No dia da escalada, na semana passada, saí com os outros, mas, daí a uma hora, já estava com a língua de fora. "Vá em frente", disse comigo, "todo mundo está indo." Foi horrível. Meu amigo Mike estava escalando ao meu lado. Seu aspecto era ótimo. É verdade que suava muito, mas estava contente consigo. Tinha treinado para isso.

Eu agüentei mais uma hora e, então, acabou o gás. Tive de parar. Senti-me um verme. Nem pensar em prosseguir! Eu estava esgotado. Fui obrigado a descer e ficar esperando os outros. Eles voltaram à noitinha, cansados mas contentes. Eu? Estava frustrado e exausto. E não parava de me censurar com pensamentos como: "Seu cretino. Será que você não consegue fazer nada direito?" Estou farto de fazer tudo assim.

No caminho, a Mentalidade do Macaco incitou Paul a ir além de sua resistência. De volta ao acampamento, ele ficou de mal consigo mesmo. E o cenário estava pronto para isso quando ele ouviu pela primeira vez as palavras "Eu não tenho tempo".

Como não é difícil adivinhar, essa não foi a única vez na vida em que Paul deu ouvidos àquela voz "sensata". Ele se lembrava de ter adiado o pagamento dos impostos porque estava "muito ocupado com o trabalho para cuidar disso", depois teve de reunir toda a documentação na última hora, com medo de ter esquecido alguma coisa importante.

É mais fácil separar-se da Mentalidade do Macaco quando a gente olha objetivamente para os disfarces que ela gosta de usar. Como Paul, pode ser que você reconheça as formas, os contornos e as vozes que o seduzem. A lista abaixo mostra os sintomas que aparecem quando a Mentalidade do Macaco está falando e você adota sua visão de mundo. Todos nós temos esse tipo de pensamento e conversa — mas não precisamos lhe dar grande importância.

Lembre-se: uma vez que tenha percebido que a voz sensual da razão pertence ao Macaco, pode parar de lhe dar atenção.

OS SINTOMAS DA MENTALIDADE DO MACACO

Eis a lista de alguns sintomas da Mentalidade do Macaco, que pode ajudá-lo a identificar sua voz e o modo como ela lhe aparece:

1. Ser vago: "Qualquer dia eu vou equilibrar minha conta corrente. Agora não tenho tempo ou energia".

2. Lidar com o passado e o futuro como se fossem o presente: "A época de pagar o imposto de renda sempre foi e sempre será um tormento para mim".

3. Ser defensivo: "Eu não estou sendo defensivo com minha dívida com o cartão de crédito. Não se meta!"

4. Tomar as coisas como uma questão pessoal: "Escute aqui, você está questionando a minha opinião profissional?"

5. Resignar-se: "Não faz diferença nenhuma eu planejar essas férias ou não. Não vou viajar mesmo. Estou muito ocupado. Não tenho dinheiro. Para que me preocupar com isso?"

6. Fazer afirmações qualificativas: "Bem, eu vou tentar fazer isso". "Se tudo der certo — se eu tiver tempo/dinheiro — talvez dê para contratar um consultor financeiro". (Já notou que, quando você convida alguém para ir ao cinema e ele diz "Vou tentar ir", essa pessoa na verdade está dizendo *não?*)

7. Dar desculpas: "Eu cheguei atrasado à entrevista para o emprego porque dormi demais e perdi a hora".

8. Utilizar o pensamento "ou/ou": "*Ou* eu mantenho os cartões de crédito, *ou* vou me sentir inseguro. Não posso ficar um mês sem usá-los".

9. Ser paranóico: "Ninguém me ouve. Acham que eu não tenho nada importante a dizer".

10. Fragmentar a personalidade: "Uma parte de mim quer parar de gastar demais. Mas eu sei que outra parte não acha que isso seja um problema. E há uma terceira parte cansada demais para pensar nisso".

11. Comparar: "Por que será que ninguém tem tantos problemas com os impostos como eu?"

12. Racionalizar: "Vou aceitar essa grana 'por baixo do pano' só desta vez. Afinal, *todo mundo* faz isso".

13. Justificar seus atos: "Eu mereço jantar neste restaurante de luxo. Trabalhei muito a semana inteira".

14. Fugir dos problemas com piadas: "Eu sei que gasto muito dinheiro. Mas olhe, não gastei tudo. Ainda tenho o talão de cheques!"

15. Ser mártir: "Ninguém sabe o quanto eu trabalho!"

16. Ser petulante (mal-humorado, briguento ou resmungão): "Quando quiser o seu conselho, eu peço. Antes disso, não me amole!"

17. Ser impulsivo: "Eu quero o que quero, e é já!"

Basta passar uns poucos dias alerta e deixar o alarme soar dentro de você, quando ouvir a Mentalidade do Macaco em qualquer um desses disfarces, para notar o modo como ela lhe chama a atenção e reconhecer os argumentos aos quais você reage mais prontamente. Saberá que está em poder dela se descobrir que qualquer um dos sintomas acima vem acompanhado de *mal-estar* físico, ou seja, de falta de bem-estar. A Mentalidade do Macaco faz com que você se sinta preso, rígido, tenso, como se ficar sempre no mesmo lugar fosse questão de sobrevivência.

UM AVISO

Certas pessoas descobriram que um modo de lidar com a Mentalidade do Macaco consiste em infundir-lhe uma percepção intensa do perigo. Após um ataque inicial de tagarelice, ela se cala e se concentra decididamente na tarefa de conservar a vida. Não tem tempo para outra coisa. Esta é a experiência relatada por muitos alpinistas e praticantes de asa-delta.

> ARMAND: Quando pratico o montanhismo, só existimos eu e a montanha. Nada mais simples. Nenhum pensamento. Ponho a mão onde é adequado e subo mais meio metro. Depois, trata-se de encontrar a próxima fresta ou saliência, na rocha, para apoiar o pé.

Armand reconheceu que esse método de se proteger do diálogo interior podia gerar um péssimo hábito. Conhecia outros que tentaram várias vezes recapturar a experiência excitante daquele tipo de estímulo aumentando o quociente de medo. Muitos acabaram sofrendo acidentes. Sempre procurou evitar correr riscos desnecessários ao escalar montanhas. Mas tinha consciência dessa tentação:

> ARMAND: Faz parte da minha disciplina manter-me dentro de limites seguros. Lembro de um artigo que li sobre asa-delta, que diz que a maioria dos grandes praticantes desse esporte acabou morrendo. Eles ultrapassaram os limites até que fosse demais. Vi que isso podia acontecer comigo no alpinismo.

Pare um instante e olhe para a sua própria vida. Há momentos em que você cria emergências, reais ou imaginárias, para dar à sua mente alguma coisa em que focalizar a atenção?

> PETE: É realmente constrangedor. Eu gosto de jogar. Gosto de apostas altas. Bem altas. Quando jogo vinte-e-um, o mundo desaparece. Somos só eu, a banca e talvez alguns outros jogadores à mesa. Mas reparei que minha mente *esfria* quando me concentro no baralho. Principalmente se a aposta for muito alta e eu tiver de ficar concentrado. As horas passam como minutos.

Como se vê, dançar essa música com a Mentalidade do Macaco sai caro. Lidar com "altos" e "baixos" constantes acaba minando a energia do dinheiro.

A MENTALIDADE DO MACACO É TENAZ

A Mentalidade do Macaco está por trás de nossa obstinada recusa a mudar de comportamento com o dinheiro mesmo que ele esteja contra nós. Esse tipo de comportamento nos aparta do resto do reino animal. É possível ensinar um pombo a bicar uma alavanca para receber alimento: basta recompensá-lo toda vez que ele a bica. Mas, se a gente retirar a recompensa, o pombo continuará tentando durante algum tempo — depois desistirá dessa e de qualquer outra coisa.

Que bom se o aprendizado fosse tão fácil para as pessoas. Nós passamos anos e anos persistindo em comportamentos que não nos recompensam e somos até capazes de acrescentar um bocado de energia para justificar por que temos "razão" em agir assim. A Mentalidade do Macaco pode fornecer infinitos motivos para semelhantes comportamentos:

- Era para dar certo.
- Vai dar certo se eu tentar com mais empenho.
- Deu certo com outras pessoas.
- Deu certo uma vez, e eu sei que dará novamente.
- Não tenho tempo para fazê-lo de modo diferente.
- Eu sou assim e não posso fazer nada para mudar.
- Se eu persistir, a dor de fazer as coisas assim vai passar.
- Era assim que meu pai/minha mãe fazia.
- Não quero fazer como meu pai/minha mãe fazia.
- Preciso analisar por que faço assim antes de parar.

Pense na energia que empregamos para explicar que as coisas não são tão ruins assim ou por que temos de fazer o que fazemos. Às vezes esquecemos que a vida pode ser diferente.

Saiba que, avançando nesta jornada, você, redescobrirá como é a vida quando estiver livre da insanidade do dinheiro. Pode ser que, de vez em quando, ainda seja colhido pelos dramas diversionistas que você cria em torno ao dinheiro, mas terá a clareza de despertar e reconcentrar a energia.

VOCÊ NÃO É A MENTALIDADE QUE VOCÊ TEM DO MACACO

Os pensamentos da sua Mentalidade do Macaco sobre o dinheiro nada têm a ver com a sua verdadeira natureza. Ela não passa de um aspecto da sua mente, e você é muito maior que qualquer coisa que ele lhe possa atribuir.

Reconhecendo como a Mentalidade do Macaco trabalha, você minimiza as chances de se desviar quando estiver perseguindo suas metas. Isso é importante quando se lida com dinheiro, pois tal forma de energia aciona em nós os diálogos interiores mais irresistíveis e debilitantes. Como psicóloga, eu observei um sem-número de pessoas convencendo-se a si mesmas a renunciar a sonhos que podiam estar facilmente ao seu alcance. Quaisquer tentativas de motivá-las eram inúteis: elas avançavam alguns passos e logo paravam.

Quando compreender a Mentalidade do Macaco e souber que você *não* é essa conversa, não lhe faltarão oportunidades. Então ser-lhe-á possível solucio-

COMO IDENTIFICAR OS OBSTÁCULOS INTERIORES AO PROGRESSO   149

nar os Problemas na Fronteira. Você liberará energia para canalizá-la para os seus objetivos e sonhos.

Quanto da sua vida é vivida a partir da Mentalidade do Macaco? O exercício seguinte lhe dará o começo da resposta. É uma oportunidade de se pilhar conscientemente "dançando com a Mentalidade do Macaco". A chave, aqui, é distinguir as ocasiões em que você não age ou pensa conforme quem realmente é. É importante ter consigo seus Padrões de Integridade e suas Intenções de Vida ao fazer o exercício. Olhar para eles o devolverá a si mesmo.

Exercício: Dançando com a Mentalidade do Macaco

Você vai precisar levar consigo o caderno de espiral para anotar as observações que fará nos próximos dias. Tenha também à mão a lista de sintomas da Mentalidade do Macaco (vide as páginas 145-46) para identificá-los.

Durante dois ou três dias — nem mais nem menos —, aponte no mínimo três ocasiões por dia em que você se envolve com o pensamento da Mentalidade do Macaco. Faça-o no momento em que notar o sintoma. Qual foi ele? Você o manifestou em voz alta? Ou ele apareceu na forma de um diálogo interior? Se acaso esquecer de registrá-lo, tenha compaixão por si mesmo. Você está tirando a máscara de um estilo de pensamento que vem usando há anos. Ao descobrir que se esqueceu de anotar os sintomas, procure prestar atenção. Se recordar alguma conversa, anote-a. Se não, registre-a na ocasião seguinte. Faça apontamentos breves. Eles podem ser mais ou menos assim:

Segunda-feira, 10:15. Comparação. Bob não parece preocupado com sua apresentação. Eu estou, sem dúvida. O que há de errado comigo? (Falando comigo mesmo)

Segunda-feira, 12:45. Ser vago. Eu termino este orçamento lá pela semana que vem. (Falando com o supervisor)

Segunda-feira, 16:30. Defensivo. *Não é* que eu sempre esteja ocupado para falar com você! Tive um dia muito estressado, só isso! (Falando com a esposa)

Examine o que escreveu nos últimos dois ou três dias. Se tiver algumas anotações, ainda que poucas, parabéns! Este é um trabalho rigoroso. Agora leia os apontamentos. Oriente suas observações pelas seguintes perguntas. É melhor se você participar o que vir a uma pessoa da sua confiança.

1. Esses pensamentos foram, em sua maior parte, interiores ou eu os expressei a alguém?

2. Quais são os temas aqui? Trata-se de uma "Mistura de minhas Conversas da Mentalidade do Macaco Favoritas?

3. Como se sente o meu corpo quando percebo cada um desses sintomas? Eu fico tenso? Sinto-me diminuído? Parto para o ataque? Sinto um aperto no estômago? Rilho os dentes?

150 A ENERGIA DO DINHEIRO

4. Eu consegui detectar todos os sintomas antes que se manifestassem plenamente? Em outras palavras, consegui intervir a tempo? Como é fazer isso?

5. Existe alguma conversa especial da Mentalidade do Macaco que eu tenho com relação ao dinheiro? Se existir, qual é? Quando surgiu?

Quase todo mundo fica assombrado com a quantidade de conversa indesejável, desarticulada e até contraditória que ocorre em nossa mente. O que você viu? Começa a compreender a natureza da Mentalidade do Macaco? Fale com alguém sobre as suas descobertas. Se estiver em grupo, peça que cada pessoa contribua com pelo menos uma observação. O objetivo deste exercício não é erradicar o diálogo interior, e sim observá-lo. Parece um despropósito, tanto nós estamos acostumados a analisar e dar sentido a tudo que pensamos.

E se descobrirmos que 90 por cento ou mais dos pensamentos que nos ocorrem são, na verdade, irrelevantes para tudo quanto tem valor real para nós? Quando faço esta pergunta, a maioria das pessoas diz que ficou deveras aliviada.

Tendo feito isso durante uma semana, é possível que você tenha bem mais consciência das ocasiões em que a Mentalidade do Macaco está presente. Quando vê e fala a verdade sobre os sintomas que apresenta, eles perdem o domínio sobre você. Desmantelam-se — até a próxima vez. E cada vez vai ficando mais fácil.

Exercício: "Paz com Honra"

Assim como uma poça de água fica mais límpida quando não se agita a lama, a mente se estabiliza quando a gente a deixa em paz sem tentar medir-se com ela. Você pode experimentar isso recorrendo a uma técnica de meditação que me parece particularmente adequada a observar e serenar a Mentalidade do Macaco. Utilize-a sempre que notar a mente ficando superaquecida, como quando você pensa na possibilidade de fazer uma coisa que normalmente adiaria — por exemplo, um testamento ou um orçamento — ou qualquer tarefa relacionada com o dinheiro que anteriormente o haja estressado.

Para fazer este exercício, você só precisa de um lugar tranqüilo onde ficar. Pode sentar-se no chão ou numa cadeira. Comece reservando dez minutos. Aumente para vinte quando se sentir à vontade com a técnica. Faça-o uma vez por dia durante uma semana. Se possível, mantenha o mesmo horário, diariamente, para que se torne uma rotina.

Trata-se de uma meditação que lhe pede que se concentre na respiração. Sente-se confortavelmente, com o corpo ereto e a espinha reta. Repouse as mãos nas coxas, as palmas voltadas para baixo. Feche os olhos. Inspire, permitindo que o ar lhe encha suavemente os pulmões. Mantenha o abdômen relaxado. O abdômen relaxado não dá à Mentalidade do Macaco onde se segurar. Lembre-se de encher todo o pulmão. Expire, sentindo o ar que lhe sai pelas narinas. Ao terminar, faça uma pequena pausa antes de respirar novamente.

Aos olhos da sua mente, seja como uma onda. Ao expirar, você se espalha mansamente na areia de sua praia predileta. Espere um momento antes de voltar para o mar. Quando inspira, retorna ao oceano. Espere um pouco e, então, torne a

COMO IDENTIFICAR OS OBSTÁCULOS INTERIORES AO PROGRESSO 151

expirar. Faça isso durante todo o exercício. Sinta e observe a sua respiração quando o ar entrar e sair.

Encontrei uma frase na Bíblia que funciona bem aqui: "Fique tranqüilo". Ao inspirar, diga em silêncio aos olhos da mente "Fique"; e, ao expirar, "tranqüilo". Sua conversa interior se tornará menos perceptível. Periodicamente, o balbuciar se tornará mais alto. Você verá que ele vem e vai em ondas. Pensamentos que nada têm a ver com o presente flutuarão em sua mente. Deixe-os passar toda vez que isso acontecer.

As pessoas costumam contar que se surpreendem acompanhando inconscientemente esses pensamentos. Quando isso acontecer, simplesmente solte o pensamento e volte a ser a onda. Terminado o tempo, você terá uma sensação do ruído constante que está na base da vida cotidiana. Às vezes pensamos que esse barulho realmente significa alguma coisa. Você teve oportunidade de ver o quanto ele muda de um momento para outro, sem base em nada em particular. Talvez note como é difícil estar atento à vida quando a gente pensa que o tagarelar tem significado.

Observar e deixar passar o seu processo mental aumenta-lhe o poder de coexistir pacificamente com a Mentalidade do Macaco. Eu lhe sugiro essa prática quando encontrarmos nossos próximos princípios. Esse poder lhe será muito útil na jornada heróica rumo aos seus objetivos e sonhos.

Se ainda acreditar que a Mentalidade do Macaco é *você*, faça a seguinte pergunta: se as conversas da Mentalidade do Macaco são você, *quem as está ouvindo ou escutando*? Você é muito maior que a Mentalidade do Macaco e nisto reside o seu poder.

Às vezes a única coisa necessária para escapar ao domínio da Mentalidade do Macaco é dizer a verdade quando estiver agindo ou pensando tolamente. Isso exige muita coragem. Como herói, você tem essa qualidade. Chegou a hora de demonstrá-la.

A SUA SUPOSIÇÃO BÁSICA

Como a Mentalidade do Macaco se apresenta para você? Um dos modos consiste em refletir sua Suposição Básica. Esta é uma decisão fundamental que você tomou na vida quando era muito jovem, uma conversa nuclear sobre si mesmo, os outros e a existência. Sendo um exemplo do pensamento da Mentalidade do Macaco, sua Suposição Básica é uma decisão limitadora. Você passou a maior parte da vida reunindo evidências em seu favor ou contra ela. Nós vivemos nossa Suposição Básica ou "sendo ela", ou "sendo o seu oposto". As Suposições Básicas são extensões dos instintos de luta, de fuga ou de congelamento.

Sua Suposição Básica define como você vê a vida e como a vive. Quanto mais perto estiver de enxergar a sua, tanto mais você perceberá que ela é capaz de lhe sugar a energia, tornando sua relação com o dinheiro mais difícil do que precisa ser. Sua Suposição Básica integra de tal modo o filtro através do qual você vê a vida que você nem sabe que esse filtro existe.

Eu gosto muito desta citação do *I Ching*: "Antes do início do grande brilho, deve haver caos. Antes que uma pessoa inteligente inicie uma coisa grandiosa, ela deve parecer louca à multidão". Eu vivi isso numa fria manhã, em Sacramento, há quinze anos. Vi-me à beira de um novo começo, pronta para ingressar em meu novo destino. Depois de meses de planejamento, sonho e muito trabalho, estava diante da classe em meu primeiro Curso Você e o Dinheiro. Era a terceira aula num programa de dez. As vinte mulheres presentes tinham recebido a tarefa de equilibrar a conta corrente até o último centavo. Embora eu soubesse que, para muitas, não seria nada fácil, fiquei atônita ao verificar que só umas poucas haviam feito a tarefa.

Olhei para a turma com um aperto no peito. Senti os braços pesados, e algo aconteceu comigo. Frustrada, decepcionada e talvez furiosa, fiz um duro e improvisado "sermão" sobre a falta de compromisso e de coragem daquele grupo preguiçoso. A classe ficou totalmente em silêncio.

Minha amiga Rita estava à porta e, quando parei para respirar, fez sinal para que eu saísse. Pedi licença e fui ter com ela no corredor.

— Que aconteceu? — Rita perguntou. — Você está tão zangada. Foi muito dura com elas.

— É simples! — respondi. — Eu não vou mais continuar com este curso. Não sou capaz. É demais para mim. Se uma pessoa melhor o estivesse dirigindo, todas teriam feito a tarefa. Comigo não.

Rita se mostrou preocupada:

— Você está muito nervosa. Que aconteceu afinal?

— Eu *não* estou nervosa. É a pura verdade! Não sou capaz de dar este curso.

— Como não é capaz?

— Ora, é muito simples: eu não sou capaz. Não tenho o que é preciso para dar um curso sobre dinheiro. Nem curso nenhum. Devia ter escutado a mim mesma quando comecei. Sabia que não ia conseguir.

Parei um instante e olhei para a janela da classe. Dei com vinte narizes comprimidos na vidraça. Vinte pares de olhos me espiando. Foi tão engraçado que comecei a rir. E a me sentir uma idiota!

Mas o riso desmanchou alguma coisa e eu me recompus, pedi desculpas e continuei a aula. Todo mundo ficou aliviado, inclusive eu. Embora fosse o tipo de coisa que deixava qualquer um nervoso, mais tarde, lembro de ter dito a Rita o quanto aquilo me parecia familiar.

O sentimento de humilhação e o padrão "não sou capaz" que o acompanhava estavam comigo fazia muitos anos e reapareciam toda vez que eu iniciava algo novo. Naquele dia, vinculei-me à idéia que mudou a minha existência — e pode mudar a sua. Vi a Suposição Básica que eu tinha na vida e o quanto ela afetava minha relação com o sucesso e o dinheiro. Minha Suposição Básica era "eu não sou capaz".

Qual um buraco negro, no espaço, que altera, invisível mas poderosamente, a órbita de qualquer corpo que se aproxima dele, nossas Suposições Básicas exercem uma força capaz de tingir, distorcer e modificar nossas melhores intenções. Fazem com que atingir um objetivo pareça impossível e nos dissipam a determinação. Às vezes, até provocam comportamentos como minha crise de mau humor diante da classe.

No Curso Você e o Dinheiro, consegui ver que, mesmo já adultos, nós olhamos com assustados olhos de criança ao pisar território desconhecido — assim como ao atravessar a Fronteira entre a realidade metafísica e a física. E quando o território desconhecido envolve dinheiro, nossas Suposições Básicas ficam particularmente poderosas.

Mesmo com meu trabalho anterior sobre as Suposições Básicas, eu nunca tinha sentido os efeitos fundamentais tão profundamente nas células como naquela manhã no primeiro Curso Você e o Dinheiro. Senti, no corpo, a reação "eu não sou capaz" quando meus ombros caíram. Meu tom de voz ficou definitivamente choroso e eu cheguei a sentir o rosto endurecer. Essas quatro palavras estavam no fundo de quase toda minha vida. Tocavam o meu núcleo. Faziam com que eu me sentisse uma tola. Mas, quando vi a Suposição Básica, houve uma mudança. Após a dor inicial do reconhecimento, ela perdeu grande parte de seu poder de provocar meu comportamento.

Eu sabia que, se todos pudéssemos enxergar nossas Suposições Básicas, conseguiríamos, talvez pela primeira vez, cessar de reativar automaticamente a visão de crianças assustadas de nossas opções e de nosso poder quando desafiados. Conseguiríamos compreender que criamos uma noção falsa e limitada de quem somos e saberíamos deixar de lado essa percepção inautêntica. Isso nos libertaria para agir como os heróis que somos. Quinze anos e milhares de pessoas depois, comprovou-se a verdade. Para mim, o "eu não sou capaz" já não consegue assustar-me quando aparece. Aliás, passou a ser um sinal de que estou dilatando minha zona de conforto.

Mais adiante, neste capítulo, você terá oportunidade de começar a trabalhar no sentido de identificar sua Suposição Básica. Ainda que seja improvável que tome uma decisão nuclear aqui, pelo menos verá o que há na periferia dela. Tudo quanto você descobrir lhe dará espaço para respirar na relação com o dinheiro.

A REAÇÃO DE SUSTO

A idéia da Suposição Básica tem raízes na pesquisa psicológica da década de 50, que estudava a reação das pessoas às emergências. Essa pesquisa desenvolveu a hoje conhecidíssima idéia da "reação fugir ou lutar", quando, em resposta ao estresse, o corpo produz adrenalina e outras substâncias que o capacitam a defender-se ou fugir do perigo. Inicialmente, a "reação fugir ou lutar" bem desenvolvida dos seres humanos foi um instrumento de sobrevivência decisivo; porém, no fim do século XX, verificou-se que ela cobra seu preço ao corpo. A literatura sobre o *stress* está repleta de pesquisas sobre os efeitos nocivos das situações que provocam tais reações. Os cientistas também notaram uma terceira resposta às emergências: paralisar-se, como fazem muitos animais na esperança de se proteger fundindo-se literalmente com o meio ambiente.

Em meu trabalho, descobri que, quando a pessoa está sob *stress*, sentindo algum tipo de perigo, suas respostas psicológicas também se ajustam ao modelo lutar/fugir/paralisar-se. E em cada indivíduo predomina uma dessas respostas. Alguns querem fugir, evitando o que temem. Outros se tornam combativos. E há os que se paralisam. Sabe-se como é feita cada escolha particular? Não. É bem provável que se descubra que cada pessoa tem uma predisposição genética a uma das três reações. Sua tendência pessoal a lutar, fugir ou paralisar-se molda-lhe a Suposição Básica.

Por exemplo, minha Suposição Básica "eu não sou capaz" é uma reação de fuga, e eu a detesto. Gostaria de ser uma lutadora, mas descobri que *a Suposição Básica da qual cada um menos gosta é que melhor se ajusta a ele*. Todos temos uma aversão natural a nossa Suposição Básica. Nós a detestamos porque ela é a idéia usada reiteradamente para nos limitar as possibilidades. É o nosso freio particular. E também reflete a pessoa que receamos ser. É a verdade horrenda de cada indivíduo, seu "defeito fatal" — ou pelo menos é isso que ele teme.

Todo mundo tem uma Suposição Básica. Esta nunca desaparece e geralmente não muda. Todavia quando a gente a vê, quase sempre ela perde o poder. Você continua sentindo a mente produzir versões do "Não se mova!" ou "Corra!" ou "Lute!" em reação ao perigo, porém, como diz o brilhante professor Ram Dass, "O diálogo interior já não dura muito". Cessa de lhe impedir o progresso.

O SURGIMENTO DA SUPOSIÇÃO BÁSICA

A Suposição Básica se forma quando a gente é criança e depara subitamente com um choque ou uma perda. Pode ser uma coisa que hoje lhe pareça banal, mas, na época, pareceu-lhe uma questão de vida ou morte. Talvez você tenha acordado durante a noite e a luz estava apagada. Sozinho, confuso e com medo, tentou compreender as circunstâncias e salvar-se. Seu corpo, dependendo de suas inclinações, quis lutar, fugir ou paralisar-se. É possível que você não tivesse a capacidade de expressão verbal para explicar o que estava acontecendo, mas sua memória permaneceu vívida.

Com o passar do tempo, a Mentalidade do Macaco envolveu a experiência em palavras e imagens. E formou uma conclusão como:

COMO IDENTIFICAR OS OBSTÁCULOS INTERIORES AO PROGRESSO   155

- Não sei (o que fazer, como me salvar): reação de paralisar-se.
- A vida é dura (e eu nunca estou a salvo nem conto com nada): reação de fugir.
- As pessoas não prestam (Onde estava minha mãe quando eu precisei? De quem é a culpa disso?): reação de lutar.

Com o tempo, essa conclusão ganhou vida própria e tornou-se o filtro pelo qual você passou a ver os fatos da vida. Muito depois de ter tomado a decisão sobre como o mundo funciona, você continua reunindo evidências para provar que ela é correta — mesmo que não tenha a menor idéia de qual é sua Suposição Básica ou sequer de que possui uma. Ou então reúne evidências para provar que ela *não é* verdadeira — porque lhe é de tal modo nociva que você se recusa a acreditar nela.

Por exemplo, o oposto da Suposição Básica "eu não sou capaz" é "eu também sou capaz!" Eu o digo em tom defensivo e com um dar de ombros, desafiando qualquer um que se interponha em meu caminho. Nessas ocasiões, farei qualquer coisa para provar às pessoas que sou capaz ou até supercapaz. Foi a atitude que ostentei ao investir 35 mil dólares numa nota promissória sem aval. Os amigos me alertaram, mas eu queria mostrar-lhes que estavam errados e que "eu era capaz" de fazer uma boa aplicação financeira.

Sendo a Suposição Básica o nosso próprio invólucro, é praticamente impossível vê-la. Isso cria uma das tarefas mais difíceis e importantes do herói: identificar o seu retrato limitado e inautêntico que, com tanta freqüência, lhe suga a energia que podia ser empregada para impulsioná-lo rumo aos seus sonhos.

VER O INVISÍVEL

Nossa Suposição Básica é invisível para nós. Não a pensamos, nós a *somos*.

Cada qual vê sua Suposição Básica como *a verdade* da vida, e ela parece transcender qualquer possibilidade de escolha. Apresenta-se como um dado, não como uma opção. Por exemplo, quando estou em poder do "eu não sou capaz", não existe o que me convença de que esta é uma simples decisão que tomei há muito tempo, na infância. Pouco importa que seja ilógica ou incoerente. É absolutamente real para mim no momento, e eu sempre posso encontrar um meio de provar que meus sentimentos se justificam.

Muitos pais me contaram que sabem quando os filhos estão tomando decisões limitadoras na vida. Mas é impossível deter o processo, que tem existência própria. Recentemente, vi isso acontecer por ocasião de uma visita ao Disney World. Eu ia andando à frente de um homem com a filha de 4 anos que, além de vestir uma camiseta do Disney World e um gorro do Mickey, levava uma bexiga na mão. No caminho, virou-se para o pai e pediu:

— Papai, compra um sorvete para mim?

— Agora não, meu bem. Está quase na hora do almoço.

— Oh — disse ela. — Você *nunca* me dá nada que eu quero!

Seria o surgimento da Suposição Básica "As Pessoas Não Prestam"? Difícil de dizer com certeza. Afinal, toda criança tem momentos assim. Mas nós sabemos que a menina estava tomando uma decisão na vida naquele momento, independentemente do que seu pai dissesse ou fizesse. E seria inútil ele argumentar que acabava de comprar o gorro, a camiseta e a bexiga que ela pedira. A garota havia tomado uma decisão com base em sua exigência mais recente e ponto final!

Vejamos agora como a Suposição Básica nos afeta numa situação mais "adulta".

Tendo descoberto sua Suposição Básica, Marlene contou o seguinte aos colegas de curso:

> MARLENE: Minha Suposição Básica é "A vida é dura", um claro padrão de fuga. Agora que a estou enxergando, lembro-me de ter me inscrito num curso de corte e costura há um ano. Nossa primeira tarefa era confeccionar uma roupa que fosse bonita e de algum modo significativa. Cada uma ia criar sua "obra de arte" pessoal. Eu tinha quinze dias para conseguir o material. Cinco dias antes da aula, resolvi ir a um bazar a trinta quilômetros de distância. Tinha ouvido dizer que lá iam vender tecidos antigos com um belo estampado. No domingo, acordei às seis horas da manhã para chegar a tempo. Fazia frio e havia neblina, mas fui assim mesmo. Acontece que não havia bazar nenhum. Eu escolhera o fim de semana errado. Aliás, isso não me surpreendeu. Tudo indica que é assim que lido com as situações novas: tornando-a ainda mais difícil do que necessário, tanto para mim quanto para os outros.

Antes que Marlene descobrisse sua Suposição Básica, se lhe perguntassem se "a vida era dura", quando estava a caminho do bazar, é possível que ela respondesse que não. Com certeza diria: "Não é tão dura assim. Por que está perguntando?"

OS TRIBUTÁRIOS DA SUPOSIÇÃO BÁSICA

Com o passar dos anos, a Suposição Básica se torna tão onipresente que desaparece no tecido da vida. Mas a gente pode ver o efeito das decisões tributárias mais conscientes. Por exemplo, você pode ter, no fundo, uma Suposição Básica de fuga, porém a cercou de decisões de luta e/ou paralisia. O diagrama a seguir mostra a árvore da Suposição Básica. É diferente em cada um.

Fazendo os exercícios abaixo, é pouco provável que você chegue a sua Suposição Básica nuclear. Contudo, à medida que for encontrando seus tribu-

Exemplo de Árvore da Suposição Básica

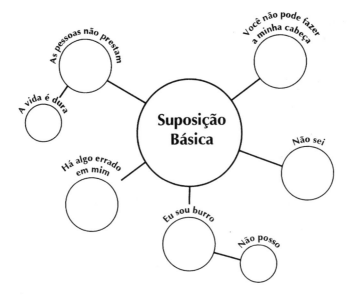

tários, há de começar a aproximar-se dela. É como entrar num labirinto, explorando todos os caminhos. Se estiver disposto a investigar cabalmente os tributários, verificando de que modo cada um lhe afetou a vida e a relação com o dinheiro, haverá um momento em que você abrirá caminho para o centro.

É possível ouvir os tributários em sua cabeça. São as vozes que comentam, criticam e o incitam quando você parte em busca de suas metas. Pode-se reconhecê-los como a tagarelice da Mentalidade do Macaco. A Suposição Básica e suas ramificações moldam as coisas que a gente ouve a Mentalidade do Macaco dizer.

Eis alguns exemplos de decisões que formam a Suposição Básica ou suas ramificações. Muitos ficaram aliviados por dizer as palavras em voz alta em vez de "sê-las".

SUPOSIÇÕES BÁSICAS DE FUGA

- Eu sou burro!
- Não sou capaz!
- Há algo errado comigo!
- A vida é dura!

SUPOSIÇÕES BÁSICAS DE PARALISIA

- Eu não sei!
- Não tenho certeza!
- Não é isso!

SUPOSIÇÕES BÁSICAS DE LUTA

- Vou fazer isso à minha maneira!
- As pessoas não prestam!
- Você não me engana!
- Afaste-se!

A Suposição Básica se expressa diretamente no seu corpo. Quando você está falando por meio dela, seu tom de voz muda. Sua postura sofre modificações. Sua expressão facial chega a se alterar. Talvez você sinta tensão. Pode ser que seu coração dispare. Grupos de sintomas reaparecem como velhos, conhecidos e indesejáveis companheiros. Muita gente procura abrir caminho à força em meio à reação da Suposição Básica. Outros param e ficam esperando que ela desapareça. Esperando a vida inteira, é claro.

A Suposição Básica é capaz de limitar o modo como a gente vê a vida — mas cada qual tem um antídoto contra essas limitações em seus Padrões de Integridade e em suas Intenções de Vida. Comparando-os com os ditames da Mentalidade do Macaco, você terá um quadro claro de "quem você *não é*" *versus* "quem você é".

Os exercícios que se seguem destinam-se a enfocar nitidamente "quem você não é" de modo a poder vê-lo pelo que ele é. Isso cria um espaço, em seu coração, para ver quem você realmente é, mesmo que haja muita tagarelice em sua cabeça.

Exercício: Tentativas e Tributários

Você precisará do caderno e da caneta e pode fazer este exercício em segmentos de dez ou quinze minutos. Se quiser, faça-o algumas vezes durante as próximas semanas, tomando uma ou duas perguntas por vez. Isso não interferirá em nenhum outro trabalho que esteja fazendo no caderno. Fazer este exercício muitas vezes ajuda-o a mapear suas respostas e ver os padrões que se desenvolvem.

Escreva as respostas às seguintes perguntas. Seja breve e objetivo. Seja absolutamente sincero. Repare nas sensações de seu corpo e em sua postura. Não é hora de respostas pseudoliberais ou "esclarecidas". Como diria Joan Rivers: "Podemos bater um papo?"

COMO IDENTIFICAR OS OBSTÁCULOS INTERIORES AO PROGRESSO   159

1. Você acaba de herdar um milhão de dólares. Um parente pede um empréstimo de 50 mil sem garantia.
   a. Qual é a primeira coisa que lhe ocorre? Seja franco.
   b. Quais são suas sensações físicas neste momento? Você está tenso, sente calor, sente frio?

2. Pense numa ocasião em que você deixou de concluir uma coisa que prometeu fazer. Seja específico. Pense em nomes, datas e lugares.
   a. Por que motivo não cumpriu a promessa? O que aconteceu?
   b. Quando você pensa nisso agora, de quem é a culpa de você ter deixado de cumpri-la? (Não responda "minha", a não ser que realmente lhe tenha ocorrido dizer isso.) Por quê?

3. Nos últimos dez anos, houve um aumento do número de falências pessoais registradas.
   a. Em sua opinião, o que leva uma pessoa a falir?
   b. O que você sente ao dizer isso?
   c. Repare nas sensações de seu corpo. Quais são?

4. Pense num lugar, no trabalho ou numa relação pessoal, em que você sabe que não opera nos seus Padrões de Integridade.
   a. O que o impede de evitar isso?
   b. Quais são suas sensações físicas ao escrever esta resposta?

5. Você está prestes a falar diante de um grupo de pessoas que mal conhece. Vai lhes contar precisamente, até o último centavo, quanto leva para casa por mês.
   a. Que pensamentos lhe vêm à cabeça quando você se imagina fazendo isso?
   b. Surge alguma emoção?
   c. Repare em suas sensações físicas.

6. Pediram-lhe que apresentasse o balanço anual ao diretor de sua empresa. Deram-lhe duas horas para se preparar.
   a. O que você pensou ao ler isto? Anote tudo, mesmo que seja pouco relacionado com o assunto.
   b. Por que você fracassaria nessa tarefa?
   c. Repare nas suas sensações físicas.

7. Pedem-lhe que compute a sua renda bruta.
   a. Seria difícil? Por quê?
   b. Que sentimentos você tem?
   c. Repare em suas sensações físicas.

8. Você acaba de receber uma carta dizendo que sua declaração de renda do ano passado caiu na malha fina.
   a. Por que acha que isso aconteceu?
   b. Como vai lidar com a situação?
   c. Repare em suas sensações físicas.

9. Você está saindo de uma loja de disco depois de haver comprado alguns. Ao passar pela porta de segurança, o alarme toca. Um vendedor se aproxima correndo para impedi-lo de sair.
   a. Qual é o seu primeiro pensamento? O que você faria?
   b. O que sente ao pensar nessa situação?
   c. Repare em suas sensações físicas.

160   A ENERGIA DO DINHEIRO

10. Cite um sonho que você teve durante algum tempo e do qual desistiu.

a. Qual foi? Seja específico.

b. Quando você renunciou a esse sonho? Em que circunstâncias? Repare em suas sensações físicas.

11. Você comprou um livro sobre prosperidade financeira há três meses. Estava entusiasmado na época, mas não passou das três primeiras páginas.

a. Quais são os seus motivos? O que o impede de ler e muito menos de pôr em prática o que o livro sugere?

b. Você fez isso antes? Quando? Diga a verdade. Repare em suas sensações físicas agora.

12. Você pretende falar com seus filhos (marido/mulher, companheiro/companheira) sobre um tema que envolve dinheiro, mas ainda não o fez.

a. O que o impede de fazê-lo?

b. Que preocupações emergem quando você pensa nisso?

c. O que está sentindo no corpo neste momento?

Essas perguntas não são de modo algum fáceis de responder. Visam trazer seus tributários à superfície. Você conseguiu chegar a algumas frases diferentes? Escute-as. Procure fazer com que sejam declarativas. Por exemplo: "Eu acho que pouca gente é realmente confiável" ou "Tenho a impressão de que são pouquíssimas as pessoas confiáveis neste mundo" não são frases declarativas. Uma decisão é precisamente assim: "A gente não pode confiar em *ninguém*!"

Você constatou que suas respostas são de fuga, de luta, de paralisia ou uma combinação das três? Embora sua Suposição Básica seja uma dessas reações, é possível que seus tributários sejam de qualquer uma das três. Discuta com um amigo o que descobriu. Está disposto a autorizá-lo a dizer-lhe o que pensa quando você estiver dando uma resposta de luta, de fuga ou de paralisia? Isso lhe dará um excelente *feedback*. Você pode lhe pedir que conte como é sua expressão facial nessas ocasiões.

Essas frases lhe parecem familiares? Houve outras oportunidades, na vida, em que as ouviu mentalmente? O que você estava fazendo? O que fez a seguir? Reserve tempo para explorar todos os efeitos dessas afirmações em sua vida.

Pode ser que, apenas com este exercício, você não encontre sua Suposição Básica. Desenterrá-la geralmente requer o apoio de um grupo numa situação estruturada, mas você se aproximará cada vez mais disso e terá uma visão muito clara dos tributários que fluem a partir dela à medida que repetir o exercício.

Você acaba de fazer um trabalho difícil, porém muito valioso, para identificar seus bloqueios mentais ao progresso. Parabéns! Na próxima seção, vamos ver a limpeza de seu caminho heróico pelo abandono de antigas crenças, prática do perdão e por fazer e cumprir promessas.

PARTE III

COMO LIMPAR O CAMINHO

PRINCÍPIO 7

ABANDONAR AS VELHAS CRENÇAS FAZ MILAGRES

Nos últimos capítulos, vimos o quão profunda e penetrantemente a Mentalidade do Macaco afeta a nossa relação com o dinheiro e o nosso pensamento sobre ele.

A Mentalidade do Macaco quer ter "razão" a qualquer preço — mesmo que precise fabricar "fatos" *incorretos* sobre o funcionamento da vida. Para ela, as decisões baseadas no medo que tomamos frente ao mundo e até nossas Suposições Básicas são reais e corretas. O Macaco considera a escassez sua maior inimiga e constrói todo um sistema de crenças em torno de seus temores e defesas contra os "inimigos". Os "fatos" sobre os quais somos absolutamente positivos, os pensamentos que nos dirigiram e formaram toda a nossa relação com a energia do dinheiro geralmente não passam de cortinas de fumaça que a Mentalidade do Macaco ergue para se proteger.

Mesmo quando ela está relativamente quieta, nossa mente se põe a trabalhar criando o que eu denomino "estruturas de conhecimento" para definir e esclarecer — precisa ou imprecisamente — o mundo que nos rodeia.

QUE SÃO "ESTRUTURAS DE CONHECIMENTO"?

Estrutura de conhecimento é um modelo mental do funcionamento das coisas. Contém todos os pensamentos, sentimentos, opiniões, crenças, atitudes, lembranças, sensações físicas e pontos de vista que cercam nossa presente visão de alguma coisa. Organiza tudo que sabemos do mundo.

As estruturas de conhecimento filtram a informação para nós. Imagine uma grade entre você e o mundo, feito um alambrado, que admite certa informação em sua consciência e mantém outras partes do lado de fora. Em nossa pré-história evolucionária, esse sistema de filtro era questão de vida ou morte. Tínhamos de ficar constantemente alertas para o perigo. Precisávamos interpretar e segregar as observações que nos preservavam a vida daquelas que não tinham importância para a nossa sobrevivência.

Nós criamos estruturas de conhecimento sobre tudo — o que é ser "bem-sucedido", o que significa ser um bom pai ou uma boa mãe, como devem ser as férias, quanto dinheiro devemos ter, como assar um peru, como dirigir um carro, que tipo de trabalho devíamos estar fazendo, tudo. Temos principalmente estruturas de conhecimento do dinheiro.

Às vezes, sabemos quais são nossas estruturas de conhecimento e, às vezes, não temos consciência delas. Jeff, um advogado que fez o Curso Você e o Dinheiro, estava consciente de que tinha uma estrutura de conhecimento, segundo a qual ele devia trabalhar nos fins de semana a fim de ter sucesso no escritório. Mas era inconsciente de outra estrutura de conhecimento que lhe dizia que, antes dos 40 anos, ele não podia esperar ganhar mais de 100 mil dólares por ano. Ver ambas, questionar-lhes a validez e superá-las afetou sua maneira de trabalhar. Quase sem esforço, ele se tornou mais eficiente, passou a ficar em casa com a família, nos fins de semana, e se dispôs a subir na vida.

Nossas estruturas de conhecimento podem estar tão profundamente engastadas que parece impossível pensar nas coisas de outro modo. Alice dirige um serviço de faxina doméstica e decidiu que não valia a pena ter mais que cinco empregados. Não se considerava uma boa empresária e vira os amigos às voltas com todo tipo de problema com as pessoas que trabalhavam para eles. No entanto, sua empresa era bem-sucedida, tanto que não tardou para que ela tivesse de dispensar alguns clientes. Um consultor administrativo a convenceu a sair de sua estrutura de conhecimento, de sua zona de conforto, e contratar mais trabalhadores. Alice empregou mais três pessoas e, então, a equipe floresceu. "Não entendo por que não fiz isso mais cedo", disse-me ela. "Eu estava presa àquele pensamento que me impedia de avançar. A verdade é que sou uma ótima empresária e até gosto disso!"

COMO FUNCIONAM AS ESTRUTURAS DE CONHECIMENTO

Nem sempre as estruturas de conhecimento são limitantes. Podem ajudar-nos a processar a informação e a lidar com ela — principalmente na infância. Porém é preciso desmantelá-las a fim de amadurecer e progredir ao longo da vereda heróica de tratar com a energia e aumentar nosso poder.

Por exemplo, aos 2 ou 3 anos de idade, você tinha uma visão particular da origem e da utilidade do dinheiro. Provavelmente acreditava que ele procedia de seus pais e servia para comprar brinquedos e guloseimas. Aos 5 ou 6 anos, é possível que pensasse que ele vinha do banco e servia para comprar bicicletas, sapatos novos e doces. À medida que foi crescendo, suas visões continuaram a evoluir.

O mais interessante é que, num determinado nível, trazemos conosco, à vida adulta, pedaços e partes de nossas antigas estruturas de conhecimento. Para ter uma relação eficaz com o dinheiro, precisamos descobrir quais são nossas estruturas de conhecimento e estar dispostos a nos livrar delas quando já não servirem. Então podemos empregar a energia que utilizávamos em sua manutenção para enfocar nossos objetivos e sonhos.

A Mentalidade do Macaco sempre quer que fiquemos apegados às idéias antigas e superadas — mas esse tipo de dependência é tão contraproducente quanto insistir em usar uma velha calculadora de manivela quando basta ligar o computador.

AS ESTRUTURAS DE CONHECIMENTO DO DINHEIRO

Nos capítulos precedentes, ao escrever sobre sua experiência com a escassez, o comportamento dirigido e a Mentalidade do Macaco, você deve ter notado certos temas recorrentes nas respostas que deu. Há de ter descoberto pensamentos e sentimentos que se repetiam e formavam padrões. Por exemplo, examinando seus equívocos com relação ao dinheiro, é possível que tenha visto que eles giravam em torno de padrões de comportamento repetidos.

> MYRA: A maior parte dos meus erros está em não ler o que vem escrito em letras miúdas, seja nos contratos de *leasing*, seja nos de consultoria, seja nas apólices de seguro. É esquisito observar isso, porque ao mesmo tempo eu escrevi, no exercício, que me sinto vítima dos outros. Quando estou prestes a assinar um contrato, eu "sei" que nada vai ser como planejei. Mas agora vejo que *sou eu* que me coloco em perigo por não prestar atenção nos detalhes importantes!

Os padrões de comportamento que você vê em suas respostas reflete suas estruturas de conhecimento — os paradigmas que sua mente cria em resposta à informação do mundo exterior. A missão do herói consiste em tomar consciência de nossas estruturas de conhecimento de modo a podermos decidir se elas são atualmente úteis ou não em nossa relação com o dinheiro.

Eis dois exemplos de como nos restringimos quando arrastamos conosco estruturas de conhecimento desatualizadas sobre o dinheiro e o trabalho da vida:

> BLAIR: Já estive com um consultor financeiro. Ele parecia não saber o que estava fazendo. Olhe, eu já experimentei uma vez. O que preciso, daqui por diante, é tomar minhas decisões financeiras. Agora entendo que ninguém sabe muito sobre investimentos. É tudo maracutaia.

KAREN: Há um monte de piadas sobre isso, mas eu tenho certeza de que não se pode confiar num advogado. Minha irmã teve problemas com o dela quando se divorciou. Portanto, por que vou contar ao meu todos os motivos pelos quais meu senhorio está me processando por perdas e danos? Ele não precisa saber.

Essa gente tomou decisões financeiras com base numa única experiência negativa. As decisões tornaram-se um esteio de sua estrutura de conhecimento e lhes restringem a capacidade de empreender a Ação Autêntica. Se Blair ou Karen repensassem e questionassem suas suposições, encontrariam soluções novas e criativas para os problemas. No entanto, insistindo obstinadamente em sua construção mental, não obterão senão razões, fatos e cifras que justifiquem sua postura — e estes parecerão irrefutavelmente corretos.

Ironicamente, ter *certeza absoluta* da correção de seus sentimentos ou opiniões é o melhor sinal de que você está limitado por uma estrutura de conhecimento. Sinal de que a Mentalidade do Macaco a está usando para um fim específico. Seu tom de voz não dá lugar a dúvidas. "Esta é a realidade da situação", diz. "Não pense em contestá-la." Claro, é exatamente aí que você precisa fazer algumas perguntas.

QUANDO ABANDONAR

Mesmo as estruturas de conhecimento mais profundas podem perder a utilidade e circunscrever nosso mundo de um modo previsível e confortável que nos impede de ver e reagir às novas possibilidades. Como saber quando abandoná-las? Em *The Enlightened Mind: Anthology of Sacred Prose* [A mente iluminada: antologia de prosa sacra], Stephen Mitchell reproduz a seguinte história contada por Buda:

"Indo por um caminho, um homem vê um grande rio; sua margem mais próxima parece perigosa e assustadora, a outra, segura. Ele pega paus e folhas, constrói uma jangada, atravessa o rio e chega à outra margem. Agora suponha que, ao chegar, ele pegue a jangada, coloque-a na cabeça e siga seu caminho, levando-a aonde for. Estaria usando a jangada de maneira adequada? Não. Um homem sensato perceberá que a jangada foi muito útil para atravessar o rio e chegar a salvo à outra margem, mas que, uma vez do outro lado, é melhor abandonar a jangada e prosseguir sem ela. Isso é usar a jangada adequadamente. Do mesmo modo, todas as verdades devem ser usadas para as travessias; não convém levá-las consigo depois de haver chegado. É preciso abandonar até mesmo o *insight* mais profundo do ensinamento mais completo; quanto mais os dos ensinamentos incompletos".

Nós precisamos formar alguns paradigmas ou estruturas de conhecimento duradouros para que o mundo tenha sentido. As pessoas com distúrbios neurológicos carecem de parâmetro mental para compreender o que vêem e experimentam e ficam continuamente desorientadas. Mas as estruturas de conhecimento ultrapassadas também podem desorientar qualquer um de nós e pesar-nos nos ombros qual uma jangada.

Na visão da Mentalidade do Macaco, uma verdade deve durar a vida inteira. Porém todas as estruturas de conhecimento têm uma vida útil, um período específico de serventia. Conservá-las além do tempo é condenar-se à estagnação. Ouse abandoná-las e você estará criando o futuro.

Nem sempre é fácil ver quando conservamos uma estrutura que não funciona:

GREG: Eu sei que é tolice, mas não consigo jogar nada fora. Minha garagem está repleta de livros, jornais e equipamento de ginástica velhos. Cheguei até a alugar um espaço para guardar mais coisas ainda. Afinal, um dia eu posso precisar delas. Mesmo o Volkswagen enferrujado que eu usava no tempo da faculdade está na garagem. Meus amigos me gozam. Perguntam se pretendo usá-lo para colocar plantas. Lembro-me muito bem do que era ser um estudante pobre. Eu não tinha nada. Guardei tudo. E continuo guardando.

ALICIA: Faz três anos que freqüento os Alcoólicos Anônimos para lidar com o alcoolismo de meu marido. Consultei um terapeuta que teve a coragem de me propor... a mim, imagine!... que parasse de jogar! Ora, eu sei que o verdadeiro problema é a bebedeira de Harry. Se ele parasse, nossa vida ficaria mais fácil e talvez eu não me sentisse estressada a ponto de precisar buscar alívio nos caça-níqueis.

As estruturas de Greg e Alicia os levam a acreditar que a vida é assim — eles têm toda razão de fazer o que fazem e não há necessidade de mudança. Porém certos sintomas reveladores nos dizem quando é hora de parar. Você precisa ultrapassar suas estruturas de conhecimento quando:

1. *A relutância e o medo lhe obstruem o desejo de seguir a jornada heróica.*

PHOEBE: Eu não consigo equilibrar minha conta corrente até o último centavo. Nunca consegui e não vou conseguir agora. Não me importa que conseqüência isso terá em minha situação financeira futura. Deve haver uma saída.

2. *Você usa a estrutura de conhecimento como desculpa para não cumprir suas promessas.*

TERRY: Eu sou um homem ocupado. Não tenho tempo para treinar para essa maratona de dez quilômetros. Sei que prometi juntar dinheiro e participar, mas estou quebrado. Talvez no ano que vem. Além disso, acho difícil pedir emprestado.

MARK: Sim, eu prometi a mim mesmo fazer uma coisa criativa. Mas o curso de arte provavelmente é caríssimo. Além disso, eu sei que não tenho talento.

3. *Você usa a estrutura para cultivar antigas mágoas.*

ED: Falar em empréstimo com meu irmão? Ele é o cara mais pão-duro que eu conheço. Nunca deu nada a ninguém. Sei que me mandaria para o inferno. Para que lhe dar essa satisfação?

4. Quando as circunstâncias se tornaram sufocantemente previsíveis.

BOB: O seminário financeiro vai ser como tudo o mais: eu posso ficar entusiasmado, mas acabo não fazendo nada com a informação.

DORIS: Eu sempre fico dura depois do Natal. Mas, puxa vida, não quero ser mesquinha com meus parentes e amigos. É uma das tribulações da vida. Se eu ganhasse mais, não seria tão grave.

5. Quando não há alegria ou satisfação nos fatos cotidianos.

ELLEN: Tudo bem, eu acabo de arranjar uma *personal trainer*. Sei que devia estar contente, mas não sei se ela é mesmo boa como diz. O mais provável é que eu esteja jogando dinheiro fora, como sempre.

6. Quando o futuro é muito parecido com o passado.

JOHN: Não posso nem pensar em fazer uma viagem ao Havaí nos próximos cinco anos, pelo jeito como vão os negócios. Sim, eu sei que digo isso há mais de três anos. Mas é verdade!

REGINA: Tenho muito com que me preocupar agora. Quando minha vida serenar, eu vejo se quero mesmo voltar a estudar. E duvido que isso aconteça em menos de um ano.

Pense bem no que cada uma dessas pessoas diz. A parte da estrutura de conhecimento que realmente as faz escorregar é a afirmação final. A de Terry é "Acho difícil pedir emprestado". Para Mark, parece que o maior empecilho é "Eu sei que não tenho talento". Quais são os obstáculos dos outros? Releia os depoimentos e veja se consegue descobrir o que atrapalha cada pessoa.

Ver é o primeiro passo. Porém mesmo quando a gente percebe que está se chocando com uma estrutura de conhecimento que já perdeu a utilidade, nem sempre é fácil livrar-se dela. Quanto mais velho você fica, mais complexas, sintonizadas e rígidas vão se tornando suas estruturas de conhecimento e passa a ser mais sofisticada a evidência que você apresenta para apoiar sua visão de mundo restritiva!

TIRAR A MÁSCARA DE MODO DELICADO MAS FIRME

O que é necessário para desmantelar uma estrutura de conhecimento? Na origem, a palavra desmantelar significa remover o mantel, ou seja, a capa ou muralha protetora que a cobre. Uma pessoa a descreveu como "tirar a máscara atrás da qual eu estava escondido". Você não a detona em pedaços. Se o fizer, a Mentalidade do Macaco terá a possibilidade de reunir a evidência irrefutável do perigo desse processo.

Pense numa estrutura de conhecimento delicada como um antigo relógio. Quando este pára de funcionar, o relojoeiro o abre e o examina com cuidado a fim de descobrir que peça está avariada e precisa ser substituída. O desmantelamento ocorre quando a gente procura com cuidado padrões no comportamento próprio, depois os vê e diz a verdade sobre seu funcionamento.

A observação consciente é a chave para ir além dos limites autodesenvolvidos. Não estou falando em analisar os motivos pelos quais você construiu determinadas estruturas em torno do dinheiro. Basta observar nelas a qualidade "simplesmente assim" para vê-las começarem a soltar-se e mudar. Você adquirirá certo espaço para respirar e avançar.

Ao observar essas estruturas, é de se notar a resistência da Mentalidade do Macaco, sua insistência em que seus pensamentos e sentimentos medrosos, assim como as evidências, são corretas. É possível que ela chegue a lhe gritar ao ouvido: "Volte! Volte! Isso só vai lhe trazer problemas". Talvez você se convença de que é uma questão de sobrevivência manter as coisas do jeito que sempre estiveram. Isso é particularmente verdadeiro quando se trata da relação com o dinheiro.

Embora seja preciso flexibilidade e coragem para desmantelar o que se criou na vida, muitos heróis, entre nós, enxergaram a necessidade de desmontar o que construíram para que houvesse progresso. Por exemplo, em 1967, Yitzhak Rabin conquistou território para Israel e foi exaltado como grande guerreiro. No entanto, em 1995, compreendeu que precisava devolver a terra para que seu país tivesse uma chance de paz — e não hesitou em desmantelar a estrutura do guerreiro para construir uma visão da vida que lhe permitisse ser um pacificador.

Ted, um bem-sucedido empresário e egresso do Curso Você e o Dinheiro, desmantelou a estrutura de conhecimento que o mandava fazer tudo sozinho. Sua empresa de exportação de plantas experimentou um grande sucesso quando ele passou a ter um *site* na *Web* e a divulgar o negócio. As transações aumentaram extraordinariamente. Até então, Ted fazia tudo sozinho. Cuidava da contabilidade, atendia ao telefone e recebia todos os pedidos. Quando começou a surgir uma quantidade imensa de negócios, contratou três pessoas — mas não delegou o trabalho para elas. Continuou se encarregando de tudo. Em certo ponto, viu que sua insistência em apresentar o *show* inteiro impedia a empresa de crescer. E desmantelou sua estrutura de conhecimento trabalhando com um consultor que desenvolveu sistemas que incluíam o trabalho de outras pessoas.

Ted disse que foi difícil aceitar a nova realidade porque simplesmente *sabia* que ninguém fazia as coisas tão bem quanto ele. Afinal de contas, estava no ramo desde sempre e o conhecia intimamente. Enquanto não se desfez daquela estrutura de conhecimento do que era necessário para administrar o negócio, não conseguiu expandir-se. Hoje, é dono de uma empresa de muitos milhões de dólares.

Outro homem, Paul, queria comprar um automóvel e descobriu que o mesmo modelo lhe custaria 8 mil dólares a menos se o adquirisse em outra cidade, a oitocentos quilômetros de distância. O problema era que estava convencido de que devia comprar o carro em sua cidade, pois a agência não se responsabilizaria se o fizesse em outra. Paul estava a ponto de desistir de fazer o negócio mais vantajoso quando finalmente viu, no Curso, que essa era uma estrutura de conhecimento. Telefonou para a agência local e descobriu que eles ficariam satisfeitíssimos em trabalhar com ele mesmo que comprasse o carro em outro lugar. Quase perdeu 8 mil dólares simplesmente porque *sabia* que não daria certo.

Sua experiência é uma reminiscência de algo que disse o filósofo inglês Herbert Spencer e é citado no volumoso livro da Alcoólicos Anônimos: "Há um princípio que serve de barreira a toda informação, de prova contra todos os argumentos e condena o homem à eterna ignorância: o princípio do *desprezo anterior à investigação*".

OS CÃES GÊMEOS: O PARADOXO E A CONFUSÃO

Para superar nossas estruturas de conhecimento do dinheiro, precisamos enfrentar as sentinelas gêmeas da vereda do herói: o paradoxo e a confusão. Muitas vezes representadas por dois cães de pedra à porta de muitos templos budistas, são um lembrete de que devemos passar por esses dois estados a fim de adquirir o esclarecimento. O paradoxo e a confusão têm muito a ver com o tema fundamental do dinheiro.

Ao desmantelar antigas e, por vezes, queridas crenças, é fácil ficar confuso. A confusão é um estado no qual, momentaneamente, nada é claro. É desconfortável conviver com ela porque a Mentalidade do Macaco adora a clareza. Quando as circunstâncias são nebulosas ou obscuras, ela entra em pânico. Nós nos sentimos levados a obter respostas para nossas perguntas e a eliminar toda dúvida ou ambigüidade.

Foi exatamente o que Ted sentiu quando deixou de fazer tudo sozinho. Não sabia se o negócio continuaria tendo sucesso nem como enfrentar o *stress* natural de abandonar uma antiga estrutura de conhecimento.

O que eu lhe peço, enquanto vamos fazendo o nosso trabalho aqui, pode lhe causar um desconforto momentâneo. Talvez você se sinta confuso mais tarde, quando se abrir para desmantelar sua estrutura de conhecimento do dinheiro. É possível que a Mentalidade do Macaco lhe diga que você não vai aprender nada novo com isso. Procure ficar com sua confusão. Ela lhe dará espaço para respirar e superar os pensamentos, julgamentos, lembranças, sentimentos e outras evidências que é preciso abandonar. Essas construções o trouxeram até aqui, mas não podem levá-lo mais adiante na jornada heróica.

Observe também se não surgem paradoxos quando você examina tudo que pensa e sabe do dinheiro. Paradoxo é uma afirmação ou um pensamento que se anula, levando a mente a uma espécie de beco sem saída. Parece virar o mundo de ponta-cabeça e, quando isso acontece, um novo ponto de vista tem oportunidade de aparecer. Um paradoxo típico começaria com uma afirmação como esta:

Meu nome é Maria. Eu moro em Sacramento, Califórnia. Todo mundo que mora em Sacramento é mentiroso.

Aí está o paradoxo: eu estou mentindo ou dizendo a verdade? Como saber? Envolva-se um momento com o enigma. Beco sem saída? Pode apostar! Os *koans* zens produzem um efeito parecido. *Koans* são perguntas sem sentido feitas a um estudante a fim de levá-lo a adquirir maior consciência da realidade por meio da meditação. Talvez você se lembre da famosa questão "Qual é o som de uma mão batendo palmas?" A resposta existe, mas escapa à estrutura lógica que criou a pergunta.

Quando estamos presos a uma estrutura de conhecimento, com a Mentalidade do Macaco a inventar justificativas lógicas para nos manter atados no mesmo lugar, desperdiçamos energia. Às vezes, temos de sair inteiramente da lógica para encontrar uma nova maneira de olhar para o que fazemos.

Nem sempre é fácil ocupar-se de perguntas em aberto como "Qual é minha lição aqui?" Enquanto elas não têm resposta, nós nos sentimos inacabados ou incompletos. Nada é claro e satisfatório, nada chega embrulhado para presente como quer a Mentalidade do Macaco. No entanto, conviver com nossas perguntas confusas e incertas afasta-nos das respostas cômodas que a Mentalidade do Macaco extrairia de nossas estruturas de conhecimento. E abre espaço para aquilo que precisamos saber agora. Há uma bela descrição desse processo em *Cartas a um Jovem Poeta* de Rainer Maria Rilke:

"Tenha paciência com tudo quanto há de irresoluto em seu coração e procure amar as próprias perguntas como se fossem quartos trancados ou livros escritos numa língua estrangeira. Não procure a resposta, que pode não chegar agora, pois você não conseguiria viver com ela. E o importante é viver tudo. Viva as perguntas agora. Talvez um dia, no futuro remoto, você encontre a resposta gradualmente, sem sequer perceber".

É interessante o que acontece com a relação com as nossas produções mentais quando desmantelamos as estruturas de conhecimento. Torna-se claro que não é *o que* você sabe, e sim *como você fica* com o que sabe que faz a maior diferença entre o sucesso e a facilidade, por um lado, e a frustração por outro. Por exemplo, se o que você sabe estiver "gravado em pedra para sempre", toda sua energia na vida concentrar-se-á em provar que tem razão.

Surge uma situação muito mais poderosa quando a gente se dispõe a questionar tudo quanto "sabe" a respeito do dinheiro. Você está disposto a manter todas as suas teorias numa espécie de vida latente enquanto as observa e verifica como elas interagem? Isso exige menos energia do que no primeiro cenário e o aproximará mais de seus objetivos.

No Curso Você e o Dinheiro, eu vejo constantemente heróis dispostos a conservar o paradoxo e a confusão. Uma senhora, Lana, não gostava do emprego em que estava e recebeu uma oferta em outra cidade. Ficou pensando no quanto seria bom largar aquele trabalho e mudar de cidade, mas, em vez de se demitir imediatamente, dispôs-se a continuar com a insatisfação e o desconforto. Em vez de arranjar outro emprego, como fizera no passado, permitiu-se passar algum tempo verificando em que consistia seu verdadeiro desconforto. Estava confusa, mas se deu conta de que a Mentalidade do Macaco continuava sendo a que falava mais alto em sua mente. Observou seus pensamentos saltando de uma decisão para outra. "Isso é o melhor. Não, *aquilo* é o melhor. Não, o melhor é *isto aqui.*"

No lugar de responder à pergunta "Eu devo mudar ou não?", Lana preferiu perguntar o que a incomodava tanto. Ocorreram-lhe respostas interessantíssimas. Uma delas foi o seu desejo de ser pastora. Simplesmente mudar de emprego e ir morar em outra cidade eliminaria parte do desconforto, mas não lhe daria essa resposta. A segunda coisa que viu foi que o relacionamento que vinha mantendo não ia nada bem. Chegou a pensar em convidar essa pessoa a se mudar com ela, mas percebeu que não daria certo. Em terceiro lugar, no setor dinheiro, constatou que, do modo como gastava, ela não teria como ingressar na faculdade de teologia, pois não conseguia economizar. Com tudo isso, viu que queria continuar no emprego em que estava, elaborar uma solução adequada para o relacionamento, simplificar a vida, economizar um pouco e entrar na faculdade. Hoje Lana é pastora.

Refletir sobre o paradoxo e a confusão também deu certo para um casal conhecido meu que queria comprar uma casa. Parecia ser um ótimo imóvel, com a localização perfeita, mas quando chegou a ocasião de assinar o contrato, começou a surgir um problema atrás do outro. Havia uma penhora que não lhes fora notificada, além de diversas outras questões. Eles começaram a perguntar se aquela era mesmo a casa que queriam comprar. Normalmente, teriam ficado muito zangados e frustrados com semelhantes dificuldades, teriam feito exigências ao proprietário e criado uma situação complicadíssima. Em vez disso, resolveram conviver com o problema durante algum tempo. Observaram sua confusão, sua raiva, sua frustração sem tomar uma atitude imediata. Por fim, viram que não valia a pena ficar com a casa. Tratava-se de um compromisso para eles, e os dois estavam tentando ajustar o imóvel àquilo que queriam — mas não ia dar certo. Ao ver tal coisa, compreenderam que era melhor recuar e evitar um conflito capaz de resultar numa ação judicial. Passaram mais um ano morando de aluguel, depois encontraram a casa perfeita pelo preço justo. Se tivessem insistido, tentando forçar uma solução, podiam acabar ficando com o imóvel que não queriam e com uma enorme despesa advocatícia.

Os heróis desenvolvem a capacidade de conviver com o paradoxo e a confusão à medida que vão ocorrendo. Não tiram conclusões prematuras. Permitem que exista o espaço amorfo, a lacuna, e não tentam colocar nada no lugar. Nesse espaço, a gente pode chegar muito mais longe do que imagina.

UMA MUDANÇA IMPORTANTE

O processo de criar e, depois, desmantelar estruturas de conhecimento ocorre durante toda a vida. E a tagarelice mental que defende furiosamente as estruturas que criamos também tentará impedir que as abandonemos. Portanto, como propus anteriormente, é interessante levar em consideração a possibilidade de que 90 por cento do incessante comentário mental sobre nossa vida não tenha nenhuma relevância em nossas circunstâncias e equivalha a uma regurgitação mental!

É o bastante para que você queira calar a boca da Mentalidade do Macaco de uma vez por todas. Porém parece que um dos paradoxos da vida é que quanto mais a gente procura livrar-se das dúvidas e preocupações, mais elas perduram. Se você simplesmente permitir que seus medos e suas preocupações continuem existindo — observando-os, dizendo a verdade sobre eles, mas deixando-os existir —, sua relação com esses produtos da mente mudará. Você já não será compelido a fazer o que quer que seja para que eles desapareçam. Pelo contrário, poderá usá-los para despertar à medida que avança na jornada heróica. Verá que suas experiências não são senão sua interpretação pessoal das situações da vida. Terá curiosidade por essas experiências, sejam elas alegres, dolorosas, difíceis ou felizes.

ONDE MORAM OS MILAGRES

Milagre é um fato comum que está fora de sua estrutura de conhecimento atual. Rainer Maria Rilke escreveu: "Seja você quem for, saia uma noite da casa que lhe é tão conhecida [...] o espaço enorme está perto".

"Milagre" é uma palavra aparentemente carregada de augúrio e magia. Mas quando falo em milagres, não me refiro necessariamente a uma experiência religiosa ou mesmo espiritual. Willa Cather acertou quando disse: "Milagre não é tanto um poder de cura que chega subitamente de longe e se aproxima, e sim o fato de nossa percepção ficar mais apurada, de modo que então nossos olhos podem ver e nossos ouvidos conseguem escutar o que sempre esteve perto de nós".

O potencial de milagre está sempre por perto. A única coisa que o oculta é a maneira como pensamos o mundo.

Grande parte do que você considera um lugar-comum pode lhe ter parecido um verdadeiro milagre, inclusive a primeira vez em que você respirou. Lembra da primeira vez em que conseguiu andar de bicicleta? Eu lembro. Ia de um lado para outro com meu velocípede, vendo os garotos maiores passarem em alta velocidade com suas bicicletas. Não entendia como eles conseguiam *ficar de pé*. Será que tinham fios invisíveis que os seguravam? Acaso eram dotados de uma habilidade atlética inimaginável? Como conseguiam? Então chegou o dia em que ganhei minha primeira bicicleta. Fiquei nervosa. Como seria capaz daquela proeza milagrosa? Recordo claramente o momento em que meu pai me empurrou e eu, assombrosamente, segui em frente! Senti no corpo o milagre do equilíbrio. Claro, poucas semanas depois, já nem pensava em me equilibrar, muito menos que aquilo fosse um milagre. É que andar de bicicleta já se integrara a minha estrutura de conhecimento.

Como foi receber seu primeiro salário? Ou visitar as montanhas pela primeira vez, fazer a primeira aplicação financeira ou praticar o esqui aquático pela primeira vez? Antes de experimentar essas coisas, é bem provável que você achasse que sabia o que o esperava. Mas, em retrospectiva, é provável que não tivesse a menor idéia. Esses fatos foram temíveis e maravilhosos. Foram milagres. Reserve um instante para pensar em outros eventos miraculosos, em sua vida, que agora parecem comuns ou previsíveis.

Quando você discerne um milagre e interage com ele, a abrangência de sua estrutura de conhecimento se expande para incorporar o fato. O milagre acaba perdendo a aura de maravilha e mistério e passa a ser ordinário. Pode até tornar-se um hábito. Porém, se você continuar dilatando as estruturas de conhecimento, sempre haverá um novo milagre ao seu alcance.

JAKE: Lembro-me de quando tirei carta. Finalmente pude pegar o carro sozinho. Que entusiasmo! Dei a partida e vi diante de mim toda uma vida de viagens. Nos primeiros quinze dias, não perdi uma única oportunidade de dirigir. Se minha mãe precisasse de alguma coisa do supermercado ou de onde fosse, eu me oferecia imediatamente. Mas, depois de algumas semanas, aquilo deixou de ser novidade. Uma tarde, minha mãe me pediu que fosse ao tintureiro e, pela primeira vez, a idéia de atravessar a cidade me pareceu uma chatice. A emoção se acabara. E agora? Para mim, dirigir é uma coisa óbvia. Um meio para atingir um fim. Não fico emocionado de manhã, quando ligo o motor para ir trabalhar.

Ora, se Jake fosse trabalhar para o Corpo da Paz num país do Terceiro Mundo, pode ser que dirigir um automóvel, lá, tornasse a adquirir as proporções de um milagre. Do mesmo modo, se passasse a tomar aulas de vôo, é bem provável que retornasse àquele estado de deslumbramento. A questão é que você já teve muitos milagres na vida. E, sem dúvida, há de querer mais. Nós só estamos lhe dando um meio mais sistemático de obtê-los.

COMO LIMPAR O CAMINHO

Lembra o quanto certas realizações suas pareciam impossíveis? Ter uma relação serena e satisfatória com o dinheiro é tão possível quanto qualquer outra coisa. Leve em conta que isso afetará sua relação com todas as formas de energia. É simplesmente questão de ser capaz de superar suas atuais estruturas de conhecimento.

OS MILAGRES E A JORNADA DO HERÓI

Viver a vida sabendo que ela é uma jornada heróica molda-o para se preparar para conseguir atingir o miraculoso, e esse preparo é crucial. Por exemplo, na história do Santo Graal, Percival não partiu simplesmente em busca do Santo Graal e o pegou. Primeiro, assegurou-se de que sua casa, sua mente e seus negócios estavam em ordem. Selecionou suas intenções e se abriu para reconhecer os sinais que lhe orientassem a busca. Seu treinamento e seu empenho permitiram-lhe resistir às tentações capazes de desviá-lo do caminho. Assim, ele conseguiu aquilo que os Cavaleiros da Távola Redonda não conseguiram: encontrou o Graal e o levou ao rei Artur.

Sua jornada para descobrir milagres na relação com o dinheiro é muito parecida com a busca de Percival do Santo Graal. Ao trocar o confortável e o familiar pelo miraculoso, você está preparando a mente para distinguir suas verdadeiras Intenções de Vida da tagarelice da Mentalidade do Macaco.

Como manter o curso ao se aproximar dos milagres? Você conhecerá momentos de arrepiar o cabelo. Os melhores cineastas do mundo contam que há dias de filmagem em que nada dá certo. O tempo fica ruim. O elenco adoece. O equipamento encrenca. A autorização para filmar numa determinada locação é subitamente negada. Nesses momentos, a Mentalidade do Macaco entra em ação gritando: "Se você tiver juízo, trate de conter as perdas e desista enquanto é tempo. Vamos sair logo daqui!" Este é o momento decisivo, e tudo depende de o diretor dar ouvidos ou não à tagarelice.

Os grandes cineastas apartam-se de suas estruturas de conhecimento e não dão ouvidos à Mentalidade do Macaco. Recorrem a sua própria visão, apesar dos reveses, e se colocam em condições de produzir um resultado miraculoso. Querer milagres apesar da insistência da Mentalidade do Macaco exige a disposição a operar fora da razão costumeira e a aventurar-se na confusão. Mas também exige a disposição a tomar as coisas passo a passo, com o apoio dos amigos.

Se você verificar por trás de toda a atividade, verá que foi isso que fizeram os cineastas. Não houve enormes feitos heróicos — foi uma questão de apenas ir colocando um pé diante do outro. Eles avançaram constantemente. Bem como fez minha amiga Josie com seu livro de contos. Ela me telefonou seis meses depois de participar do Curso Você e o Dinheiro para dizer: "Terminei meu livro e o estou submetendo aos agentes literários! Nunca pensei que chegaria a tanto, mas escrevi três páginas por dia, todo santo dia, mesmo quando não tinha vontade. No começo, achei que três laudas diárias não fossem suficientes, mas, três meses e meio depois, estava com o manuscrito pronto. É um milagre".

É O MACACO OU É VOCÊ?

A Mentalidade do Macaco desencadeia um falatório incessante quando nos acercamos dos limites de nossas estruturas de conhecimento. Mas às vezes o que ouvimos, na mente, se parece muito com a "voz serena" da sabedoria interior. Como saber se se trata da Mentalidade do Macaco ou se é a sabedoria que nos está alertando? Vejamos o que aconteceu a Matt.

> MATT: Acabam de nos pedir o orçamento de todo o madeiramento acabado de um grande projeto habitacional. Puxa vida! Parece um ótimo negócio e significa muito dinheiro para a nossa empresa. Vamos ter mais trabalho do que somos capazes de fazer durante pelo menos um ano, talvez mais. Vou ter de contratar pelo menos dez novos carpinteiros experientes. Talvez precisemos de um novo sistema de contabilidade e de mais uma pessoa no escritório. Não sei, não. Isso me deixa meio nervoso. Vai ser muito trabalho. Não me entenda mal. Eu quero esse contrato. Estou entusiasmado, mas só de pensar nisso fico atordoado.

Matt precisa adaptar seu modo de vida para encarar esse milagre que escapa ao que ele geralmente sabe e faz. A coisa o assusta um pouco. Fazer o que você sabe é sempre mais fácil. A Mentalidade do Macaco fica tão intratável quando a gente sai do familiar! No entanto, a alternativa é nenhuma expansão, coisa que costuma levar à estagnação. Seus sonhos são muito maiores que isso. Como saber o que fazer?

Há duas maneiras de dizer se é a Mentalidade do Macaco ou sua sabedoria interior que lhe está cochichando ao ouvido:

1. Quando é a Mentalidade do Macaco, seu corpo fica tenso. Você sente a mente superaquecida. Tem uma sensação de dúvida e preocupação. É como se sua sobrevivência estivesse em jogo e fosse necessário tomar uma providência *imediatamente*.

2. Aprenda a conhecer a diferença entre o *válido* e o *relevante*. A ansiedade, a dúvida e a preocupação de Matt são *válidas*. Com isso queremos dizer que são reais e genuínas. É possível que, com sua atual estrutura de conhecimento, ele não consiga assumir um projeto tão grande. Como nunca executou um trabalho dessas dimensões, não tem prova nenhuma de que vai conseguir. Sua preocupação é legítima. É sensata em face de sua atual estrutura de conhecimento. Agora vem uma pergunta diferente. O diálogo interior de Matt é *relevante*? Isto é, influencia diretamente a questão de ele dever ou não dever

agir no sentido de conseguir esse milagre? Talvez não. Veja as seguintes perguntas:

a. Matt deve esperar que seus pensamentos e sentimentos se acalmem para apresentar o orçamento? Provavelmente não. Independentemente do que se passa dentro dele, algo precisa ser feito imediatamente caso ele queira avançar.

b. Essa tagarelice é sinal de que lhe falta inteligência ou capacidade? Não. É uma reação normal diante de um grande passo. Todo mundo tem vozes interiores ativas nessas ocasiões. Mesmo assim, é interessante que geralmente sintamos que há algo errado em nós porque temos ansiedade ou medo diante de uma nova oportunidade.

c. A intensidade desse falatório vai diminuir? Talvez sim, mas ele sempre estará pronto para voltar. O falatório pode se reiniciar quando Matt chegar novamente ao limite de sua zona de conforto.

Às vezes, achar que tudo é tagarelice da Mentalidade do Macaco não ajuda. A gente continua sem saber o que fazer. E aí? Você olha e vê se o que está prestes a fazer corresponde às suas Intenções de Vida. Uma das Intenções de Matt era "ser bem-sucedido financeiramente". Por certo, esse contrato, que expandiria sua empresa, era relevante para isso. A seguir, ele verificou se expandir ou não a empresa mediante esse contrato estava de acordo com seus Padrões de Integridade. Entre estes figurava "criativo" e "aventureiro". Batalhar pelo contrato certamente refletia as duas qualidades. Neste ponto, Matt conseguiu enxergar a tagarelice mais claramente. Decidiu não esperar que ela cessasse. Considerou-a válida, mas irrelevante. Deu o grande passo e apresentou o orçamento. Também contratou um consultor financeiro para ajudá-lo na expansão. E acabou ficando com o projeto.

Acompanhar as Intenções de Vida e os Padrões de Integridade, não a Mentalidade do Macaco, cria oportunidades de milagre. Veja a diferença entre milagre e oportunidade. Oportunidade é uma abertura auspiciosa. Combina circunstância, tempo e espaço para produzir condições favoráveis a um determinado evento ou ação. A oportunidade pode incluir fatos previsíveis, que não exigem um esforço particular, como em: "Você teve oportunidade de ler o jornal de hoje?" Alguns desses fatos podem ser tediosos ou mesmo triviais. Já os milagres são fatos que surgem na abertura criada pela oportunidade. Não são uma extensão do passado. E provocam admiração e respeito.

A gente começa a ver milagres em toda parte quando desmantela as estruturas de conhecimento do dinheiro. Sem dúvida, ter lido até aqui desencadeou esse processo em você.

Exercício: Sua Estrutura de Conhecimento do Dinheiro

Este exercício visa tornar-lhe clara a sua estrutura de conhecimento do dinheiro. Lembre-se, a observação consciente é a chave da superação do seu paradigma. Para continuar a jornada, você deve saber onde está neste momento.

Ao fazer este exercício, você começa a desmantelar suas estruturas de conhecimento. Lembre-se, trata-se de um processo ontológico, não psicológico. Tem menos a ver com análise que com observação. Ao escrever suas respostas, você notará uma mudança no modo como encara o dinheiro.

Serão necessários várias folhas de cartolina, alguns pincéis atômicos coloridos e uma superfície plana na qual trabalhar. Procure ficar num lugar tranqüilo, que lhe permita a concentração. Reserve uma hora para este processo. Se quiser, divida-a em sessões de não menos de vinte minutos.

Pegue uma cartolina e coloque-a na superfície plana. Imagine que essa cartolina forma as bordas de uma grande caixa ou estrutura. Você está prestes a revelar tudo que há em sua estrutura de conhecimento do dinheiro e o fará mediante o uso de uma técnica simples de mapear a mente desenvolvida pela escritora Gabrielle Lusser Rico.

Escreva a palavra "dinheiro" no centro da caixa. Agora, utilizando uma cor viva, comece a anotar suas associações com ela. Faça-o traçando linhas divergentes a partir da palavra "dinheiro". Associação é qualquer palavra ou frase que lhe venha à mente quando pensa em dinheiro.

Pode ser que você descubra que essas palavras novas se associam ou vinculam a outras. Escreva-as também, permitindo que as idéias fluam livremente umas das outras. Quando esgotar as associações, retorne à palavra básica, "dinheiro". Veja se não lhe ocorre mais nada. Trabalhe depressa. Não é hora de analisar nem editar. Se não surgir mais nenhuma associação, verifique se as frases abaixo estimulam algum material novo:

1. O que significa para mim ter todo o dinheiro que quero
2. Em que eu sei que tenho razão com relação ao dinheiro
3. Por que quero dinheiro
4. A que devo renunciar para ter dinheiro
5. O que eu penso e sinto por aqueles que têm muito dinheiro
6. Até que ponto ter mais dinheiro mudará a minha vida ou a dos meus entes queridos
7. O que poderei fazer, tendo mais dinheiro, que não me é possível fazer agora

Você pode recordar poemas e ditados que lembrem dinheiro. Talvez lhe venham à mente títulos de livros ou de filmes, versículos da Bíblia ou trechos de outros textos religiosos. Coloque-os nesse mapa da estrutura do conhecimento. Vincule-os a tudo que lhe parecer adequado.

Ao terminar, você terá algo parecido com uma enorme teia ou rede. Certas associações estarão aglomeradas com muita linguagem descritiva. Outras ficarão isoladas.

COMO LIMPAR O CAMINHO

Pegue um pincel atômico de outra cor. Faça com ele um círculo ao redor das palavras repetidas ou que se assemelham em tom ou em espírito. Por exemplo, há algumas que aludem ao quanto é difícil viver bem? Há temas ligados à amargura, ao ressentimento, à confusão, ao entusiasmo ou ao prazer? Use uma cor diferente para cada um. São mencionados outros tipos de energia como o amor, a saúde, a criatividade, a auto-expressão e o bem-estar espiritual? Se não forem, eles podem ser facilmente substituídos pela palavra "dinheiro" no centro da cartolina?

Esse quadro, com todas as associações e cores, é uma representação gráfica de sua atual estrutura de conhecimento do dinheiro. É o modelo pessoal de como o dinheiro opera em sua vida e da maneira como você o vê no mundo. Pode listar muitas outras associações. Contudo, o trabalho que acaba de fazer é suficiente para lhe dar uma idéia do que o dinheiro significa para você. Essa estrutura o afeta toda vez que você lê um artigo sobre dinheiro, faz um curso de investimento ou assiste a uma aula de prosperidade. Serve-lhe de filtro quando procura fazer escolhas autênticas quanto aos seus objetivos e sonhos.

Durante pelo menos três dias, deixe esse mapa, com tudo que ele contém, num lugar em que você possa vê-lo. Faz parte do processo de observação. Acrescente as associações que porventura lhe ocorrerem nesse período. Se vir mais temas, cerque-os com um círculo colorido. Mostre essa estrutura a um amigo ou a uma pessoa que o conhece bem. Converse com ela identificando os padrões. Isso também o ajudará na capacidade de observar ou testemunhar o modo como sua mente desenhou sua relação com o dinheiro.

Anote o que descobrir sobre você e o dinheiro. Pergunte-se: "Existe um padrão, em meu pensamento sobre o dinheiro, que limita minhas opções? Quando leio o que escrevi, há itens com relação aos quais me sinto correto ou defensivo? Estou disposto a pensar em como seria se eu não me apegasse tanto a essa crença (ou pensamento, lembrança, sensação física)?" Examine as respostas. Há aspectos dessa estrutura de conhecimento que você prefere conservar? Sente alguma esperança, alegria ou entusiasmo? Escreva também sobre isso.

Fique a uma distância de pelo menos três metros da cartolina. Isso modifica sua experiência da estrutura de conhecimento? Parece haver muita energia em sua criação? Ela dá a impressão de se dissipar quando você olha para a estrutura no tempo? Escreva o que observar. Pode colocar um ponto vermelho ao lado de cada item que continua fazendo com que você se sinta incomodado ou ansioso. Ponha um ponto azul junto aos itens que lhe dão uma sensação de paz ou alegria. Isso será útil mais adiante, quando prosseguirmos com o processo de desmantelamento.

Enquanto observa sua estrutura de conhecimento do dinheiro, vou lhe pedir que faça uma coisa bem diferente com todo e qualquer sentimento ou tensão que tiver. Deixe-o estar, deixe-o ser o que é. Imagine que está com um cesto no colo. Coloque-o nesse cesto. Respire. Não faça nada com ele. Que você notou? Isso pode lhe parecer uma coisa muito fácil de fazer, uma coisa insignificante ou irrelevante. Mas prometo que, se fizer isso durante um período de vários dias, você se dessensibilizará para os elementos de sua estrutura de conhecimento que lhe são desagradáveis. Na verdade, torna-los-á tão familiares que eles come-

180 A ENERGIA DO DINHEIRO

çarão a perder a carga de energia. Será cada vez mais fácil superá-los e rumar para o miraculoso.

Finalmente, depois de quinze dias fazendo este exercício, repare se você vê algum milagre em sua relação com o dinheiro. Está aparecendo algum espaço para respirar ou certa clareza numa situação que o preocupa ou confunde? Que situação é essa? Seja específico.

Exercício: Desmantelar Mediante a Ação Autêntica

Há outra maneira de mudar a relação com sua estrutura de conhecimento do dinheiro. Consiste em fazer, deliberadamente, o contrário daquilo que você sabe que geralmente faz. Talvez não seja fácil: pode ser que a tagarelice mental aumente só de contemplar as ações abaixo. Mas, se estiver disposto, vá em frente. Não espere que a Mentalidade do Macaco se cale.

Anote no caderno o que descobrir. O tempo necessário para este exercício varia, depende do que você decidir fazer.

Escolha uma ou mais das seguintes ações. Empreenda-as nas próximas 72 horas.

1. Durante três dias, pague à vista tudo que você comprar. Não escolha os dias em que costuma saldar as contas mensais. Há mudança em sua experiência com o dinheiro? Qual? Surgem novos pensamentos ou sentimentos?

2. Guarde todos os cartões de crédito, durante uma semana, num lugar em que você não possa pegá-los facilmente. Qual é a sua experiência ao pensar em fazer tal coisa? A Mentalidade do Macaco já começou a tagarelar? (Seus dentes estão rangendo?) Faça-o assim mesmo e anote por escrito o que descobrir.

3. Nas próximas três vezes em que for fazer compras, dê de esmola dez por cento do que gastar. Escreva sobre sua reação ao fazer isso.

4. Conte a uma pessoa de confiança quanto você ganha por mês. Não pode ser alguém que já o saiba. Não precisa ser um colega de trabalho. Pode ser que as normas de sua empresa proíbam esse tipo de revelação. Seja essa pessoa quem for, conte-lhe que está fazendo isso como experiência. O que você experimenta?

Esses não são atos triviais. Destinam-se a ajudá-lo a ultrapassar os limites do que você sabe sobre o dinheiro em sua vida. Anote suas reações no caderno. Você está aumentando a capacidade de observar como se estrutura sua relação com o dinheiro.

COMO TORNAR-SE ESCLARECIDO

Ocorre um paradoxo quando a gente observa conscientemente o que está experimentando. Olhar, ver e dizer a verdade sobre uma coisa faz com que ela perca a carga emocional. É isso que significa purificar os pensamentos, as crenças e as idéias.

"A maioria das pessoas concebe o esclarecimento como uma espécie de conquista mágica", diz o escritor David Cooper, "como um estado do ser próximo da perfeição [...] mas, para quase todos nós, o esclarecimento se ajusta muito mais ao que Suzuki Roshi descreve. Significa ter uma qualidade do ser, um frescor, uma visão simples e não sofisticada das coisas."

A chave para encontrar milagres na vida consiste em desenvolver a capacidade de reconhecer o benefício que eles trazem. É o que os budistas chamam de "mentalidade de principiante". A gente pode desfrutar desse bem com qualquer idade. Abordar a vida com mentalidade de principiante é um importante avanço no modo como experimentamos o mundo que nos cerca, coisa que certamente inclui nossa relação com o dinheiro. Quanto a isso, estamos trabalhando no sentido de chegar a certo nível de esclarecimento. Estamos purificando os pensamentos, as crenças e as idéias que embaçam nossa capacidade de ver as coisas como realmente são.

PRINCÍPIO 8

O PERDÃO LIBERA A ENERGIA DO DINHEIRO

Pode lhe parecer estranho que o perdão tenha algo que ver com a energia do dinheiro. O perdão libera a energia ligada aos juízos e avaliações das pessoas baseados no que elas fizeram no passado distante ou recente. É, até certo ponto, como fragmentar um átomo, sendo que o efeito é movimento e poder no caminho rumo ao seu sonho. A gente avança mais depressa quando perdoa.

Ao perdoar uma pessoa, você desmantela suas estruturas de conhecimento sobre ela. Depõe as armas, despe a armadura e segue em frente. Fica mais leve. Se existe um ato de coragem, é esse. Como disse Laurence Sterne: "Só quem é corajoso sabe perdoar".

Eu fundamento este exercício em três perguntas sobre o perdão que aprendi com o padre Gerry O'Rourke. Na época, ele era administrador ecumênico da Arquidiocese de San Francisco e pároco da igreja de São Felipe. O padre O'Rourke se atribuíra a missão de ensinar as pessoas a perdoar. Eu aprendi com ele que o perdão do coração é possível mesmo quando a mente insiste em que há motivos para não perdoar. Com imensa gratidão, colhi sua visão do perdão e adaptei um processo que inclui essas perguntas. Elas aparecerão mais adiante neste capítulo.

O PODER DE ABRIR MÃO

O perdão ocorre quando abrimos mão, sistematicamente, das conclusões a que chegamos sobre as outras pessoas e as motivações de seus atos. Começa e termina com nossas próprias estruturas de conhecimento. Quase todos acre-

COMO LIMPAR O CAMINHO 183

ditamos que o que sabemos sobre os outros é exato. Isso é particularmente verdadeiro quando estamos zangados ou aborrecidos com eles. Os psicólogos sociais dirão que é instintivo atribuir intenções negativas ao comportamento alheio, principalmente quando o que se fez não agrada.

Ao perdoar uma pessoa, a gente não esquece necessariamente o que ela fez. Como se viu anteriormente, não é fácil comandar a mente para que pare de pensar num incidente pretérito. Aliás, esquecer não é necessário nem aconselhável. As pessoas são capazes de machucar. Os consultórios de psicoterapia estão repletos de gente que tentou apagar as porções lastimosas da existência. Muitas vezes, para continuar crescendo e sarar, é importante lembrar os incidentes e as ocasiões dolorosos.

Na verdade, quando me refiro ao ato de perdoar, eu estou falando em desmantelar as avaliações negativas que se faz de outrem. O perdão ocorre quando a gente está disposta a abrir mão daquilo que disse sobre outra pessoa devido ao que ela fez.

Para perdoar, é preciso dar dois grandes passos:

Primeiro, olhar diretamente para as avaliações, os julgamentos e os cenários catalogados referentes a essa pessoa. Trata-se de fazer um balanço dos pensamentos e sentimentos que há dentro de você, quando eles vêm à mente, e examinar o que você disse a si mesmo e aos outros sobre eles.

Em segundo lugar, é preciso estar disposto a retirar a permissão que você dá a si mesmo de voltar a entreter tais pensamentos, sentimentos e julgamentos. Toda vez que você ouvir a Mentalidade do Macaco cochichar "Mas que cara mau-caráter!", diga: "Obrigado pela opinião, mas eu já perdoei essa pessoa".

Três componentes do perdão tornam esse ato de coragem acessível a todos, mesmo a quem sente que fracassou nos esforços anteriores:

1. Perdoar é abrir mão das estruturas de conhecimento negativas que você criou com relação a outro ser humano.

2. O perdão provém de sua essência: de quem você é no fundo do coração. É um produto do estar disposto.

3. A Mentalidade do Macaco demora mais que seu coração a entender. O fato de ela continuar tagarelando sobre o quanto determinada pessoa é horrorosa não significa que você não a perdoou.

O QUE DIZEMOS DOS OUTROS

Comece o seu ato de perdão respondendo às seguintes perguntas: Quem você precisa perdoar a fim de ter uma relação eficiente com o dinheiro? Quem você culpa secretamente pelos seus fracassos na vida? Quem você responsabiliza por seus problemas financeiros? A resposta não é "a mim mesmo"! Resista à tentação de se culpar ou de cair na armadilha de pensar que você escolheu conscientemente tudo quanto lhe aconteceu. Não é hora de bancar o nobre, de se apagar, de ser mutuamente dependente. Diga a verdade. Quem você sente que o prejudicou? O que essa pessoa fez?

MARIANNE: Minha mãe nunca foi uma mulher independente. Ficava em casa e cuidava dos filhos. Não se entusiasmou com minha idéia de entrar na faculdade de direito. Acho que ela ficou com inveja. Se ela me estimulasse, teria sido muito mais fácil fazer o curso.

MITCH: Faz três anos que o meu sócio não cumpre a sua parte no contrato de sociedade. Agora eu estou arruinado. Se não fosse ele, esta construtora não estaria inadimplente. Agora sou obrigado a abandonar toda a operação. Por causa dele. Ele liquidou minhas esperanças de ser um empresário bem-sucedido.

A essas pessoas não faltam provas que corroboram suas suposições. Ouvindo suas histórias, a gente se sente tentado a concordar com elas quanto ao caráter do transgressor. Você pode acrescentar *insights* próprios sobre a natureza e as motivações dos que as prejudicaram. Todo mundo faz isso, seja à mesa do jantar, seja na cantina do local de trabalho. Mas vamos olhar de perto para ver o que realmente está acontecendo.

Liquidou minhas esperanças... acabou com os meus sonhos... estragou o meu estilo... invejosa e dependente... todas essas são estruturas de conhecimento: metáforas permeadas de pensamentos, sentimentos, atitudes, estados de espírito, pontos de vista e reminiscências. A gente chega a sentir-lhes o peso e percebe quanta energia se investiu para desenvolvê-las e conservá-las vivas.

Essas estruturas também são usadas como razões, justificativas ou desculpas para os fracassos ou as promessas não cumpridas da pessoa que fala. Com base no que já aprendeu sobre as estruturas de pensamento, você pode ver que está na hora de desmantelá-las. Enquanto elas estiverem presentes, seus proprietários ficarão sentados na beira do caminho — coisa que ninguém quer — em vez de avançar com mais facilidade.

As estruturas de conhecimento que acabamos de ver são negativas, apontam para os defeitos alheios. São portadoras do senso de finalidade e até de resignação com a situação daquele que fala. Nós denominamos essas estruturas de conhecimento de *caracterizações*.

O QUE É UMA CARACTERIZAÇÃO?

Quando forma uma caracterização de outra pessoa, você a vê pela lente de suas avaliações e julgamentos. Isso produz uma experiência bidimensional dela e o impede de enxergá-la como um ser humano. Ela passa a ser uma espécie de caricatura daquilo que você percebe como seus defeitos.

As caracterizações não mudam a outra pessoa. Aliás, a única que elas afetam profundamente é você mesmo, pois contribuem com o comportamento dirigido em sua vida. Ao atribuir seu comportamento ao que os outros disseram ou fizeram — como em "Eu teria mais sucesso se meus pais não fossem tão..." —, você conserva exatamente o comportamento que teme, despreza ou quer negar. Isso se aplica quando o comportamento que o prejudica implica tomar decisões erradas nos negócios, escolher investimentos que não valem a pena, deixar escapar uma ótima oportunidade ou entrar numa sociedade que não dá certo:

> DON: É claro que eu não sei administrar o dinheiro. Afinal de contas, meu pai era jogador. Gastava tudo que tinha. Nunca nos ensinou nada sobre dinheiro, a não ser a perdê-lo. Foi isso que ele nos ensinou!

As caracterizações limitam não só a sua maneira de interagir com os demais como também a memória que você tem deles. Mantêm-no amarrado ao outro de modo a tolher o crescimento de ambos e a lhe afetar o crescimento mesmo quando a pessoa em questão já não está em sua vida.

Como nós desenvolvemos essas caracterizações rígidas e limitadoras dos outros? Digamos que você está num relacionamento com sua amiga Elisa. Um dia ela entra apressada e esbarra em seu vaso favorito, partindo-o em mil cacos. Por mais que Elisa peça desculpas e se proponha a comprar outro, a Mentalidade do Macaco, vendo o que aconteceu, não deixa por menos. Começa a cochichar comentários como: "Sabe, ela pode ser boazinha, mas é muito desastrada. E não é só isso. Também é irresponsável. Veja só como irrompeu na sala e destruiu essa linda obra de arte. Uma coisa é certa, Elisa é uma catástrofe".

Uma vez que se lhe oferece tal avaliação, sua mente funciona como um ímã, atraindo exemplos de coisas parecidas que Elisa fez no passado. Rótulos como "desastrada", "irresponsável" e "uma catástrofe" são construções mentais das mais relevantes. Na verdade, são decisões de ver a outra pessoa de um determinado modo. Uma vez tomada semelhante decisão, nós acrescentamos outras decisões que a fortaleçam. É por isso que eu digo que as estruturas de conhecimento começam a adquirir vida própria, independentemente de seu criador.

Ao retornar, quinze dias depois, Elisa abre sua geladeira, e uma garrafa, que estava mal equilibrada na beira de uma prateleira, cai e emporcalha todo o chão. A Mentalidade do Macaco entra em ação. "Não disse? Eu tinha razão. Essa mulher é mesmo um perigo: completamente desastrada e irresponsável."

A mente continua colhendo dados para rechear a estrutura e provar que está correta. Reúne incidentes, nomes, datas e lugares que se encaixem na moldura. Você começa a ver uma legião de outros comportamentos ou incidentes que o irritam, frustram ou magoam. Por exemplo: "É mesmo, pensando bem, Elisa vive fazendo isso. Está sempre com tanta pressa que não olha por onde anda. E, sabe, ela também dirige mal. E é esquecida. Não sei quantas vezes a vi largar a bolsa no restaurante e, depois, voltar correndo e esbarrando nas pessoas para buscá-la. Lembra daquela vez em que ela..."

A caracterização é um padrão de incidentes não relacionados criado e estimulado pela Mentalidade do Macaco. Com o tempo, a caracterização da pessoa vai se tornando mais minuciosa, e qualquer coisa que não a confirme — como a amabilidade, a energia e o entusiasmo de Elisa — é descartada. A caracterização passa a ser cada vez mais bidimensional e, qual o vilão de seu romance favorito, começa a ganhar vida, povoando suas horas de vigília e invadindo-lhe inesperadamente os sonhos.

As caracterizações são contagiosas. Quando você descreve a que tem de Elisa a outras pessoas que a conhecem, é bem possível que elas comecem a concordar com você. Talvez até acrescentem outras histórias. As caracterizações convocam a todos a participar. No Curso Você e o Dinheiro, quando alguém se põe a falar de uma pessoa com a qual tem uma diferença, todo mundo fica com raiva dela. Se acaso o objeto da caracterização entrar na sala naquele momento, quase todos reagirão com frieza — mesmo que nunca o tenham visto!

Finalmente, e isso acontece com todos nós, chegamos ao ponto de nos relacionar unicamente com nossa caracterização, não mais com a pessoa. É uma perspectiva solitária. Não queremos ficar na companhia dela porque não agüentamos a presença de nossos pensamentos e sentimentos negativos. É por demais desconfortável, sobretudo porque não faz parte de nossos Padrões de Integridade manter vivas tais caracterizações. Não é que não gostemos da *pessoa*; nós não gostamos de *nós* na presença dela. Nossa negatividade se converte num fardo.

Atributos Negativos correspondem às linhas horizontais e às verticais
Incidentes correspondem ao que está em cada quadrícula

Como tudo isso afeta Elisa? Ela sabe que você não está contente com ela. Talvez não saiba por quê. Sentindo-se mal na sua companhia, é possível que passe a evitá-lo, pois sente que algo não vai bem. Convenhamos: não é lá a melhor maneira de cultivar um relacionamento!

O processo de formação das caracterizações é rápido, quase reflexo. A gente não consegue detê-lo. Todo mundo tem estruturas de conhecimento das outras pessoas. Porém, embora não se possa impedir que os pensamentos surjam, pode-se observá-los e dizer a verdade sobre eles. Pode-se estar disposto, ainda que só momentaneamente, a considerar as caracterizações irrelevantes.

Mas quando você desiste de bailar com as caracterizações, elas deixam de moldá-lo. Quando perdoa, você detém o processo de cair na armadilha do que teme ou abomina. Liberta-se do poder que as velhas estruturas têm sobre você. Torna-se seu próprio personagem. E liberta as pessoas que perdoou para prosseguirem com sua própria vida.

PERDÃO: AÇÃO AUTÊNTICA DO CORAÇÃO CORAJOSO

Por intermédio do perdão, você entra em contato consigo mesmo no fundo do coração. Seu movimento na direção do perdão expressa-se primeiramente na *disposição* de perdoar. Lembre-se, estar disposto é a Ação Autêntica mais eficaz que se pode empreender.

No momento em que se dispõe, a gente consegue estabelecer a diferença entre a Mentalidade do Macaco e o próprio coração. Pode ser que você não *queira* perdoar. Talvez tenha medo de perdoar. Muitos pensamentos e sentimentos podem lhe percorrer o corpo e a mente quando você contempla a possibilidade de deixar de lado suas crenças mais arraigadas. Porém mesmo com todos esses incômodos potenciais, estar disposto transcende nossa matéria mental e emocional. É uma atitude importante a tomar, ainda que um tanto assustadora. Isso porque estamos operando fora de nossas estruturas de conhecimento.

Perdoar uma pessoa gera uma sensação de vulnerabilidade. Por exemplo, talvez você não saiba o que acontecerá se perdoar uma pessoa que lhe roubou dinheiro. Isso o sujeitará a ser roubado novamente? Como disse um participante do Curso Você e o Dinheiro:

> SYDNEY: Se eu perdoar o que o meu sócio fez, não o estou autorizando a tornar a fazer a mesma coisa?

Claro que não. Estamos falando em perdoar, não em esquecer. Se alguém lhe pisa o calo, o perdão não significa fingir amnésia, tornar a esticar o pé e esperar que o fato se repita. Ao perdoar, você simplesmente abre mão da autorização que dá a si mesmo de usar um comportamento para provar que determinada pessoa é o cúmulo da cretinice e da irresponsabilidade. A gente pode inclusive dizer: "Você me machucou! Não gostei nada disso!" Mas renuncia ao direito de usar aquela ação para desumanizar ou satanizar a pessoa ou para provar que ela não presta e arruinou a vida da gente.

O perdão acontece no momento em que você se dispõe a perdoar. Começa no âmbito metafísico e passa rapidamente para o físico. Aquele é atemporal. No momento em que você se declara disposto a perdoar uma pessoa, ela está perdoada. E pronto! Nenhum tempo ocioso. Está feito. Nenhuma fórmula mágica a recitar muitas e muitas vezes, na esperança de que você finalmente perdoe a pessoa ou a situação. Nada a elaborar. A resposta à pergunta "Você está disposto a perdoar essa pessoa?" é "Sim" ou "Não". Coisas como "Vou tentar", "Talvez", "Acho que sim" e "É, pode ser" não passam de um "Não" disfarçado.

A MENTALIDADE DO MACACO DEMORA A ENTENDER

O perdão exige paciência, quanto a isso não há dúvida. A Mentalidade do Macaco há de querer que você continue falando "naquela pessoa abominável que o prejudicou". Demora um pouco para que a mente se ajuste ao coração quando a gente se compromete com o perdão. O coração perdoa – e então a Mentalidade do Macaco entra uma vez mais com a ladainha das coisas terríveis que colecionou para provar os defeitos da pessoa perdoada.

Que fazer quando a mente insiste nisso? Responda da seguinte maneira: "Obrigado pela opinião, mas eu já perdoei essa pessoa".

Seja como for, não lute com a Mentalidade do Macaco. Aja com compaixão. Esse aspecto de seu cérebro foi programado durante anos. Lembre que esses pensamentos antigos e habituais já não são relevantes e, depois de algum tempo, você notará que sua mente começa a se desfazer deles. E fica mais tranqüila.

Foi um alívio para mim quando o padre O'Rourke me explicou o papel da mente no perdão. Eu já havia perdoado, mas logo ouvia minha mente desfiando uma vez mais a lista dos defeitos da pessoa em questão. Ficava preocupada, achando que não havia conseguido perdoar – mas não era verdade.

Você tem a capacidade de perdoar. Sabe olhar, enxergar e dizer a verdade sobre sua estrutura de conhecimento e, então, abrir mão dela. A única questão é: você está disposto?

Quase todos reparamos na Mentalidade do Macaco falando em voz alta sobre nós. Já me perguntaram se a gente precisa primeiro se perdoar para poder perdoar os outros: a resposta é não. Se você examinar suas caracterizações de si próprio, descobrirá que, no fundo, considera os outros responsáveis pelos seus "erros". A maioria das pessoas faz isso, mesmo quando acha que já assumiu a responsabilidade pelos seus defeitos.

E mesmo que esse não seja o seu caso, perdoar outra pessoa é muito mais importante e conseqüente do que perdoar-se a si mesmo. O perdão lhe permite desfazer-se dos vínculos que o ligaram a outra pessoa de maneira negativa. Assim fazendo, você a liberta e procede de modo que seus juízos sobre os demais deixem de pesar. Um dos mais antigos ensinamentos espirituais do mundo é que quem perdoa é perdoado.

Como o perdão é um ato de generosidade, o resultado geralmente tem conseqüências profundas e, às vezes, surpreende. Uma senhora, no Curso Você e o Dinheiro, tinha uma caracterização bem desenvolvida da irmã:

> MARILYN: Eu estava cansada de saber que minha irmã era infantil e irresponsável. Fazia mais de cinco anos que me devia 800 dólares. E não dava sinal de que pretendia pagar. Eu não queria, mas vi que estava disposta a perdoá-la — a abrir mão de tudo que havia dito sobre ela no passado, a mim mesma e aos outros. Uma semana depois de eu tê-la perdoado, aconteceu uma coisa estranhíssima. Minha irmã me telefonou. Depois de dez minutos de conversa, disse: "Sabe aqueles 800 dólares que lhe devo? Eu queria começar a pagá-los agora. Vejo que foi uma irresponsabilidade deixar passar tanto tempo". Mais estranha ainda foi a minha reação. Fiquei contente por recuperar o dinheiro. Mas a verdade é que não me importava que ela o devolvesse ou não. Senti que estávamos nos aproximando novamente, como nos velhos tempos.

Acaso aconteceu uma coisa mágica no momento em que Marilyn perdoou a irmã? Ou será que esta simplesmente telefonou para ela e sentiu que algo havia mudado em seu relacionamento? Essa mudança deixou claro para a irmã que estava na hora de cuidar do que estava incompleto? Para Marilyn, foi um milagre, uma coisa fora de sua estrutura de conhecimento anterior. Afetando ou não o débito, perdoar a irmã teve um efeito reparador em ambas.

O PERDÃO É COISA *SUA*

Muita gente pergunta: "Vale a pena contar à pessoa que eu a perdoei?" Pense um pouco. Se eu chegar para você e anunciar: "Eu o perdoei", qual há de ser a sua resposta provável? Com certeza algo como: "Perdoou-me o quê?" E é bem possível que você fique defensivo, pois, para explicar o que perdoei, tenho de recorrer a todos os elementos de minha antiga caracterização de você — da qual eu jurei abrir mão!

Anunciar que o perdoei denuncia minha agenda oculta. A mensagem não dita pode ser: "Você é um sujeito execrável que fez coisas terríveis. Precisa ser perdoado por ter sido ordinário comigo, e eu só estou provando o quanto sou boa gente perdoando-o apesar de tudo". É por isso que nos dá um frio no estômago quando alguém diz que nos perdoou. Pode ser que nos sintamos culpados de uma transgressão desconhecida que vão nos lembrar. O que se segue é o ressentimento. É pura Mentalidade do Macaco.

Acontece que é irrelevante, é um erro, contar a alguém que você o perdoou. Afinal, perdoar é estar disposto a abrir mão do que a gente disse a respeito de uma pessoa. Não há necessidade de uma só palavra dela para completar esse processo e dar a quem perdoa a sensação de completude.

MEG: Lembro que, depois de haver perdoado meu irmão, tive oportunidade de jantar com ele. Passados alguns momentos de embaraçoso silêncio, eu me vi pedindo-lhe perdão por todas as vezes em que fui má para ele. Meu irmão se surpreendeu. Começou a chorar!

Talvez alguém lhe pergunte se deve perdoar uma pessoa que foi física ou emocionalmente violenta com ele ou com um ente querido. Pode parecer ameaçador ou perigoso tirar uma pessoa assim da berlinda. Lembre-se de que o perdão não significa esquecer ou racionalizar o que foi feito. Implica abrir mão de uma caracterização que você criou e continua mantendo. Afasta-o do círculo vicioso do rancor — mas não o coloca em perigo. Não lhe pede que se exponha, que dê a cara a tapa. Aliás, o processo do perdão ajuda-o a compreender o quanto certas pessoas lhe podem ser prejudiciais. E o torna compassivamente consciente do quanto você é capaz de prejudicar os outros. Essa consciência lhe dá mais clareza nas interações com a pessoa que você perdoou. Não é preciso manter uma relação estreita com ela; tampouco é preciso fugir.

Se quiser obter mais do que o preço deste livro, pratique o perdão regularmente. Repare no quanto isso lhe afeta as relações pessoais e profissionais. Você não está mais energizado para perseguir seus objetivos?

O PODER DE PERDOAR

É animador saber que você pode perdoar. No fundo do coração, nós queremos ser completos com todo mundo. É um caminho muito mais fácil de percorrer. Ser completo é simplesmente saber que tudo está bem. Fizeram e disseram o que fizeram, e você também. Perdoar é livrar-se do rancor que pertence ao passado. É saber o que significa ser quem você realmente é, sem tornar a usar a desculpa das mágoas e desgraças pretéritas.

O perdão envolve dois elementos. Primeiro, é preciso perdoar uma pessoa primariamente por ela e só secundariamente por você. É preciso estar disposto a ver que você a esteve grelhando num espeto mental por causa do que ela fez. Você deve estar farto da dinâmica criada pelo seu rancor.

Em segundo lugar, deve estar em contato com sua caracterização da outra pessoa em vez de apagá-la da mente ou tentar esquecê-la. Precisa ver seus juízos, avaliações, raivas, desgostos, ressentimentos, medos e todos os demais componentes dessa estrutura de conhecimento. Por quê? A gente só consegue abrir mão de uma coisa se tiver consciência dela.

Exercícios de Perdão

Os exercícios abaixo o ajudarão a praticar o perdão:

EXERCÍCIO 1: APROXIMANDO-SE DO PERDÃO

Você vai precisar do caderno e de dez a quinze minutos tranqüilos.

Escolha um sonho ou uma meta que ainda não atingiu, um que você entretém há muito tempo e que lhe é caro. Pode ser um sonho ao qual você acabou renunciando por achar que nunca se realizaria.

1. Anote, no centro de uma folha de papel, uma ou duas palavras que descrevam seu sonho. A seguir, utilizando a técnica de mapeamento mental que aprendeu acima, comece a olhar para todas as suas razões, racionalizações ou desculpas para não ter realizado esse sonho. Liste todos os motivos que puder.

2. Olhe para os seus motivos. Consegue pensar em uma ou mais pessoas que contribuíram com suas dificuldades? Escreva quem são elas e o que aconteceu. Pode ser: "Meu pai era mestre em desanimar os outros e acabou com minha autoconfiança", ou "Meu tio Joe não quis me emprestar dinheiro para estudar, por isso não tenho as credenciais de que preciso". Olhe para a pessoa ou as pessoas que você culpa. Era um professor que foi cruel? Ou seu irmão, o queridinho da família, que obteve o que queria à sua custa? *Não é hora de bancar o bonzinho.* Escreva o nome da pessoa ou das pessoas que você acha que lhe obstruíram o caminho ou o levaram a desviar-se. Diga o que elas fizeram ou deixaram de fazer. Não tenha medo de ser implacável. Simplesmente seja sincero.

3. O que você sente ao escrever isso? Um peso no peito ou um frio na barriga? Falta de espaço para respirar? Raiva ou frustração? Por mais que dissimule os sentimentos verdadeiros quando se acha na presença dessa pessoa ou mesmo quando ouve o seu nome, os sentimentos que você tem agora estão sempre presentes. Podem ficar disfarçados ou encobertos. Definitivamente, não é nada fácil.

4. Pergunte: "Se essa pessoa não tivesse entrado na minha vida, eu teria conseguido o que digo que quero? Estaria livre de todas essas razões e desculpas? Seria bem-sucedido? Que eu faria da vida que não faço agora?"

Se, depois de fazer o mapa mental, você não detectar ninguém que possa ser responsabilizado pela frustração do seu sonho, olhe mais fundo. Por exemplo, se disser: "Um dos motivos pelo qual não fiz aquela viagem ao Taiti foi não ter dinheiro", procure o porquê. Que o faz não ter dinheiro? Talvez seja preciso recuar três ou quatro passos, mas eu garanto que você finalmente chegará à personalidade de outra pessoa. Talvez seja sua mãe, que não lhe ensinou a administrar o dinheiro. Talvez venha a ser seu pai, que era um sovina. Mas procure retroceder até localizar a pessoa ou as pessoas que você realmente considera responsáveis pelo fato de as coisas serem como são.

É preciso coragem para tanto. Como você se sentiu ao fazer este exercício? Conte o que descobriu a um amigo.

Lembre-se, quando perdoa uma pessoa, você cessa de usar o que ela fez como razão pela qual os seus sonhos e objetivos não se materializaram. Mediante o perdão, você renuncia ao direito de usar isso contra ela ou contra você.

Como o perdão substitui os juízos e avaliações negativos, as histórias e cenários referentes à sua dificuldade de lidar com essa pessoa desaparecem. Você deixa de perder tempo falando em suas falhas de caráter e na mágoa que ela lhe causa. Não é fácil. Eu recordo uma senhora que disse: "Se eu não puder falar no quanto minha mãe é rígida e egoísta, acho que não vou ter o que dizer aos meus irmãos quando nos reunirmos no Dia de Ação de Graças!"

Repetindo: quando você desiste de suas caracterizações, elas deixam de moldá-lo. Uma das conseqüências de se apegar às decisões limitadoras referentes a outra pessoa é acabar ficando exatamente igual a ela. Você sabe que é verdade. Já viu isso em si mesmo e nos outros. Acorda, um belo dia, para descobrir que é exatamente igual à pessoa a quem você atribui a culpa de suas desgraças. Consegue detectá-lo em sua própria voz e nas palavras que emprega.

Inversamente, libertar os outros liberta-*o* para ter sucesso. Basta de razões e desculpas!

Se quiser avançar, experimente o exercício do perdão que se segue. Ele é eficaz e libertador.

Exercício 2: O Processo do Perdão

Você vai precisar do caderno e de um lugar tranqüilo. Fará uma parte do exercício de olhos fechados. Peça a um amigo que leia a passagem para você ou grave-a para escutá-la depois. A duração será de uns quarenta minutos quando o fizer pela primeira vez. Você descobrirá que está experimentando um efeito prático e que as experiências futuras, com este exercício, podem durar menos de dez minutos. O padre O'Rourke diz que é capaz de passar por este processo em um minuto. Ele consegue ver a caracterização já nos primeiros estágios e fisgá-la sem demora.

1. Identifique uma pessoa que você esteja disposto a perdoar. Estar disposto, para mim, significa entrar em contato com todos os sentimentos que você tem por ela, tanto os negativos quanto os positivos. Às vezes isso é difícil porque a gente quer suprimir os sentimentos negativos. Mas escolha, em primeiro lugar, uma pessoa a respeito da qual você tem juízos e avaliações bem desenvolvidos. Não convém que seja seu pai nem sua mãe. Comece com alguém que você julga responsável por um determinado sonho ou objetivo malogrado ou que, ultimamente, o irritou no trabalho, em casa, nas atividades esportivas ou numa transação financeira. Você está começando a aprender a fazer isso, e começar com uma pessoa fácil de perdoar lhe dará uma sensação de êxito. Por favor, permita-se este êxito. Aproveite a experiência positiva para que ela o ajude nos casos mais difíceis.

2. Pegue uma folha em branco e desenhe uma forma elíptica que ocupe todo o papel. A seguir, escreva o nome da pessoa no alto da oval. A partir de agora, essa figura representa sua caracterização da pessoa em questão.

COMO LIMPAR O CAMINHO

3. Com o lápis ou a caneta, preencha a elipse com todos os pensamentos, sentimentos, juízos e atitudes que você tiver com relação a ela. Mesmo que seja preciso escrever com letras miúdas, ponha tudo dentro da oval. Por exemplo, ela foi inconseqüente, desonesta, hipócrita? Deixou você e outras pessoas furiosos com seu comportamento? Quais são seus desvios de caráter, como você os vê? Tome o tempo que for necessário, mas não omita nada. Seja meticuloso, implacável e intolerante quanto quiser.

Certa vez me perguntaram: "Para que desenterrar essas coisas antigas? É doloroso e eu prefiro esquecê-las". A resposta é simples: se você se lembra neste momento, é que tudo ainda está aí dentro, fermentando, e talvez esteja há muito tempo. Precisa ser colocado no papel, onde a luz de sua consciência pode brilhar. Enxergar e reconhecer esse material proporciona-lhe a possibilidade de abrir mão dele conscientemente. Tentar não vê-lo só serve para perpetuá-lo dentro de você. Negar suas mágoas faz com que elas o afetem profundamente e, quanto mais você procura ocultá-las, mais fortes elas ficam.

Por favor, pare um instante e perceba que você deu um grande passo no sentido de sanar sua relação com essa pessoa. Lembre-se de que o ato de observar é o primeiro passo rumo ao esclarecimento.

Ao ler o que escreveu — e tomara que você tenha enchido a folha de papel —, verifique se não omitiu nada. Acrescente o que for necessário antes de continuar. Quando terminar, escreva: "E tudo o mais". Significa que você está incluindo tudo quanto a Mentalidade do Macaco pode vir a criar no futuro.

4. Agora eu lhe peço que faça as três perguntas. Repito que você pode fazer isso com o auxílio de um gravador ou pedindo a um amigo que as leia em voz alta. Reserve tempo para parar, entender as perguntas, entrar em contato com seus sentimentos verdadeiros; só então responda. Pode ser que você sinta toda uma gama de emoções durante o exercício. São sentimentos naturais e é bem provável que estejam presentes há um bom tempo. Deixe estar. Não é preciso fazer nada com eles, a não ser dar espaço a si mesmo para experimentá-los.

A resposta à perguntas é "Sim" ou "Não". Não esqueça: "Talvez", "Acho que sim", "Vou tentar" ou qualquer outra resposta vaga ou imprecisa vale como um "Não". As imprecisões não lhe vêm do coração. Se ocorrerem, é que você ainda não está disposto a perdoar. Mas tenha em mente que talvez você precise de espaço para dizer "Não, eu não estou disposto a perdoar essa pessoa" antes de poder dar um "Sim" autêntico.

Eis as palavras da meditação dirigida que devem ser gravadas ou lidas em voz alta por outra pessoa. As reticências assinalam pausas de cerca de três segundos. Também se pode encontrar o texto em minha série de fitas "A Energia do Dinheiro", acessíveis por meio do catálogo Sounds True:

Ponha no colo a folha em que anotou tudo sobre a pessoa que você vai perdoar. Feche os olhos... Repouse as mãos no papel... Ao fazê-lo, você sentirá a energia da folha de caracterização.

Imagine que está pondo uma cadeira à sua frente, a cerca de um metro de distância... Imagine-se olhando para o horizonte a sua direita. Permita-se ver a pessoa que vai ser perdoada aproximar-se... Deixe-a sentar-se na cadeira à sua frente... Como ela está ao olhar para você? Parece cansada ou desgastada? Mostra-se triste ou preocupada? Diante dela, sentindo o calor da folha de caracterização penetrar-lhe as mãos, você me ouvirá fazer três perguntas cuja resposta é "Sim" ou "Não". Respire fundo... Se sentir alguma emoção agora, deixe estar... Responda para si mesmo as seguintes perguntas ao me ouvir.

1. *Você está disposto a perdoar totalmente essa pessoa?*... Com isso eu quero saber se está disposto a abrir mão de tudo que escreveu nessa folha de papel e até do que não escreveu, sem deixar nada para depois. Está disposto a largar o espeto em que a esteve grelhando? Está disposto a soltar as cadeias que o prenderam a ela desse modo?... Talvez você não queira, talvez nem ache que seja capaz, porém, mesmo assim, está disposto, no fundo do coração, a tirar essa pessoa da berlinda?... Uma vez mais, você está disposto a perdoar totalmente essa pessoa? Responda em silêncio, "Sim" ou "Não"...

2. *Você está disposto a perdoar absolutamente essa pessoa?*... Com isso eu quero saber se você está disposto a abrir mão de seus cenários e histórias prediletos referentes a ela: das coisas que vive dizendo que elas são e que o afetam... É preciso ter muita coragem, pois essas histórias e esses cenários significaram muito para você no passado. Está disposto a renunciar à autorização para usá-los, seja consigo mesmo, seja com os outros, como o motivo pelo qual não atingiu seus objetivos nem realizou seus sonhos na vida?... Quando perceber que está prestes a utilizar uma dessas histórias, você está disposto a dizer à Mentalidade do Macaco "Obrigado pela opinião, mas eu já perdoei essa pessoa"? Com isso, fica estabelecida a diferença entre quem você realmente é, no fundo do coração, e a Mentalidade do Macaco... Portanto, uma vez mais: você está disposto a perdoar absolutamente a pessoa sentada à sua frente? "Sim" ou "Não"...

3. *Você está disposto a perdoar essa pessoa incondicionalmente?*... Está disposto a desistir de entreter caracterizações dela, não só agora, mas sempre?... Essa pessoa pode continuar fazendo o que costuma fazer e que o aborreceu no passado... Mas, neste momento, você abre mão da autorização de usar o que ela faz ou diz para formar caracterizações dela... Respondendo a esta pergunta com um "Sim", você está disposto a ver que o perdão nada tem a ver com a pessoa em si... Tem tudo a ver com o que você diz sobre ela... Portanto, uma vez mais, você está disposto a perdoar incondicionalmente essa pessoa? Responda "Sim" ou "Não"...

Tenha respondido qualquer dessas perguntas com "Sim" ou com "Não", o fato de haver feito com que a pessoa se sentasse à sua frente diz que você está disposto a sanar alguma coisa entre os dois... Às vezes, a gente precisa de espaço para dizer não antes de dizer sim... Na verdade, seja a resposta "Sim" ou "Não", seu coração está aberto para ela. Talvez você queira lhe dizer uma coisa do fundo do coração neste momento... Essa pessoa está aqui para isso. Portanto, eu lhe peço que abra o coração e diga tudo que há para dizer. Fale como se nunca mais fosse tornar a ver essa pessoa. (Pausa de quinze segundos.) E agora, já que ela está diante de você, pode ser que lhe queira dizer alguma coisa do fundo do coração. Disponha-se a ouvir. Dê-lhe espaço para falar. Limite-se a escutar. (Pausa de quinze segundos.)

Se você tiver respondido alguma pergunta com um "Não" e agora deseja dizer "Sim", permita-se fazê-lo. Do contrário, não faz mal...

Em imaginação, pode abraçar essa pessoa ou apertar-lhe a mão. Há mais alguma coisa que precisa lhe sussurrar? Diga-o agora... A verdade é que ela fez o que fez, e você também. Assim são os seres humanos. Permita-se saber que tudo está bem. Ela tem seus pensamentos e você, os seus... Agora observe essa pessoa levantar-se e ir embora. Quando ela está se afastando, você nota que ela se volta e talvez até acene? Sua expressão está mais desanuviada? O que você sente?... Deixe-a desaparecer no horizonte novamente. Enquanto isso, fique sentado com os olhos fechados... Respire fundo outra vez...

Seria bom para você descobrir o quanto é corajoso e que tudo está bem?

Agora abra os olhos devagar. Pegue a folha de papel, rasgue-a e jogue-a fora. Para concluir o exercício, lave as mãos. Isso simboliza que você terminou o processo, pouco importa como respondeu as perguntas. Literal e figuradamente, está lavando as mãos.

Se tiver feito o exercício com um amigo ou em grupo, reserve algum tempo para conversar sobre o que dele retirou. Se o fez a sós, escreva o que viu.

Talvez você continue respondendo com um "Não" uma ou mais das perguntas acima. Assim sendo, pergunte-se quando estará disposto a repetir o exercício. Um "Não" persistente indica que há necessidade de aconselhamento especial na matéria. Este é um momento sobretudo de compaixão para consigo.

Se tiver respondido "Sim", o que você vê? Surgiu uma abertura antes inexistente para conversar com a pessoa em questão? Você nota uma mudança em seu nível de energia? Se notar, qual é?

Aprender a perdoar tornar-se-á mais fácil com a prática. Ao mesmo tempo, você ficará cada vez mais consciente das pessoas que ainda não perdoou. Essa consciência o acompanhará até que tome a iniciativa de sanar o relacionamento.

Finalmente, depois de fazer o exercício, talvez você descubra que chegou a hora de entrar em contato com a pessoa. Gostaria de lhe escrever uma carta? De lhe telefonar? Ao se encontrar com a mãe depois de ter passado por esse processo de perdão, Laura conseguiu contar-lhe tudo quanto ela apreciava em seu relacionamento. Disse que fora difícil no começo, mas estava decidida a lhe comunicar que tinha sido uma boa mãe, apesar de seus desentendimentos. Ao cabo de uns cinco minutos, a mãe a interrompeu e, pousando a mão em seu braço, disse: "Você perdoa tudo que eu fiz e que a tornou infeliz? Eu a amo tanto!"

Preste atenção no que descobrir em sua relação com o dinheiro ao passar pelo processo de perdão. Talvez lhe entre a sensação de que, à medida que perdoa as pessoas na vida, você tem mais energia para realmente perseguir seus objetivos. E, liberando essa energia, passa a percorrer mais facilmente a vereda heróica.

PRINCÍPIO 9

PROMETER E CUMPRIR NOS FAZ AVANÇAR NO CAMINHO

Neste capítulo, você aprenderá um pouco mais a bailar com a energia do dinheiro. Por ter feito o trabalho até aqui, já pode ver que os sonhos que no começo pareciam além do seu alcance começam a ganhar forma. Está começando a enxergá-los com mais nitidez. O mero fato de ver a vida de um modo novo permite que a energia flua rumo aos seus anseios. Você passa a bailar com as energias que o cercam.

Ao bailar, a gente se move num determinado ritmo, e a energia tem seu ritmo. A vida tem ritmo próprio. A energia flui através de você às vezes com ímpeto, às vezes devagar e às vezes frouxamente. Você é um conduto móvel, palpitante, vivo, mas na verdade é mais do que isso. O conduto limita-se a transportar a energia de um lugar a outro. Você tem a capacidade de dirigir essa energia intencionalmente de modo a criar o que realmente quer. Assim fazendo, ajuda a criar a dança da energia.

A ALEGRIA DE CUMPRIR AS PROMESSAS

Na Bíblia, o rei Davi foi dançando para o templo da Arca da Aliança. A jornada heróica não é uma marcha forçada. É animada e festiva. Como disse George Bernard Shaw, "Eu gozo a vida por ela mesma. Para mim, a vida não é uma vela efêmera. É uma espécie de tocha esplêndida que mantenho erguida, no momento presente, e quero que arda com o máximo fulgor possível antes de entregá-la às gerações futuras".

As promessas que você *faz* na vida iniciam a sua dança com a alegria dessa "tocha esplêndida". As promessas que *cumpre* garantem-lhe que continuará dançando. A promessa é a sua palavra, falada ou implícita, lançada na realidade física. É uma aliança que você faz com o mundo. Diz: isto será feito.

Ao fazer uma promessa, a gente cria um desequilíbrio. Pense um pouco nisso. Suponhamos que você diga ao seu melhor amigo que, na quarta-feira, vai lhe pagar um jantar como presente de aniversário. Repare que gerou uma tensão, a expectativa de algo por fazer. Ao colocar sua palavra à sua frente, você cria um vazio que só pode ser preenchido quando faz o que disse que ia fazer. Agora imagine que chega a quarta-feira e você vai jantar com o amigo. Vê como a tensão se resolve? Agora o campo energético está equilibrado.

A dança da energia, que nos mantém em movimento no caminho, implica gerar e resolver desequilíbrios. Quando produzimos uma lacuna, somos impulsionados a fechá-la. Este é um dos motivos pelo qual eu lhe pedi que fizesse um Mapa do Tesouro para cada objetivo seu. A representação gráfica e colorida de sua promessa conserva-o consciente da lacuna. Quanto mais ela estiver em sua consciência, mais provável será que você empreenda a Ação Autêntica para alcançar sua meta. Neste ponto, a cavidade se fecha e você prossegue para criar a seguinte.

AS PROMESSAS NÃO CUMPRIDAS

Geralmente nós descuidamos de pensar no efeito de *não* cumprir nossas promessas. Quando não fazemos o que dissemos que íamos fazer, ficamos com a tensão da incompletude. As promessas não cumpridas são drenos de energia porque, por mais que a Mentalidade do Macaco diga o contrário, gasta-se mais energia mantendo uma lacuna aberta do que quando a resolvemos.

Toda promessa quebrada suga energia e se torna um obstáculo ao fluxo. Mina-lhe o poder. Você fica demasiado fatigado física, emocional e até espiritualmente e carece de energia para bailar! O interessante é que pouco importa a quem fez a promessa:

> ALEX: Bem, quando eu digo que vou fazer uma coisa para *outra* pessoa, geralmente faço. Só não cumpro as promessas que faço a mim mesmo. Como economizar para as férias do ano que vem. Ainda não comecei. Acho que sempre penso em mim em último lugar.

Que isto sirva de alerta. Ao universo não interessa com quem você firmou o contrato. Não cumprir a palavra consigo mesmo continua sendo não cumprir a palavra. Produz o mesmo vazio. Não é mais louvável que deixar de cumprir a promessa feita a outra pessoa.

As promessas não cumpridas geralmente são mais ou menos assim:

- Você jurou estar com a declaração de imposto de renda pronta em fevereiro de todo ano, mas eis que, às onze da noite do dia 15 de abril, estava suando sem saber se a terminaria a tempo de levá-la ao correio.
- Você jurou, com toda determinação do mundo, guardar mensalmente um pouco de dinheiro para as férias. E o que aconteceu? Parece que, este ano, terá de usar o cartão de crédito outra vez.
- Você prometeu aos familiares reduzir suas horas de trabalho, mas seus filhos deixaram de acreditar em você ou de lhe pedir que vá assistir aos seus jogos de futebol.

Agora nós vamos trabalhar um pouco para ajudá-lo a cumprir as promessas que já fez. O ideal é fazer esta fase do trabalho em grupo. Caso não esteja trabalhando com um grupo de apoio Você e o Dinheiro, procure pelo menos um amigo íntimo com quem possa compartilhar suas observações.

Ao fazê-lo, você se tornará um conduto desobstruído da energia do dinheiro? Nesta etapa da jornada, é importante saber que *a ponte que o liga aos milagres financeiros é construída com as promessas que você cumpre*. Os negócios inconclusos — a pilha de contas por pagar, os empréstimos esquecidos, os compromissos negligenciados — pesam sobre seus ombros. Seus passos tornam-se arrastados. Porém, mantendo a palavra referente ao dinheiro, você ganhará energia para levar os sonhos da realidade metafísica para a física.

Quem viaja com passos leves vê operarem-se milagres ao seu redor. É o que ocorrerá enquanto você fizer o trabalho deste capítulo. Cada promessa que cumprir, cuidando dos assuntos inconclusos, purificará seu conduto e permitirá que a energia do dinheiro lhe propulsione os sonhos. Eu sei que funciona. Vi os resultados em milhares de pessoas.

SER UM CONDUTO CONSCIENTE DE ENERGIA

Imagine um cano mergulhado num enorme lago de água fresca e cristalina. Ele tem a função de levar essa água do lago a um jardim, onde rega bonitas flores — mas deve ser manejado com cuidado. Se estiver muito aberto, deixa passar demasiada energia, afogando tudo nos canteiros. Do mesmo modo, se não permitir que passe energia suficiente, o que estiver brotando fenecerá.

Nós somos como esse cano, e o lago é a quantidade ilimitada de energia da realidade metafísica. Infelizmente, se a energia que nos cerca é infinita, *nós não somos!* Estamos destinados a canalizar uma quantidade limitada dela durante a vida. Temos uma quantidade limitada de tempo, de energia física, de criatividade e até de dinheiro com que operar.

Inúmeras pessoas se frustraram por não haver compreendido esta idéia. Em nossa cultura, acabamos ficando confusos ao contemplar a infinita reserva de energia para nos tirar das embrulhadas que criamos na vida. A reserva *é* infinita. Nós, por outro lado, estamos destinados a criar na realidade física, com todas as suas restrições. Por conseguinte, nosso acesso à reserva *não* é ilimitado. O propósito do herói é descobrir quanto pode criar introduzindo energia neste reino físico limitado e denso. O mito de Prometeu, que trouxe o fogo à terra, é o exemplo mais claro da transferência de energia do reino metafísico ao físico. Esta é que é a grande aventura.

Quando dependemos de uma reserva infinita de energia para nos "resgatar" nos tempos difíceis, na verdade promovemos nossa própria inconsciência. Desperdiçamos o que obtivemos em vez de utilizar nossos recursos naquilo que nos é importante. Somos apanhados procurando ganhar mais e mais dinheiro. Talvez pensemos: "Há muito mais lá de onde ele vem! Por que hei de me preocupar com o lugar aonde vai? Eu só preciso ganhar (ou rezar para ganhar) mais".

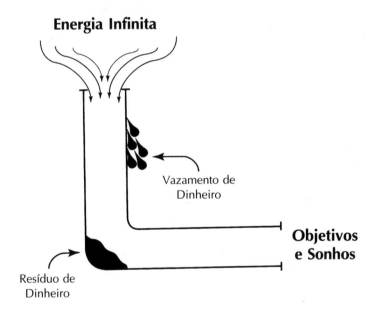

Por outro lado, o excesso de energia monetária pode encharcar ou afogar os objetivos ambiciosos, como contam muitas vezes as pessoas que herdaram uma grande riqueza financeira. Vamos falar nisso mais adiante, quando abordarmos o que eu chamo de Síndrome de Ícaro.

Nossa missão, na vida, é tornar-nos o melhor condutor possível. Para aprender isso, examinemos primeiramente o que nos impede de ser claros condutos de energia. Olhe para o diagrama acima.

Eis o que acontece à maior parte dos condutos na realidade física: com o tempo, vão acumulando "resíduos". Cedo ou tarde, o entupimento bloqueia ou diminui o fluxo de energia. Esses bloqueios da energia monetária podem tomar duas formas:

200 A ENERGIA DO DINHEIRO

1. Antigos e desgastados modos de pensar em dinheiro que funcionavam quando éramos mais jovens, porém já não servem para nós ou para nossa vida.

2. Negócios financeiros inconclusos: promessas do passado que não cumprimos em áreas como pagar empréstimos, fornecer conforme os contratos ou honrar os acordos. Isso inclui não fazer aquilo que traz bem-estar à nossa vida, como um testamento, um seguro adequado, pouco ou nenhum débito no cartão de crédito, uma poupança etc.

À medida que se forma esse "colesterol financeiro", a quantidade de energia monetária que podemos conduzir diminui. A pressão no nosso conduto aumenta. Sentimo-nos frustrados, pressionados. Precisamos de espaço para respirar. A frustração que se experimenta com o poder do dinheiro é diretamente proporcional à quantidade de "resíduo monetário" que se vai construindo ao longo dos anos e que precisa ser removido. Mais à frente, neste capítulo, abordaremos o seu acúmulo financeiro de maneira mais delicada, ainda que direta. Se seguir os passos que sugiro, sua frustração será menor. Você energizará seus objetivos com clareza e facilidade.

Acontece mais uma coisa com os condutos. Eles apresentam vazamentos. Deixamos vazar energia toda vez que a usamos inconscientemente. Podemos recebê-la, mas ela se desvia antes de nutrir os nossos sonhos. Como isso se dá com a energia monetária?

1. Despesas inconscientes, como ir para o *shopping* com 40 dólares na carteira e, depois de uma hora, descobrir que só tem 15, sem se lembrar de como gastou o dinheiro.

2. Adquirir itens por "hábito", mesmo sem precisar deles nem querê-los, como assinatura de revistas, clubes de vídeo e artigos de mercearia desnecessários.

3. Esbanjar em seguros excessivos ou insistir na versão mais luxuosa de um produto quando, na verdade, a gente não precisa das vantagens que ele oferece.

Nós pensamos, instintivamente, que mais energia monetária resolverá os problemas dos vazamentos e obstruções. É quando começamos a rezar para ganhar na loteria ou ser surpreendidos com uma herança de 10 milhões. Porém, se as obstruções e os vazamentos não forem reparados, o súbito acréscimo de dinheiro não fará senão aumentar a pressão, e o condutor cessará de funcionar.

VAZAMENTOS E OBSTRUÇÕES

Os vazamentos ou as obstruções no nosso conduto de energia monetária tiram-lhe o poder. Estas histórias de participantes do Curso Você e o Dinheiro mostram como isso pode acontecer:

STUART: Eu vendo tempo para comerciais numa estação de rádio local. Quanto recebo por mês? Há cinco meses eu devia ter um aumento de dez por cento. Sem olhar para o meu contracheque, simplesmente imaginei que estava ganhando mais. Ao fazer a declaração de renda, descobri que, devido a um erro do computador, eu não tivera o aumento. Além disso, estavam fazendo uma dedução não autorizada do meu salário. Isso durou sete meses!

MÍRIAM: Eu sou gerente de um supermercado. Ganho 2.314 dólares por mês. Passei anos sem conferir minha conta corrente. Só cuidava de não ficar sem fundos. Por orientação deste curso, fui conferir minha conta até o último centavo. Fiquei admirada ao descobrir 785 dólares que eu nem sabia que tinha! Essa é a boa notícia. A ruim é que, há dois meses, eu deixei de ir a uma excursão com minha melhor amiga porque pensava que não tinha dinheiro.

CAROL: Sou diretora de escola. Ganho 3.800 dólares por mês e mal vejo esse dinheiro. Gasto-o em poucos dias e fico esperando o dia 1º do mês seguinte. Já ultrapassei o limite dos meus cartões de crédito. Mas não consigo nem pensar em cancelá-los e pagar a dívida. Sei que, só em juros, gasto pelo menos um sexto de minha renda, no entanto, a idéia de ficar sem os cartões me apavora. E se eu precisar deles numa emergência?

Em todas essas histórias a pessoa está experimentando as conseqüências de vazamentos e obstruções de dinheiro. Cada uma delas, sabendo-o ou não, investe uma grande quantidade de energia na preocupação, na ansiedade e no mal-estar geral que acompanha o não ser plenamente consciente do dinheiro. Conhecer a solução dos problemas não é difícil. Com certeza, você poderia fazer duas ou três sugestões a essas pessoas que as tirariam do brejo financeiro pessoal. Se você for como eu, também já esteve no brejo mais de uma vez ou talvez esteja agora. E sabe o quanto é fácil continuar atolado, mesmo com ajuda à vista.

A coragem dessas pessoas de contar como deixavam a energia monetária vazar ou obstruir-se foi o primeiro passo para empreender a Ação Autêntica.

A SÍNDROME DE ÍCARO

Nós falamos em desobstruir o conduto e vedar-lhe os vazamentos, mas e a possibilidade de inundar o jardim e afogar nossos objetivos e sonhos? É preciso habilidade e sensatez para lidar com qualquer forma de energia de maneira eficaz. É o que reflete o antigo mito grego de Ícaro. Ícaro aprende a voar como um pássaro com as asas construídas por seu pai. Animado com o poder recém-adquirido, não dá ouvidos aos conselhos do pai e voa até muito perto do sol. A cera de que são feitas as asas se derrete, e Ícaro cai na terra.

Disso nós temos um equivalente atual na vida das pessoas que ganham na loteria ou herdam grandes fortunas e acabam descobrindo que o calor dessa energia recém-obtida é maior do que elas são capazes de manejar. Talvez mergulhem num frenesi de compras que dura anos. Ou se põem a gastar a torto e a direito e, um ou dois anos depois, descobrem que não têm dinheiro com que pagar os próprios impostos.

Você tem certeza absoluta de que, dada a oportunidade, não será vítima da Síndrome de Ícaro? Nós todos lemos artigos sobre famílias que se fragmentam ao receber grandes importâncias. Sem clareza e foco para lidar com essa energia, a ambição, o ódio e o ressentimento chegam a destruir até mesmo as relações mais valorizadas. Um homem que herdou 750 mil dólares de um tio contou sua história no Curso Você e o Dinheiro:

> ALLEN: Eu simplesmente enlouqueci. Comprei todo tipo de brinquedo: carro, barco, *jet ski*, o que você imaginar. Dava festas memoráveis, caríssimas. Inclusive perdi dinheiro em negócios evidentemente maus. Achava que ele não acabaria nunca. Também me sentia culpado, como se não merecesse tanta riqueza, portanto, por que não tentar me livrar dela? Finalmente acordei quando estava com cerca de 200 mil dólares. Procurei um consultor financeiro e fiz alguns bons investimentos. Foi como escapar de um tombo.

Limpar o conduto pode ajudá-lo a lidar com qualquer quantidade de energia monetária disponível, sem afogar seus objetivos e sonhos, por um lado, e sem privar seu jardim de energia por outro.

LIMPANDO O CONDUTO

O trabalho que vamos fazer é trivial. Arrumar os negócios financeiros inconclusos é a sua oportunidade de ficar com as mãos sujas como as de um jardineiro em seu canteiro preferido. Coisa que o tirará do ensimesmamento e o levará ao mundo físico. Pode ser que sua energia diminua um pouco quando estiver olhando para os detalhes incompletos de sua vida, mas anime-se. Você removerá os obstáculos, que lhe desviaram a energia, para poder enfocar o que realmente quer da vida.

Os negócios inconclusos consomem energia porque é preciso fazer força para mantê-los em suspenso, em estado inacabado. Isso cansa e preocupa. É impossível avançar a todo vapor quando o passado tanto lhe reclama atenção. Porém se você redirecionar a energia e concluir o que ficou por fazer, ocorrerão coisas assombrosas.

Certa vez uma arquiteta me disse que tinha um modo seguro de obter um novo contrato: completar o trabalho que ela tem no momento.

> ELLEN: Você conhece aquela frase que diz que a Natureza tem horror ao vácuo? Pois comigo é assim! Quando quero um projeto novo, basta tratar de concluir totalmente aquele no qual já estou trabalhando. Então aparecem novos

projetos. Será uma mágica ou isso acontece porque eu fico mais livre para procurar novas possibilidades? Sei lá. Não me importa. Acho bom que seja assim!

Prestar atenção nos detalhes e cumprir as promessas — mesmo as mais insignificantes — são coisas que as pessoas bem-sucedidas fazem intuitivamente. Ao entrevistar líderes empresariais para escrever um livro, os autores Gay Hendricks e Kate Ludeman descobriram que todos chegavam na hora marcada, mesmo que viessem de longe. Essa gente de sucesso mostrava imediatamente que levava os outros e a si mesmo a sério. E tratava de cumprir as promessas em todas as áreas da vida. Como se pode imaginar, sua energia estava plenamente presente.

Querer enfocar os sonhos quando você tem uma dúzia de compromissos não atendidos pairando ao seu redor é como querer jogar uma boa partida de futebol num campo coberto de lixo. A gente gasta tanta energia tentando os passes e jogadas que não consegue dar o melhor de si. Por exemplo, se alguma vez deixaram de lhe pagar o salário, você sabe perfeitamente como é desgastante evitar os credores, mesmo que sejam parentes ou bons amigos. E toda vez que você pensa neles, sente um mal-estar:

> TONY: Tio Alex me emprestou 5 mil dólares, há uns oito anos, para que eu terminasse a faculdade. Não falei com ele em pagamento. Ainda não tenho dinheiro. Além disso, todo Dia de Ação de Graças, quando o vejo, fica difícil conversar com ele, com as outras pessoas por perto. No verão passado, ele me convidou a uma festa em sua casa de praia. Fazia anos que eu queria ir para lá! Dois dias antes da viagem, adoeci, coisa que raramente me acontece! E acabei perdendo a festa!

Será que Tony teria ficado doente se não estivesse com tanta preocupação e tensão para conversar com o tio? Pode ser que a doença nada tenha tido com o empréstimo não pago, mas a gente percebe o mal-estar que ele sente quando se trata do tio. Talvez jamais venha a saber se houve relação entre sua enfermidade e o negócio inconcluso. Mas nós sabemos que, se Tony houvesse cumprido as obrigações do passado, teria ido à festa e se divertido muito.

Muita gente espera que sua relação com o dinheiro sempre seja uma carga e encara esse peso nas costas como uma coisa natural. Nosso fardo de negócios financeiros inconclusos nos acompanha quando vamos ao banco abrir uma hipoteca e está presente quando viajamos de férias, quando examinamos um plano de previdência privada ou quando economizamos para os estudos dos nossos filhos. E esse peso enorme geralmente perdura graças à resignação. A Mentalidade do Macaco diz: "Você não pode fazer nada. Todo mundo tem um ou outro problema com dinheiro".

A Mentalidade do Macaco está errada. Você *pode* experimentar o verdadeiro poder do dinheiro! É o que acontece quando põe em dia um negócio financeiro inconcluso, tanto pessoal quanto profissional. Desbloqueada, a energia fluirá rumo às suas metas. Eu garanto!

OS NEGÓCIOS FINANCEIROS INCONCLUSOS

Concluir os negócios financeiros incompletos abre campo para que você tenha uma relação muito mais simples e mais construtiva com o dinheiro.

Procure fazer os exercícios seguintes. É uma escolha que requer ânimo e coragem. Sua mente pode encontrar motivos para que você continue onde está. Lembre-se de que este conselho não é maldoso — apenas expressa o medo que a Mentalidade do Macaco tem da mudança. E ela fica totalmente satisfeita ao vê-lo insistir em fazer a mesma coisa e esperar resultados diferentes. Ora, você sabe que é maior que sua Mentalidade do Macaco — maior a ponto de abrir a vida para os milagres e o fluir da energia do dinheiro.

A Mentalidade do Macaco também é capaz de resmungar que eu estou lhe pedindo que seja excessivamente meticuloso em acertar seus pequenos e grandes negócios financeiros inconclusos. Por exemplo, isso acontecerá se você cogitar equilibrar sua conta corrente até o último centavo. Mas pense no seguinte: *Se quiser aprender a lidar efetivamente com grandes unidades de energia, é preciso praticar tomando consciência das pequenas.* Aliás, quanto mais consciente se tornar, mais você quererá concluir as coisas na vida.

Úrsula LeGuin escreveu sobre isso em *A Wizard of Earthsea* [Um mago de Earthsea]: "À medida que o homem cresce e seu conhecimento se amplia, o caminho que lhe cabe seguir vai se estreitando até que, enfim, ele não escolhe senão fazer única e cabalmente aquilo que deve fazer".

É bem possível que alguns itens com que vou lhe pedir para lidar pareçam não ter soluções simples. Não se preocupe. Trate de começar. Avance passo a passo, e as respostas virão. Sempre vêm. No fim deste capítulo, eu o auxiliarei com alguns problemas mais espinhosos que nos levam a deixar os negócios financeiros inconclusos ou a não cumprir as promessas.

Exercício: Cuidando dos Negócios — Um Inventário

Você vai precisar do caderno, dos Padrões de Integridade, de suas Intenções de Vida e da lista de Sintomas da Mentalidade do Macaco. Reserve cerca de uma hora e meia para fazer completamente este inventário.

PARTE UM: O INVENTÁRIO

Você está prestes a ver onde os negócios financeiros inconclusos estão consumindo a energia de sua vida. Ao examinar a lista abaixo, leia cada item com cuidado. Qual é sua reação imediata? Anote suas descobertas antes de fazer qualquer outra coisa.

Se notar que um item se aplica a você, repasse seus Padrões de Integridade e Intenções de Vida. Faça a seguinte pergunta: "No que eu estou mais interessado, na conversa da Mentalidade do Macaco ou nos objetivos e sonhos que tenho

COMO LIMPAR O CAMINHO   205

na vida?" Use essa pergunta para meditar sobre todo e qualquer diálogo interior que lhe diz por que você não deve se incomodar em tratar desse item.

Quando encontrar um item que se aplique a você, escreva o que for verdade sobre ele. Só os fatos. Seja específico. Por exemplo, se o item 5 se referir a você, faça a lista dos cartões de crédito, das respectivas taxas de juros e do valor do débito de cada um.

Agora examine a lista, anotando todas as áreas em que porventura encontrar um negócio inconcluso:

1. Sua conta corrente está equilibrada até o último centavo? Para alguns isso não é problema, para outros, dá vontade de chorar. Por mais chato e insignificante que pareça, não é. Ao equilibrar a conta corrente até o último centavo, você equilibra a energia do dinheiro — assim como a energia de outras áreas de sua vida. Lembre-se do holograma!

2. Você tem o seguro adequado de carro, de saúde, contra incêndio, contra roubo e contra acidente? Pergunte: "Sem ter seguro, eu não acabo levando a vida da maneira mais difícil? Não me arrisco, caso aconteça alguma coisa comigo ou com meus pertences, a ter de empregar toda minha capacidade de ganhar dinheiro numa área que negligenciei?"

3. Você fez testamento ou tomou outra providência quanto à transmissão do seu patrimônio? Talvez sinta que não precisa disso, o que é bom. Mas essas coisas evitam que, depois de sua morte, seus bens vão parar nas mãos do fisco, não nas dos seus entes queridos. Se não concluiu este item, pode ser que você sinta um aperto no coração ou um incômodo quando pensa no assunto.

4. Você conta com assistência jurídica se precisar?

5. Qual é a sua situação com o cartão de crédito? Tem dívidas? Esse tipo de débito é uma maneira rápida e fácil de consumir sua energia monetária. Pague-o. Talvez lhe seja necessário fazer o que muita gente fez no Curso Você e o Dinheiro: pegue o cartão de crédito e congele-o num bloco de gelo no *freezer*. Ser obrigado a esperar que o gelo derreta refreia o impulso a usar o cartão.

6. Você tem feito exame médico, dentário ou oftalmológico? Pode ser que sinta que não tem tempo ou dinheiro para cuidar de si. Se for assim, por favor, releia os capítulos sobre o comportamento dirigido! Tenha cuidado com o seu conduto. É o único que você tem!

7. Como está o seu carro? Olhe para ele mentalmente. Precisa trocar os pneus ou a lona do freio? Está vazando óleo? Você adiou algum conserto? Tem multas de estacionamento ou por excesso de velocidade que ainda não pagou?

8. Você devolveu todas as fitas de vídeo alugadas e todos os livros que retirou da biblioteca? Pagou todas as taxas e multas?

9. Se é proprietário de imóveis, tem pago os impostos pontualmente?

10. Caso trabalhe, por exemplo, na área da saúde, tem seguro profissional? Mesmo que lhe pareça desnecessário, muitos que foram surpreendidos por um processo lhe dirão que esse seguro é importante.

11. Por acaso você deve dinheiro e não providenciou para pagar de maneira sistemática? Examine todas as áreas de sua vida. Você tem dívidas com parentes? Com amigos? Com colegas de trabalho? Com seu chefe?

12. Algum amigo, parente ou colega lhe deve dinheiro e não providenciou o pagamento sistemático?

13. Você precisa devolver algum item emprestado? Pode ser qualquer coisa: jóias, equipamento de jardim, livros, roupas etc.

14. Seus documentos financeiros estão em ordem? Seu acesso a eles é fácil, ou estão em desordem, numa caixa de sapatos?

15. Se você presta serviço, tem apresentado a conta dos honorários a tempo? Tem muitas a receber?

16. Cobra o preço justo pelo seu serviço?

17. Dá aos seus filhos a mesada prometida? Ensina-os a lidar com dinheiro?

18. Sua escrivaninha está em ordem? Seu armário? Sua garagem? Uma conhecida minha resolveu arrumar a escrivaninha. Achou vários envelopes ainda fechados com o extrato de um lote de ações que um tio lhe dera de presente vários anos antes. Abrindo-os, descobriu que as ações tinham dobrado duas vezes de valor. Ela possuía 45 mil dólares a mais do que sabia!

19. Você restituiu a bolsa de estudos? Muita gente acha que, depois de saldar essa dívida, fica mais fácil receber o dinheiro que lhe devem.

20. Você já abriu uma conta para pagar os estudos de seus filhos caso tenha a intenção de ajudar a financiá-los?

21. Os consertos domésticos estão todos em dia? Você tem torneiras vazando? Uma torneira que vaza desperdiça recursos preciosos — que são uma forma de energia. Sua casa tem problemas elétricos não resolvidos? E o telhado, como está? Você tem seguro contra incêndio?

22. Sabe que precisa de conselho profissional em determinadas áreas (legal, contábil, financeira)? Já providenciou?

23. Você tem plano de previdência? No momento em que faz um plano de previdência, sua ansiedade em relação ao futuro começa a diminuir — e a liberar energia no presente.

24. Abriu uma poupança para economizar para as férias?

25. Providenciou o pagamento das contas?

26. Tem um orçamento mensal? Muita gente sente que ater-se a um orçamento é o mesmo que fazer dieta, mas é possível planejar as despesas sem se privar demais. Isso lhe dará uma sensação de saúde na vida financeira e, ao mesmo tempo, proporcionar-lhe-á as coisas que realmente quer.

27. Há algum item não mencionado que é um negócio inconcluso para você? Escreva-o agora mesmo para não esquecer. Anote até os itens que parecem impossíveis de resolver ou que o acompanham há anos. Uma regra prática confiável: inclua na lista tudo que lhe vier à cabeça, mesmo que pareça ilógico ou não tenha relação com o dinheiro. Ao prosseguir, você verá que tem sim.

Parte Dois: Empreendendo a Ação Autêntica

É provável que você tenha achado itens que sabe que precisa concluir. Talvez alguns até o tenham surpreendido. Mas lembre-se: o *insight*, por si só, não leva a milagres. O próximo passo é decidir como concluir cada item da lista.

Antes de tomar qualquer providência com o dinheiro, equilibre sua conta bancária até o último centavo. Faça-o, mesmo que lhe seja necessária a ajuda de um amigo ou do(a) parceiro(a) e mesmo que você tenha de ir ao banco ou recorrer a um contador para se orientar. Não importa o que sua cabeça está dizendo neste momento, faça isso! Até o último centavo. Retroceda o quanto for necessário para ajustar seu saldo.

Equilibrar a conta corrente até o último centavo servirá mais que qualquer outra coisa para limpar seu conduto. Quando eu digo isso no Curso Você e o Dinheiro, as pessoas erguem os olhos para o teto, e a atmosfera, na sala, fica pesada. Muita gente pensa que seria perda de tempo, que é mais fácil fechar a conta desequilibrada e abrir outra. De jeito nenhum! A inconsciência o acompanha aonde quer que você vá. Dentro de dois meses a nova conta estará desequilibrada, exatamente como a outra.

Ao equilibrar o saldo bancário até o último centavo, reserve algum tempo para verificar onde você tem colocado sua energia monetária. É uma coisa muito instrutiva:

> MÁRCIA: Quando olhei para o meu extrato bancário, os mais estranhos pensamentos me passaram pela cabeça. E se, anos depois da minha morte, meus filhos ou netos examinarem minha conta corrente? Que ela lhes diria sobre meus valores básicos e as despesas prioritárias em minha vida? Muitos gastos impulsivos. Quase nenhum planejamento. Como isso me abriu os olhos!

Que teria a dizer quem lesse seus extratos bancários e, baseado neles, tentasse escrever sua biografia? Dedique um momento a escrever isso no caderno.

Ainda que você nunca tenha tido problema para equilibrar a conta corrente, faça este exercício da biografia: eu sei que isso lhe dará uma nova perspectiva dos seus hábitos e prioridades nas despesas. Se tiver sido difícil, parabéns por fazê-lo mesmo assim. Você acaba de demonstrar que está disposto a ser um zelador consciente da energia.

Quanto ao resto dos itens inconclusos, dê pelo menos um passo no sentido de concluir cada um deles. Faça-o nos próximos quinze dias. Por exemplo, se você deve a alguém e ainda não começou a pagar, telefone ou escreva a essa pessoa e estabeleça um plano de pagamento mutuamente aceitável. Se não fez testamento, não tem seguro de vida ou não dispõe de assistência jurídica, consulte um advogado e providencie tudo isso. Repare no que a Mentalidade do Macaco lhe diz a respeito. E, seja como for, tome essas providências!

Repetindo: por favor, empreenda pelo menos uma Ação Autêntica no sentido de completar cada item de sua lista nos próximos quinze dias. É uma das coisas mais eficientes e diretas que você pode fazer para se preparar para milagres em sua relação com o dinheiro.

Mesmo que você se sinta tentado a jogar fora a lista e esquecê-la, procure continuar na vereda do herói. Dê uma olhada na folhinha. Que são quinze dias afinal? Prometa a si mesmo que, quando a data chegar, você terá empreendido a Ação Autêntica. Conclua todos os itens o mais depressa possível. Mapeie exatamente o que vai fazer. Seja específico e concreto, por mais que a Mentalidade do Macaco queira que você adie e seja vago.

São muitos os recursos disponíveis para ajudá-lo. Se ainda não pagou a bolsa restituível, talvez você obtenha uma carência de 24 meses ou consiga negociar

208 A ENERGIA DO DINHEIRO

taxas e pagamentos mensais mais baixos. Negocie as opções de pagamento e a redução da taxa de juros com a instituição financeira do seu cartão de crédito.

Sempre que possível, recorra a pessoas capazes de ajudá-lo a sair das estruturas de conhecimento habituais e a esclarecer as coisas. Elas podem propor maneiras mais fáceis do que você imagina de concluir os itens. Esteja aberto. Para que sofrer desnecessariamente?

Discuta os resultados com um amigo. Peça-lhe apoio ao empreender a ação. Para centrar-se e animar-se, tenha sempre diante de si as Intenções de Vida e os Padrões de Integridade. Cada passo que você dá prepara-o para milagres.

Exercício: Vedando os Vazamentos no Seu Conduto

Você quer ser um investidor? Quer usar o dinheiro que tem para criar mais? O próximo exercício o ajudará a economizar e canalizar o dinheiro para esses fins. Caso seus sonhos incluam ajudar-se a si mesmo e aos demais, você pode atingir metas importantes se assumir o controle consciente do seu dinheiro e do seu tempo.

Você vai precisar de um pequeno bloco de papel, como o que usou para anotar diariamente os sintomas da Mentalidade do Macaco. É bom que ele caiba no bolso ou na bolsa. Também vai precisar do caderno.

Este exercício durará cerca de quinze dias. Trata-se de um rastreamento, portanto a quantidade exata de horas diárias há de variar. Uma coisa é certa: levará muito menos tempo do que a Mentalidade do Macaco está lhe dizendo neste momento.

Durante quinze dias, tenha consigo o bloco de anotações e rastreie cada centavo que lhe passa pelas mãos. Divida as folhas diárias em três colunas: dinheiro, cheque e cartão de crédito. Anote toda despesa, por menor que seja, em cada categoria. Faça-o no momento da despesa, não deixe para mais tarde. Por exemplo, se comprar um jornal quando estiver a caminho do trabalho, anote essa despesa imediatamente.

Você não está acompanhando esse dinheiro a fim de criar um orçamento. O objetivo é ampliar sua consciência dos modos como a energia monetária passa por você. Caso tenha empresa própria e escreva cheques de pessoa jurídica, rastreie-os também. Os vazamentos de dinheiro ocorrem tanto em casa quanto no escritório. Se você trabalha para outra pessoa e preenche os cheques dela, não os inclua na lista.

Mesmo que se esqueça de fazê-lo periodicamente, comece de novo. Não se preocupe com a duplicação, como, por exemplo, debitar alguma coisa no cartão de crédito e, mais tarde, pagar a fatura deste com um cheque. É melhor anotar tudo. Repare no que a Mentalidade do Macaco diz sobre isso neste momento. Que sintomas ela está apresentando?

JOEL: Lembro-me da Mentalidade do Macaco me dizendo: "Você não quer fazer isso. Vai lhe tomar muito tempo. É uma bobagem. Pule essa parte. É coisa que você já fez. Não serve para nada". Eu disse: "Obrigado pela opinião" e fiz o exercício. Ainda bem. Ele me despertou para os vazamentos de dinheiro.

COMO LIMPAR O CAMINHO   209

Nesses quinze dias, eu lhe peço que verifique com atenção se está deixando vazar ou se está gastando o dinheiro. Deixar vazar é permitir que uma substância escape ou passe por um orifício ou uma fenda. Geralmente não é consciente. Pode ser impulsivo ou habitual — e acontece muito menos quando você está desperto para o uso do dinheiro.

Ao rastrear as despesas, faça a si mesmo as seguintes perguntas. Escreva as respostas no caderno para depois examiná-las mais detidamente.

1. No que se refere ao modo como gasto dinheiro, qual é a diferença, para mim, entre deixar vazar e gastar?

a) Quando sou inconsciente ao gastar dinheiro? Numa determinada hora do dia? Quando estou com uma disposição particular?

b) Em que itens gasto mais inconscientemente? São itens que eu realmente quero na hora de comprá-los?

c) Se os itens não forem víveres, eu lhes dou bom uso? Retiro deles o que valem? Eles ficam jogados por aí, sem uso? O que eu vejo nisso?

d) Em que eu gasto dinheiro conscientemente? Em que essa experiência é diferente do vazamento de dinheiro?

e) Valorizo realmente tudo o que compro? Aquilo que compro me dá prazer?

2. Existe aqui um paralelo com meu modo de deixar vazar ou gastar o tempo?

a) Eu perco tempo em atividades desimportantes? Que atividades? Por exemplo, perco tempo assistindo à televisão?

b) Eu perco tempo em atividades compulsivas? Passo horas e horas experimentando, organizando ou consertando?

c) Quando é mais provável que eu perca tempo? Em que isso se diferencia do tempo que gasto conscientemente?

d) Eu faço promessas a mim mesmo ou aos outros unicamente para me distrair com atividades sem significado?

e) Eu passo o tempo que quero com os amigos e familiares?

3. Se eu eliminar meu vazamento de dinheiro, o que acontecerá com o tempo que emprego em ganhá-lo?

4. É possível para mim trabalhar menos e ter mais o que verdadeiramente quero?

Ao examinar o registro quinzenal de suas despesas, você detecta algum padrão? Há buracos negros que lhe sugam o dinheiro? Por exemplo, quanto você gasta em guloseimas?

RICK: Eu gasto três dólares por dia em *cappuccino* e salgadinhos no trabalho. O que chega a 60 dólares mensais. Acrescentei outros dois, por dia, em despesas como bebidas ou frutas à tarde. Descobri que, anualmente, estava gastando o suficiente para dar entrada num carro usado, sem contar os almoços e jantares não planejados em restaurantes. Constatei que, ao voltar para casa, entro mais nas lanchonetes quando estou cansado e sem ânimo para ir para a cozinha e preparar a comida.

MARGÔ: O tempo que eu perco realmente me surpreende. Compro muitos livros bons, levo-os para casa e nunca os leio. Fico diante do televisor, assistindo a um programa que não me desperta o menor interesse!

Você não está tomando consciência de seus padrões de gasto de dinheiro para se privar, e sim para dar a si mesmo o poder de fazer escolhas conscientes. Não vale a pena deixar vazar a energia capaz de lhe transportar os sonhos da realidade metafísica à física. E tomando consciência dos vazamentos, que se opõem aos gastos, você adquirirá escolhas reais e hábitos de gastar satisfatórios. Os participantes do Curso Você e o Dinheiro descobriram soluções criativas para o problema do vazamento de tempo e de dinheiro:

RICK: Eu vi como esbanjo dinheiro em tolices, de modo que desenvolvi um sistema. Toda vez que gasto dinheiro em salgadinhos ou diversão, deposito o dobro da importância numa conta de poupança. Uso essas economias para fazer aplicações, como adquirir fundos mútuos. É surpreendente o quanto investi nos últimos dois anos! Saber que vou gastar três vezes isso no cinema também me dá oportunidade de ver se realmente quero assistir ao filme. Quando quero, não há problema. Não deixa de ser um investimento também!

MARGÔ: Toda semana eu estudo a programação da televisão e assinalo os programas a que quero assistir. E só assisto a esses. Reduzi para quinze horas o tempo semanal que passo diante do televisor! E também reservei tempo para ler. Ingressei num clube de leitura. É muito gostoso! Outra coisa: passei a gostar mais de mim mesma. Eu vivia me criticando por não fazer nada útil com o meu tempo. Isso acabou.

COMO CUIDAR DAS QUESTÕES DIFÍCEIS

Parabéns por tudo que você fez até agora. Eu sei que os próximos quinze dias serão interessantes e mudarão sua vida à medida que você abrir os olhos para ver como lida com a energia do dinheiro, empreendendo a Ação Autêntica a fim de concluir todos os negócios financeiros inconclusos que o têm retido. Pode ser que alguns itens de sua lista de negócios inconclusos pareçam facílimos de resolver — mesmo que não seja tão fácil dar os passos destinados a achar a solução. Outros talvez o deixem confuso. Você está ciente de que o problema existe e o resolveria se pudesse — mas não sabe ao certo como. Eu gostaria de ajudá-lo a enfrentar as mais comuns dessas situações.

1. Cobre o Que Você Merece Receber

Não raro, as pessoas me dizem que são boas no que fazem, mas simplesmente não sabem avaliar quanto devem cobrar. Via de regra, este é o problema dos que ganham por hora ou por projeto, não dos assalariados. Por que é tão difícil estabelecer um preço justo e cobrá-lo dos clientes?

Tendo trabalhado o problema com muita gente, acabei descobrindo que a questão central é a seguinte: se cobrarmos o que o nosso trabalho vale, somos obrigados a prestar o serviço tal como prometemos. Temos de ser cem por cento. Cobrar honorários mais baixos deixa-nos uma porta aberta, uma saída de emergência. Já que não estamos recebendo o suficiente, não temos obrigação de ser diligentes. Com efeito, não precisamos garantir que vamos nos empenhar em fazer o que dissemos que íamos fazer.

Ao cobrar exatamente o que vale o seu trabalho, você se coloca na linha de fogo. Diz ao cliente: "Vou fazer o que prometi, dar-lhe todo o meu esforço e a minha atenção. Se não cumprir minha promessa, retificarei o trabalho até que você fique satisfeito".

Caso você esteja ruminando por que não pode simplesmente mandar tudo para os diabos e aumentar seus honorários, eu lhe peço que pergunte: "Quando eu me mortifico pensando em quanto cobrar, não estou me dando permissão para ficar à margem do caminho, sem participar? Não é possível que a única coisa necessária para mudar a situação seja assumir-me a mim mesmo e ao meu trabalho e prometer o melhor desempenho de que sou capaz?"

Essas perguntas podem levá-lo a crescer muito. Porém, ao se permitir dar o salto e cobrar o preço que lhe parece adequado, é bem provável que você descubra que fica muito perturbado a princípio. De súbito, passa a operar fora de sua estrutura de conhecimento, procurando fazer um bom trabalho.

Permita-se receber aquilo que merece. Isso o levará a crescer, a ter um vínculo de honra com o melhor de si. Sim, eu sei que você pode querer dar o melhor de si independentemente do que lhe paguem. Mas há algo a dizer sobre receber exatamente o que você sabe que seu trabalho vale. Isso leva a desenvolver um tipo especial de maturidade.

Se desejar, você pode doar trabalho a boas causas ou fazer um grande desconto por caridade. Mas estará numa situação de escolha mais fácil. Levará mais a sério a si mesmo e a sua contribuição. Por exemplo, minha empresa dá treinamento em administração e comunicação para grandes firmas. Meu sucesso nessa área permite-me oferecer esse mesmo treinamento a instituições beneficentes locais como doação.

2. Negociação por Dinheiro

Um aspecto fundamental da negociação é a disposição a dizer a verdade sobre o que você precisa. Fazendo isso sem manipular, a gente geralmente recebe o que quer.

Quem sabe você acredita que precisa jogar um jogo. Por exemplo, talvez ache que deve pedir cinco ou oito dólares a mais do que realmente quer receber por hora: só para ter espaço para barganhar. É o que dizem muitos livros e especialistas. Mas, quando faz isso, alguma coisa em seu comportamento comunica à outra pessoa que ela está sendo enganada. Falta coerência entre quem você é e o que diz — e é impossível ocultar essa incoerência.

Apesar do que você possa acreditar, negociação não é jogo e não ocorre com espírito de jogo. A negociação real se dá quando a gente pede o que quer, ouve a outra pessoa dizer o que quer, e os dois chegam a um acordo. Este nem sempre é um compromisso. Na verdade, eu descobri que, quando está disposto a ser verdadeiro quanto ao que quer, a gente acaba recebendo.

Minha orientação para a negociação é: dizer a verdade. Diga o que você quer, curto e grosso. Não invente histórias. Opere com seus Padrões de Integridade.

3. Emprestar e Tomar Emprestado de Amigos e Parentes

É fácil enredar-se em problemas de empréstimo com amigos e parentes. Via de regra, não expressamos os termos claramente e os tratamos com descuido, como se empréstimo fosse presente. Eu descobri que ser pouco claro sobre o contexto preciso em que se empresta dinheiro leva a contrariedades. Portanto, se você está pensando em tomar emprestado de uma pessoa íntima, anote os detalhes, exatamente como faria se estivesse negociando com uma instituição financeira.

Quais são os termos do empréstimo? Quando você vai pagar? Quanto exatamente vai pagar? Examine as datas. Seja tão claro com o amigo ou parente quanto seria em qualquer outra transação financeira — mesmo que sua mente e a dele digam: "Não há necessidade de tanta formalidade".

Se um dos itens de sua lista de negócios inconclusos incluir esse tipo de empréstimo, volte atrás e exprima os termos agora. Faça-o por escrito. Você se sentirá melhor.

Se emprestou dinheiro e não está conseguindo recebê-lo, volte atrás e seja específico quanto ao plano de pagamento. Colocar o ajustado no papel transfere totalmente a conversa sobre dinheiro ao domínio da consciência, e isso aumenta muito a possibilidade de receber o pagamento.

Nós muitas vezes somos vagos ao emprestar às pessoas, como se a Mentalidade do Macaco se rebelasse e dissesse: "Esse é o meu amigo/meu filho/meu irmão — não preciso ser específico quanto à maneira como vou receber o dinheiro de volta". Permita-se ser concreto sobre os termos. Ou então dê o dinheiro de presente, sem expectativa de que o devolvam. Em todo caso, você há de liberar muita energia que agora está presa à raiva, à resignação ou ao ressentimento.

Se você empresta dinheiro com freqüência às pessoas do seu círculo, pare um instante e pense no porquê disso. Pode ser que você queira sinceramente vê-las realizar algo que significa muito para elas — como estudar ou montar um negócio. Às vezes, porém, a gente empresta porque quer salvar a pessoa, e esses empréstimos dificilmente acabam bem. Mesmo que o amigo ou parente em questão pareça desesperado, geralmente há outras soluções que não exercerão pressão sobre seu relacionamento com ele. Talvez o necessário seja um aconselhamento financeiro, não uma pessoa que o tire da situação em que se encontra.

> FRAN: Quase todo mês, eu emprestava dinheiro a minha namorada. Por algum motivo, ela sempre estava precisando de 300 ou 400 dólares. Eu ficava com pena e pensava: "Ora, eu tenho o dinheiro – por que hei de negá-lo?" Mas, certa vez, resolvi fazer a experiência. Quando minha namorada telefonou, tentei conversar com ela sobre o porquê de isso acontecer com tanta freqüência. Em conseqüência, ela decidiu consultar o Serviço de Crédito ao Consumidor. Resultou que ela estava tentando pagar suas dívidas depressa demais e acabava ficando sem dinheiro no fim do mês. Ao perceber isso, modificou os planos de pagamento e parou de pedir-me emprestado. Eu estou tão orgulhoso dela!

No caso de Fran, o resultado foi feliz. Mas eu conheço outros que foram mais difíceis de resolver, embora fossem igualmente importantes.

> JACK: Meu amigo Bob vivia me pedindo dinheiro no fim do mês, e eu não me importava – emprestava-lhe 100 ou 200 dólares quando tinha. Mas, como isso começou a se repetir demais, tive de falar com ele. E descobri que Bob andava gastando muito em bebida. Toda sexta-feira tomava um porre e continuava embriagado até a segunda-feira seguinte. Tive uma conversa séria com ele e aconselhei-o a buscar ajuda. Parei de financiar seu comportamento. Ele é um bom amigo. Não quero aumentar ainda mais os seus problemas.

Caso esses cenários lhe pareçam familiares, tenha compaixão tanto de seu amigo quanto de você. Ninguém quer complicar o relacionamento com as pessoas. Quer é melhorá-lo. Basta sermos claros quanto a nossas motivações e expectativas.

4. Batalhando com o Parceiro pelo Dinheiro

Certa vez, um consultor financeiro chamado Howard Ruff disse mais ou menos o seguinte: "Há dois tipos de gente no mundo. Um quer ter um barco antes de economizar para comprá-lo, e o outro quer economizar antes de comprar o barco. Inevitavelmente, eles acabam se casando". Nossos relacionamentos íntimos dão-nos uma ótima oportunidade de abordar a maneira como lidamos com o dinheiro e de ver como ela se diferencia da dos outros.

Que fazer, por exemplo, quando queremos economizar e o nosso parceiro quer gastar? É um problema maravilhoso a enfrentar enquanto casal, sendo que um modo de começar a olhar, ver e dizer a verdade sobre a sua relação mútua com o dinheiro é pedir que o seu bem-amado ou bem-amada também leia este livro. Quando pararem para refletir sobre os problemas ou fazer os exercícios, fiquem juntos e utilizem o processo como um meio de esclarecer as coisas.

Se acharem que têm dificuldade para tomar boas decisões financeiras juntos ou caso se sintam incapazes de empreender a Ação Autêntica a fim de superar os impasses, peçam ajuda. Muita gente descobriu que, se levar os conflitos e dilemas persistentes a um conselheiro — possivelmente a um consultor financeiro —, podem acontecer milagres.

Lembre-se de que escolhemos os nossos parceiros em parte porque nos vemos como membros de uma equipe bem-sucedida, na qual cada um obtém o que quer. Queremos realizar nossos sonhos e realmente não queremos frustrar o parceiro ou parceira. Quando nos lembramos disso — e de quem é a outra pessoa —, os obstáculos à nossa felicidade começam a se dissolver. Conseguimos chegar a resoluções — sobre o plano de poupança, as férias ou os cartões de crédito — e colocar mais energia em nossos sonhos.

5. Como lidar com as Crises Familiares

A morte de um membro da família é devastadora e, às vezes, surgem terríveis conflitos nesses momentos de dor intensa. É bem típica a situação em que o pai ou a mãe de uma família grande deixa uma casa e cabe aos filhos dividi-la com tudo o que contém. Não é incomum desenvolverem-se rancores duradouros porque fulano ficou com a prata, as fotografias ou algum objeto de estimação.

Se você se vir na necessidade de lidar com a propriedade de seus pais, eu lhe peço que aceite uma orientação que ajudou muita gente: não negocie nada enquanto a família estiver de luto. Isso nem sempre é fácil. Procure chegar a um acordo para não lidar com questões de dinheiro ou propriedade antes que se passem nove meses ou um ano. Em meio à partilha, antigas mágoas e desejos frustrados acabam aflorando e vinculando-se a esses bens materiais. Não há como evitar a emoção que domina tal processo.

Se for possível, cuide do patrimônio antecipadamente. Quando eles tiverem maturidade suficiente para ouvi-lo, converse com seus filhos e seja muito claro sobre a maneira como você quer que seus bens sejam divididos. Mesmo sendo jovem, manifeste o seu desejo num testamento. Você não pode mitigar a dor que seus descendentes sentirão, mas pode retirar-lhes dos ombros muita carga emocional, psicológica e até financeira.

6. Como Lidar com os Filhos e com o Dinheiro

Ter filhos às vezes nos deixa loucos com o dinheiro. Não queremos que lhes falte oportunidade e queremos ter certeza de poder olhar para trás com a consciência tranqüila, seguros de que fizemos um bom trabalho com eles.

Para nós, isso talvez signifique ser melhores do que foram nossos pais ao nos apresentar à energia do dinheiro. E pode nos levar a situações interessantes:

> HEIDI: Minha mãe era muito brava com os filhos, e eu queria ser diferente quando constituísse família. Tentei ser perfeita, fazer todo mundo feliz, mas acho que errei. No Natal passado, comprei a Sara uns vinte presentes — que formaram uma pilha enorme junto à árvore. Pensei que ia deixá-la encantada, mas, quando ela começou a abri-los, vi em seu rosto que não era bem assim. Ao chegar ao sexto ou sétimo pacote, Sara começou a ficar irritada. Rasgou os restantes com movimentos bruscos e mal olhou para o que havia dentro. Depois foi brincar com a boneca velha. Eu fiquei pasma, e o dia foi um desastre. Pensei que eu seria muito melhor que meus pais, mas acho que ainda preciso aprender muito.

A maneira como administramos o dinheiro com os filhos às vezes reflete nossos próprios problemas não resolvidos, do passado ou do presente. É fácil perpetuar justamente os parâmetros e as situações que mais queremos evitar. Alterá-los dá trabalho. Também exige tentativa e erro — e a disposição a ser sincero e compassivo com o que acabamos fazendo. Ademais, existem três coisas capazes de mudar absolutamente o que mostramos aos nossos filhos no que se refere ao dinheiro: ser coerente, dizer a verdade e agir conforme os Padrões de Integridade.

Coerência significa simplesmente fazer o que você diz que vai fazer, principalmente quando se trata da mesada. Se você estabelece uma mesada de 5, 10 ou 20 dólares semanais, comunique isso ao seu filho e mantenha a palavra. Se quiser, pode negociar o que espera dele em troca. Isso ensinará a ele que é importante honrar os acordos que envolvem dinheiro.

Dizer a verdade é um pouco mais complicado. Em minha carreira, já vi muitos pais brigando por causa de dinheiro na frente dos filhos e notei que, em tais discussões, o que se ouve é uma Mentalidade do Macaco contra outra. A primeira talvez argumente sobre a importância de ter tudo o que a gente quer na vida. A segunda discorda veementemente e retruca: "Nós não temos dinheiro! Se continuarmos assim, nunca vamos ter!"

E, apanhadas em meio a esse duelo, as crianças ficam confusas. Quando eu falo em dizer a verdade diante dos filhos, é preciso saber a diferença entre a verdade da situação e o discurso da Mentalidade do Macaco:

> ALICIA: Até os 12 anos de idade, eu pensava que a gente era muito pobre. Meu pai e minha mãe viviam brigando. Ela queria comprar coisas, e ele dizia que, se comprasse, a família ficaria falida. Foi a coisa mais esquisita do mundo descobrir que meus pais tinham centenas de milhares de dólares no banco. Mais esquisito ainda, para mim, foi ver a diferença entre o que a gente possuía e o medo que eles tinham disso. Minhas lembranças mais antigas, com relação ao dinheiro, são do medo de gastar e ficar na miséria. No entanto, meus velhos tinham dinheiro de sobra.

Caso você não queira dar uma coisa ao seu filho, não diga: "Nós vamos acabar pedindo esmola" ou "Não teremos nem o que comer se eu comprar tudo que você quer". Diga simplesmente: "Está bem, eu compro" ou "Não, não vou comprar".

Por fim, se quer que seus filhos lidem bem com o dinheiro, procure ter um comportamento ajustado aos seus Padrões de Integridade. Caso esteja preocupado com a integridade de seus filhos com o dinheiro, olhe primeiro para a sua. Lembro-me de uma criança de 6 anos dizendo que: "Eu peguei o gibi porque isso não é roubo. Meu pai também pega o jornal sem pagar".

Nós temos uma oportunidade única de fazer com que o nosso comportamento reflita quem realmente somos — e de passar essa coerência para os nossos filhos. Se o fizermos, nossa vida será melhor e a deles também.

ADQUIRINDO A FORÇA PARA VIVER COM SUAS METAS

Ao fazer este trabalho, você talvez tenha a impressão de estar levantando um peso enorme e de dirigir-se a lugares que o fazem estremecer. Seus Padrões de Integridade estão ganhando força definitivamente, e você sabe que precisa de muita energia para limpar o caminho à sua frente.

Por favor, lembre-se de que, com cada Ação Autêntica que empreende e com cada negócio inconcluso que liquida de uma vez por todas, uma energia tremenda se libera. Vá em frente. Você está operando mudanças duradouras na vida e adquirindo força para conviver com seus sonhos.

PARTE IV

MANTENHA O RUMO

PRINCÍPIO 10

OS OBSTÁCULOS PODEM LEVAR À SUA PRÓPRIA SUPERAÇÃO

O que acontece quando você começa a trilhar o caminho de seus objetivos e sonhos e a primeira coisa com que topa é um gigantesco obstáculo — digamos, uma despesa de emergência que exige todo o dinheiro que economizou para esse sonho ou uma situação que queria ver eliminada em sua empresa? Os obstáculos e as surpresas atordoam e até parecem retardar o progresso. Embora, a princípio, a gente encare essas surpresas como armadilhas e empecilhos, elas estão integralmente ligadas às mudanças na vida.

Por exemplo, talvez você esteja empenhado em atingir um objetivo profissional que, mesmo sem se manifestar da maneira esperada, pode resultar numa recompensa ou num caminho diferentes.

> MILT: Eu queria a função de executivo. Lutei por ela. Quando soube que não tinha sido promovido, fiquei arrasado. Tive vontade de largar a empresa. Porém, quinze dias depois, recebi um telefonema da diretoria na sede. Queriam me entrevistar, pois o cargo de vice-presidente regional de vendas estava vago. Acabei sendo escolhido. Era uma posição bem melhor do que a que eu cogitava. Aceitei com muita alegria.

Se encontrar dificuldades no caminho, não desanime nem pense que não merece ou não está destinado a atingir suas metas. Os obstáculos e as surpresas são inevitáveis na jornada do herói. Indicam que você está no rumo certo. É bem possível que a energia do dinheiro circule em torno dessas surpresas. Dê a si mesmo espaço para respirar e trate de ser flexível para permitir o fluxo.

Este capítulo lhe ensinará a ser flexível e a enfeixar energia conscientemente a fim de antecipar e lidar com o inesperado. Ensinar-lhe-á um programa passo a passo para transformar em oportunidades os obstáculos, que aparecem *mesmo*. Nunca mais você se verá impedido de realizar os seus sonhos.

COMO CANALIZAR A ENERGIA: VOE RUMO AOS OBJETIVOS, NÃO VOLTEIE EM TORNO DELES

Você já escolheu um objetivo MARTE firmemente alicerçado em suas Intenções de Vida. Fez o Mapa do Tesouro e resolveu os negócios financeiros inconclusos. Preparou-se de diversas maneiras para tornar essa meta real no plano físico. O autor W. H. Murray captou com muita beleza o poder desses primeiros passos ao escrever:

> Sem compromisso, a gente vacila, a oportunidade recua, sempre há ineficiência. Em todos os atos de iniciativa e criação, existe uma verdade elementar cujo desconhecimento mata incontáveis idéias e planos esplêndidos: no momento em que a gente se compromete, a Providência também age. Ocorre todo tipo de coisa, para ajudar, que normalmente não ocorreria. Todo um caudal de fatos surge da decisão, suscitando, a favor da gente, toda sorte de incidentes, encontros e assistência material imprevistos, e ninguém teria imaginado que seria assim.

No processo de atingir suas metas, você crescerá bem mais do que imagina — porque todo objetivo que vale a pena está fora de sua estrutura de conhecimento presente. Persegui-lo expande o arcabouço que sustenta sua atual imagem de si. Você já não pode fazer as coisas como sempre fez. Tem de estar aberto para os "incidentes e a assistência material imprevistos" que hão de cruzar o seu caminho.

> MARGARET: Passei anos esperando essa promoção. Enfim, sou gerente de projetos na fábrica. Comando uma equipe de 12 pessoas. Lembro do tempo em que ficava irritada no trabalho. Dizia que era responsabilidade do gerente providenciar para que tudo funcionasse às mil maravilhas. Agora a gerente sou eu! Toda minha perspectiva mudou. Será que estou à altura disso? Estou. Até já ingressei num curso de gerência.

A própria concepção que Margaret tinha de si mudou, e ela viu que precisava estar preparada para todo tipo de oportunidade. Matriculou-se num curso de gerência a fim de estar pronta para a próxima oportunidade que se apresentar.

Você auxilia o fluxo da energia do dinheiro a contornar os obstáculos quando se arma dos instrumentos e das práticas capazes de ajudá-lo a antecipá-los. Eis alguns exemplos do que acontece quando você *não* está preparado para atingir suas metas:

- Você inaugura um negócio. Não pesquisou o que é necessário para administrá-lo. Acaba trabalhando tanto e investindo tanto dinheiro que fica quebrado ou exausto demais para desfrutar do que criou.
- Você finalmente tirou o brevê. Para pagar as despesas do curso, é obrigado a trabalhar tanto que não lhe sobra tempo para voar.
- Você está se preparando para participar de uma maratona. Não procura a ajuda ou a instrução técnica necessária. Acaba se contundindo durante o treinamento e é obrigado a desistir.

Qualquer observador seria capaz de farejar o problema que se armava em cada caso. Já experimentou uma situação parecida? O entusiasmo do objetivo o impulsiona para a frente, mas você esquece ou deixa de fazer o trabalho de casa. Tenta achar atalhos ou polir as arestas. Como certa vez lamentou um treinador olímpico: "Todo mundo quer ser um astro, mas ninguém aparece para treinar".

A jornada do herói rumo a um objetivo começa com as perguntas: "Eu me disponho a ir além de onde atualmente reconheço que estou?" "Eu me disponho a me preparar para conseguir o que quero?" "Disponho-me a conviver com a confusão e o paradoxo enquanto estiver aprendendo?"

É fácil tropeçar um pouco antes de dar os passos necessários para crescer rumo a uma meta:

> MITCH: Meu objetivo é ter sucesso no meu consultório particular. Quando comecei a trabalhar como psicoterapeuta, o mais difícil era tirar dinheiro de meus clientes. Às vezes, a pilha de contas ficava altíssima porque eu me sentia mal cobrando pelo meu serviço. Em certas ocasiões, elas se acumulavam de tal modo que o cliente acabava abandonando a terapia, pois devia muito, e me deixava na mão. Era uma bagunça. A mesma coisa acontecia com o seguro. Eu vivia devendo. Quando contratei um consultor financeiro, tinha 27 mil dólares a receber. Muito dinheiro para o consultório de um único psicólogo.
>
> Ainda bem que recebi ajuda! Agora cobro os honorários no fim de cada sessão. Meus clientes ficam mais relaxados e vêem com realismo o que estão em condições de pagar. Em caso de necessidade, tenho uma escala móvel. Pago as companhias de seguro toda semana. Dos 27 mil dólares? Recebi 21 mil. Uma coisa eu aprendi. Contas a receber não são a mesma coisa que dinheiro no banco!

Lembre-se, você não se preparou tanto, no intuito de atingir seus objetivos, para acabar dando um tiro no próprio pé. São necessários dois pés sadios para avançar no caminho e satisfazer os desejos do coração. Se estiver disposto a se preparar e ser moldado por suas metas, como Mitch finalmente esteve, pode se lançar à aventura. Trata-se de reagir a um sonho criado e projetado no tempo por você mesmo. À medida que avança na direção dele, você muda. É um ciclo de crescimento natural e animador.

Mitch não era contador e, no começo, decerto não se imaginava um bom cobrador de contas. Mas aprendeu. Saiu de sua zona de conforto. Em conseqüência, tornou-se um terapeuta bem-sucedido.

Você já viu que a maioria dos objetivos, na vida, requerem a energia do dinheiro para ganhar existência. Isso vale para os grandes, como comprar uma casa ou abrir um escritório, e para os pequenos, como pintar um quadro ou plantar uma horta. Um meio de se preparar para atingi-los é ver claramente quanto dessa forma de energia nós atualmente temos sob controle. É o que vamos ver a seguir.

REUNIR E ENFOCAR A ENERGIA DO DINHEIRO

Esta seção lhe dirá, com exatidão, de quanta energia monetária você dispõe atualmente para trabalhar. Ela lhe dará uma noção da situação do seu jogo monetário atual.

Você reunirá informação sobre seu quadro financeiro. Sinônimos de reunir são: coletar, colher, selecionar e aumentar. Ao aumentar a consciência de sua atual relação com o dinheiro, você aumenta o seu poder. Também se protege contra o comportamento dirigido que desperdiça essa energia. É por isso que está lidando com o reino físico de maneira enfocada.

Quando colhe alguma coisa, a gente cria uma visão geral dela. Para tanto, eu lhe peço que faça o seu balanço financeiro pessoal. Em segundo lugar, que obtenha e corrija sua situação de crédito.

Pegue a lista de sintomas da Mentalidade do Macaco. Não desista: eu sei que você está ouvindo vozes mandando-o pular esta parte. Que vozes são essas? Em que medida se encaixam na lista de sintomas? Anime-se. Ninguém se enche de entusiasmo quando chegamos a esta parte do Curso Você e o Dinheiro.

Qual é a importância de empreender essas duas ações? Primeiro, o balanço pessoal revela o número de unidades de energia monetária atualmente ao seu dispor. É um marco, na consciência, que o despertará deveras para possibilidades que você nunca pensou que existissem, não só no plano monetário como também em todas as áreas da vida. Ao fazer este exercício, convém elaborar todos os pensamentos que porventura lhe venham dizer que o balanço está relacionado com seu valor enquanto ser humano. Não está! Trata-se apenas de uma contagem, de uma quantificação. Vale a pena aumentá-la? Sim, mas primeiro é preciso saber que quantidade é essa!

Em segundo lugar, sua situação de crédito é a história de como você paga o que deve. Respire, por favor! Chegou a hora de ver se o seu caminho financeiro está livre ou se, atualmente, apresenta barreiras ao progresso baseado em sua situação de crédito. Corrigir isso talvez seja mais fácil do que você pensa!

Por fim, retorne ao modelo da vida como um holograma: a meta é tomar consciência, abrir-se, a fim de experimentar o espaço para respirar sem precisar evitar nenhum aspecto da jornada. Avançando na relação com seu balanço e com sua situação de crédito, você se libertará da pressão das preocupações com dinheiro. Terá força para enfrentá-las. Não se fie em minhas palavras: tente para ver!

Nós esperamos até agora para orientá-lo no sentido de dar esses dois passos porque, neste ponto, você já teve prática suficiente para lidar com o desconforto que acaso venha a sentir. Dispõe do necessário para fazer do incômodo um aliado e seguir adiante. Sua consciência aumentada provocará uma mudança no poder que o capacita a obter o que quer com facilidade, a calçar seus objetivos com a energia monetária de que eles precisam.

Exercício: Seu Balanço Pessoal — Como despertar uma Relação Eficaz com o Dinheiro

Primeiro, pegue uma folha de balanço. É fácil obtê-la nos bancos, nas imobiliárias, nas financeiras e nos livros sobre finanças pessoais. Também se encontra em programas de computador de planejamento financeiro. Tenha consigo o caderno, pois vai responder a algumas perguntas sobre o que descobriu.

O tempo necessário para preencher uma folha de balanço varia. Em caso de dúvida, peça ajuda a quem já o fez. Facilita o processo.

Em primeiro lugar, conclua a declaração mesmo que você tenha feito isso há menos de um ano. Calcula-se o balanço subtraindo o que se possui do que se deve. É uma fotografia instantânea e só vale no momento imediato. Além de seguir as orientações que constam no formulário, observe as seguintes:

1. Ao fazer o balanço pessoal, seja conservador. Se incluir o seu negócio na lista como um ativo, verifique se realmente consegue vendê-lo por um determinado preço.

2. No que se refere à mobília e aos itens pessoais, calcule quanto obteria por eles se os vendesse dentro de quinze dias.

3. Ao repassar os ativos, aproveite para atualizar seu seguro de modo a cobrir qualquer item que você tenha acrescentado ou que haja aumentado de valor com o tempo.

4. Se for casado(a), trabalhe com sua esposa ou esposo a fim de achar a melhor maneira, para cada um, de fazer o balanço financeiro. Você tem acordo pré-nupcial ou qualquer coisa de que você era o único dono antes de se casar? Como eram as leis de propriedade em seu estado? Isso pode ser difícil de se discutir, mas use esse tempo para se conscientizar do seu dinheiro.

Fazer o balanço financeiro pessoal dá impulso à jornada heróica. No caminho, é natural que surja toda sorte de pensamentos e sentimentos. Ver o que emerge é tão importante quanto conhecer o valor quantitativo. O que você vir está presente há muito tempo. Anote no caderno os sentimentos e as percepções que tiver.

Para desmantelar uma antiga estrutura de conhecimento, responda a estas perguntas no caderno também. Se possível, discuta-as com um amigo, com o(a) parceiro(a) ou em grupo.

1. Você sente que este balanço mede o seu valor enquanto pessoa? Diga a verdade. Lembre-se, um dos sintomas da Mentalidade do Macaco é "levar as coisas em termos pessoais". Nós todos fazemos isso às vezes. Ponha para fora. Se for verdade para você, chegou a hora de escrever e falar a respeito.

2. Você ficou agradavelmente surpreso com seu balanço? Desagradavelmente surpreso? Mesmo sabendo que se trata apenas de um instantâneo? Verificar isso costuma ser um aviso para despertar.

3. Você está interessado em aumentar seus ativos? Seria bom obter um valor mais elevado? Está satisfeito com o que tem atualmente?

É bom refazer o balanço pessoal de seis em seis meses. Alguns participantes do Curso Você e o Dinheiro fizeram gráficos para mostrar o aumento de seu valor líquido no tempo. Estabeleceram metas para alcançar determinada quantidade de dinheiro, num determinado período, e mapearam os resultados. Pode ser muito compensador. Talvez você tenha mais controle do que pensa sobre a maneira de gastar ou investir seu dinheiro.

Rumo a uma Quantidade Maior

Você gostaria de aumentar seus ativos? Há quatro maneiras de fazê-lo:

1. Eliminar o débito.
2. Gastar menos.
3. Investir.
4. Ganhar mais.

O quinto modo, herdar, não é acessível a todos, mas pode afetá-lo.

A maneira mais eficaz de aumentar os ativos é pagar as dívidas, *especialmente aquelas sem garantia, como os cartões de crédito.* Toda vez que paga uma dívida vencida ou reduz o débito no cartão de crédito, você aumenta seu valor líquido pessoal. Pode parecer que seja preciso ganhar mais para aumentá-lo, mas este, provavelmente, é o modo *menos* eficaz de fazê-lo.

Ao pensar em gastar menos, lembre-se dos exercícios que fez para esclarecer a diferença entre deixar vazar dinheiro e gastar. Você assimilou algum meio de cessar o fluxo inconsciente de dinheiro em suas mãos? É uma boa ocasião de usar o que aprendeu. E uma excelente oportunidade de simplificar a vida, concentrando seus recursos no que é importante.

Exercício: Conheça a Situação do seu Crédito

Se o balanço pessoal é um número, a situação de crédito é uma vantagem: uma lambuja no golfe, por exemplo. Revela a facilidade com que você consegue negociar as questões financeiras. É importante saber disso quando a gente começa a avançar rumo aos objetivos. Segundo os banqueiros, um obstáculo freqüente à obtenção de dinheiro é uma situação de crédito que mostre que você é um risco de investimento. Isso pode impedi-lo de obter empréstimo. Sua situação de crédito não depende de quanto você ganha — baseia-se na sua pontualidade no pagamento das dívidas. Também reflete se você deve mais do que pode pagar confortavelmente. Eu conheço milionários que têm dificuldade de negociar financiamento devido à sua precária situação de crédito.

A ficha financeira está sujeita a inexatidões e erros. Por exemplo, uma mulher descobriu que, segundo o serviço de proteção ao crédito de sua região, era casada com o filho adulto! Toda vez que ele emitia um cheque sem fundo, aparecia na ficha dela. Foi preciso escrever ao serviço para esclarecer o engano. Instantaneamente, sua situação de crédito melhorou cem por cento! Um conhecido meu descobriu que o estavam confundindo com outra pessoa do mesmo nome, que morava a quatro mil quilômetros de distância e pedira falência recentemente. Pode ser que você também precise fazer retificações.

Obtenha fichas de dois serviços de proteção ao crédito diferentes. As instituições financeiras consultam mais de um para avaliar a situação de crédito de quem pede empréstimo. Pode ocorrer que, mesmo retificando os eventuais equívocos numa ficha, a outra continue inalterada. Mas é útil mostrar à instituição financeira pelo menos duas fichas corrigidas de serviços respeitados.

Cada relatório desses pode custar entre 8 e 15 dólares, mas é um dinheiro bem empregado. Você saberá *antecipadamente* se há algum fator capaz de impedi-lo de atingir sua meta. Essas fichas devem ser atuais. Se a sua for de mais de três meses, pode ser que você não receba a informação exata de que necessita. Trate de trabalhar com fichas de crédito confiáveis, não com impressos de computador como os disponíveis nas agências de automóveis e nas imobiliárias. As fichas dos serviços de proteção ao crédito incluem códigos de avaliação, os quais você deve entender, e dão os métodos utilizados pelo serviço a fim de esclarecer os itens de crédito.

Faça este exercício e veja o que descobre. Garanto que terá mais poder para perseguir seus objetivos. É tudo questão de despertar e escutar! Você está demonstrando uma coragem de herói. Precisará do caderno para o exercício. O tempo necessário varia, pois depende da natureza de sua ficha. O mais provável é que gaste pelo menos vinte minutos estudando cada documento.

1. Procure todos os itens que apontem para uma questão relativa à sua situação de crédito, a qual pode estar ruim devido aos seus próprios equívocos ou negligências. Quais são eles? Podem ser retificados? Um erro que se comete com freqüência é esquecer de encerrar as contas bancárias já não utilizadas. Simplifique. Cancele as contas antigas: é bem possível que sua avaliação melhore. Leia, no verso da ficha, as soluções propostas pelo próprio serviço e adote-as.

2. Se estiver em dúvida quanto a algum item, talvez convenha consultar um profissional. Trata-se de uma questão jurídica? De um erro de contabilidade?

3. Anote no caderno, sob o título "Negócios Financeiros Inconclusos", todos os itens que precisam ser esclarecidos ou retificados. Coloque a data ao lado de cada um, acrescentando quando vai tomar as providências necessárias. Cuide disso o mais cedo possível!

Discuta o que descobriu com um amigo ou em grupo. Sabendo exatamente o que consta em sua ficha, você pode reagir com realismo ao negociar as questões financeiras. Muitas vezes, um relato sincero e direto dos erros que figuram na ficha possibilita a colaboração alheia na busca de soluções. Ademais, os itens podem ser retirados se você entrar em contato com o serviço que os incluiu na ficha.

Que conversação interior você detecta ao examinar sua situação de crédito? Ficou aliviado? Preocupado? Está permitindo que o desconforto fique presente ao mesmo tempo que trata do que precisa ser corrigido?

O desconforto que porventura sentir é natural. Ao encará-lo, você o diminui; evitá-lo significa aumentá-lo. Enfrentar o desconforto com compaixão produz sabedoria, pois você verá o quanto ele é irrelevante para atingir suas metas e realizar seus sonhos. Isso o ajudará a cultivar um coração de herói.

NA ROTA DOS OBSTÁCULOS

Avaliando imediatamente a sua energia monetária, você fica mais centrado e preparado para as surpresas inevitáveis. Na vereda heróica, nós geralmente as denominamos obstáculos.

Você já esquiou? Na primeira vez em que tenta, tudo é obstáculo. Usar os bastões, calçar os esquis, ficar de pé, deslocar-se — tudo exige energia e deliberação. É habitual começar com esquis mais curtos e largos, que facilitam a passagem pelos trechos de grama seca ou terra que eventualmente encontramos. O avanço é lento. À medida que vai ganhando habilidade, a gente passa a usar esquis mais estreitos. Começa a fazer curvas mais graciosas. No entanto, com eles é impossível passar pelos trechos sem neve. Embora sejam feitos para os movimentos elegantes e hábeis, esses esquis são bem mais difíceis de usar. Quando a gente desce com maior rapidez as encostas brancas, os menores trechos sem neve passam a ser obstáculos. Em alta velocidade e com grande precisão, as mais insignificantes imperfeições do caminho são capazes de jogá-lo de cara no chão. Você já deve ter visto isso acontecer até em competições olímpicas.

Essa é a natureza do crescimento e do progresso rumo a suas metas. Quanto mais poderoso e consciente você se tornar, mais ciente passará a estar dos obstáculos no caminho. Para continuar sendo poderoso, precisa removê-los. Ajuda muito saber prevê-los, mas isso nem sempre é possível.

Os obstáculos acontecem. Geralmente são fatos desalentadores e frustrantes. Raramente ouvimos as pessoas dizerem: "Oba! Há uma pedra no caminho. Que bom!" No entanto, os obstáculos são necessários à jornada heróica. Definem as lições na vida. Sem eles, não há crescimento. Sem eles, não há jornada.

O PONTO "QUE M...!" OU PQM

Finja um instante que quer comprar uma casa pela primeira vez. Se for verdade, tanto melhor. Suas Intenções de Vida para este objetivo são "ser financeiramente bem-sucedido" e "ser criativo com o meio". Você faz uma pesquisa preliminar e constata que, na qualidade de comprador estreante, pode adquirir um imóvel da faixa de preço que quer com uma entrada de 12 mil dólares. Decide economizar mil dólares por mês durante um ano. Arruma um emprego extra, aperta o cinto e inicia a jornada. Imagina que tudo vai acontecer de uma determinada maneira:

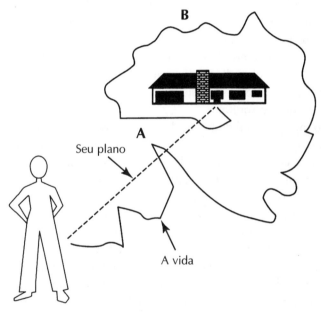

Mas eis que a vida real entra em cena com algumas surpresas. Quatro meses depois, no Ponto A, você economizou 4 mil dólares e está feliz da vida. Então, um belo dia, achando-se a caminho do seu segundo emprego, o motor do seu carro funde. Como a garantia já venceu, o conserto lhe custa nada menos que 2.300 dólares. Mas você precisa muito do automóvel. Que droga!

É uma verdadeira pedra no caminho da jornada heróica. O que você diz ao ver o orçamento da oficina mecânica? Provavelmente algo profundo como "Mas que m...!" Trata-se de uma expressão universal de contrariedade. É por

228 A ENERGIA DO DINHEIRO

isso que damos ao Ponto A o nome de "Ponto 'Que M...!'". A Mentalidade do
Macaco intercede prontamente com comentários úteis como:

"Lá se foi a casa para a cucuia".

"Por que esse tipo de coisa sempre acontece comigo?"

"O universo está me dizendo alguma coisa."

"É óbvio que essa casa não era para ser minha."

"De volta ao ponto zero. Vou ter de começar tudo de novo."

Em outras palavras: "Não devia ter acontecido! Definitivamente, esta inter-
rupção não estava no programa".

Absolutamente todo mundo dá com a cabeça na parede, assim, no caminho rumo aos seus objetivos. Porém, caso você se encontre neste ponto, pense
no seguinte: topar com um obstáculo, ver-se bem no meio de um PQM, é sinal
de que está plenamente comprometido com sua meta. É uma comprovação.

Naturalmente não é bem isso que a gente sente. Qualquer um acaba tendo
todo tipo de pensamento sobre a situação, sobre si e sobre o resto do mundo.
Mas é inevitável que os obstáculos venham à tona quando a gente transfere
um objetivo da realidade metafísica para a física. Eles são criados pelo movimento, tal como o gelo que se forma sobre um quebra-gelos.

Toda vez que você põe ação no domínio físico, topa com uma reação. Do
contrário, aquela não teria limite e nossa energia se dispersaria, assim como a
luz projetada no céu se dispersa e enfim desaparece. Os obstáculos são um
sinal de que a realidade está resistindo aos seus esforços e acrescentando forma à energia de seu sonho.

É claro que a Mentalidade do Macaco não vê as coisas assim e, se você lhe
der ouvidos, ela é capaz de devolvê-lo diretamente às suas confortáveis estruturas de conhecimento — afastando-o da vereda heróica. O resultado é o colapso: o desconforto psicológico, emocional, físico ou espiritual que indica que
você parou de avançar para lidar com o obstáculo. Os colapsos não são uma
experiência agradável e não há meio de negá-los ou "enfeitá-los". Portanto é
particularmente útil saber o que fazer com eles quando surgirem.

Com o carro na oficina para o conserto de 2.300 dólares, você olha para os
escombros do trabalho que fez até agora. Continua com as intenções de ser
financeiramente bem-sucedido e criativo. Continua com a meta de comprar
uma casa, a qual é a projeção das suas intenções na realidade física. Enfim,
continua com o plano de economizar mil dólares por mês. Um e *apenas um*
desses fatores precisa ser alterado neste ponto. Qual?

Sua primeira reação pode ter sido a de alterar o objetivo ou de, pelo menos,
adiá-lo durante algum tempo. Afinal de contas, não tem o dinheiro que esperava
ter a esta altura dos acontecimentos. Quatro meses depois de haver começado,
conseguiu economizar apenas 1.700 dólares para a sua meta original.

A título de ilustração, vamos piorar ainda mais a situação. Digamos que
você conseguiu retomar seu caminho. Avançou onze meses no projeto de

adquirir casa própria. Fez muitas horas extras e acumulou 11 mil dólares. Achou um imóvel bonito e fez os primeiros trâmites para comprá-lo. No entanto, uma semana antes de fechar o negócio, seu apartamento é assaltado (Ponto B). Roubam-lhe mais de 6 mil dólares em equipamento de informática, sendo que você precisa concluir um trabalho em quinze dias — para o emprego que lhe rendeu boa parte dos 11 mil dólares.

Retomemos a pergunta "O que precisa ser alterado aqui?" Desta vez a resposta tem três partes:

1. A intenção não precisa ser modificada. As circunstâncias externas não invalidam suas intenções.

2. A meta não precisa mudar.

3. O que talvez precise de alteração ou desmantelamento é a sua estrutura de conhecimento a respeito do caminho a seguir. É o que se chama seu *plano*.

Isso pode não parecer uma revelação. Todavia, nos anos que passei treinando as pessoas, eu reparei que, quando topamos com obstáculos, o primeiro fator que sacrificamos é a *meta*, não o plano! Muita gente fica preso ao plano, quase viciado nele. Age como se fosse menos importante atingir o objetivo que atingi-lo da maneira como planejamos.

Os planos são criados a partir de modelos mentais do que nos será necessário para chegar à meta. Esta, porém, quando vale a pena, é uma etapa. Não há como criar um plano que nunca precise de alteração ou desmantelamento — principalmente quando estamos buscando algo novo. Muitos planos são defeituosos desde o começo porque, na verdade, não passam de *aproximações* da realidade.

Pense na possibilidade de seus planos ou estratégias de vida o estarem impedindo de obter o que quer. Você tem, na mente, a imagem de como sua jornada deve ser. Essa imagem pode ser insuficiente para atingir os objetivos de seus sonhos. No exemplo da compra da casa, o plano consiste em economizar mil dólares por mês. Será que esta é a maneira mais fácil e rápida de atingir a meta? O plano cria mais problemas do que resolve? Ele se tornou inflexível?

As pessoas bem-sucedidas estão dispostas a ser flexíveis nas estratégias. Para elas, atingir o objetivo é muito mais importante do que ter razão quanto ao que é preciso para chegar até lá. Estão dispostas a ser incorretas com relação aos planos iniciais. Dispostas a transformar o chumbo em ouro — os obstáculos em milagres.

Brenda, uma participante do Curso Você e o Dinheiro, estava justamente realizando o plano de economizar mil dólares por mês, para comprar uma casa, quando seu carro quebrou.

BRENDA: Foi como se me tivessem dado um soco no estômago. Achei que seria impossível comprar minha casa, mas logo me lembrei do nosso trabalho com os obstáculos. Quando olhei para o que eu vinha fazendo, vi que estava tentando atingir essa meta sozinha, sem contar com a ajuda de ninguém. Reuni um grupo de amigos que conheciam o meu objetivo e as minhas intenções e disse que estava disposta a receber orientação para superar minha estrutura de conhecimento. Pedir o apoio dos demais foi um modo de manifestar minha intenção de ser criativa.

Começamos a pensar juntos. Acabamos chegando a quatro alternativas: a dívida do proprietário, pedir empréstimo ao meu tio, ficar sócia de um amigo em iguais proporções e tomar mil dólares emprestados a cada um dos amigos. Procurei o corretor. Sabe o que aconteceu? Os proprietários estavam dispostos a aceitar uma segunda hipoteca se eu pagasse 5 mil dos 12 mil que devia. Deu certo!

QUATRO ORIENTAÇÕES PARA OLHAR PARA OS OBSTÁCULOS

Quando você encontra obstáculos, as orientações seguintes podem despertá-lo para as possibilidades existentes:

1. *Os obstáculos e os colapsos deles resultantes são a comprovação, não a invalidação, de suas intenções.* Logicamente, é preciso haver uma intenção para que ela fique bloqueada. Por exemplo, se você não tivesse nenhuma intenção de ser bem-sucedido financeiramente, pouco lhe importaria qualificar-se para o financiamento de um imóvel. Como me disse um amigo, "Às vezes a gente sabe o tamanho da intenção de uma pessoa pelo tamanho dos obstáculos que a manifestam". Não faltam exemplos: Martin Luther King, Madre Teresa, o Dalai Lama. Anime-se. Quando experimenta obstáculos, você está em boa companhia.

2. *Se não aparecer nenhum obstáculo no caminho do seu objetivo, pode ser que você não esteja se desafiando.* Isso nada tem que ver com facilidade. Os obstáculos só surgem quando você encara os fatos exteriores a sua atual estrutura de conhecimento. Dentro dela não ocorre nenhum aprendizado real. Há pouquíssimo risco. Você tem condições de erguer a barreira. Desse modo, terá mais de uma ocasião de passar por milagres.

3. *Se você experimenta unicamente obstáculos no caminho de sua meta, pode ser que tenha escolhido a maneira mais difícil de trilhá-lo.* Um fluxo consistente de obstáculos e colapsos pode ser sinal de que você escolheu uma meta fora de seu alcance no momento. Se continuar nesse caminho sem modificar seu objetivo, pode acabar com a prova da futilidade de buscar o que quer na vida. É pura Mentalidade do Macaco. Outro sinal de que talvez tenha escolhido a maneira mais difícil de atingir sua meta é não pedir ajuda. "Eu tenho de fazer isto sozinho" é uma das estruturas de conhecimento mais insidiosas a ser desmantelada.

4. *As pessoas de sucesso dão mais importância às metas e intenções que aos planos.* Os planos são o que a gente acha, com base nas informações presentes,

que é necessário para atingir um objetivo. A vida real raramente acompanha os planos. Prendendo-se a eles, a gente arrisca ficar parado. Seus sonhos são grandes e importantes para você, mais importantes que qualquer plano. Estes sempre precisarão ser modificados — não os seus sonhos. Basta entender isso para ter a chave de ouro do sucesso!

Exercício: A Transformação do Chumbo em Ouro

O processo de transformação do chumbo em ouro é a metáfora alquímica da transformação dos obstáculos em milagres. Os alquimistas eram filósofos e sábios. Viam a vida como o laboratório em que se destilava o espírito humano, retirando-o do estado obscuro (chumbo) e levando-o ao esclarecimento (ouro). Conforme o raciocínio deles, quem conseguisse purificar o próprio espírito conseguiria transformar chumbo em ouro. Talvez alguns tenham aprendido a fazer isso. Muitos obtiveram um tesouro maior ainda. Aprenderam a utilizar o material da vida cotidiana, tanto as alegrias quanto as tristezas, para despertar para a sua própria essência. Descobriram que chumbo *é* ouro.

Você vai aprender a usar os obstáculos e colapsos para expandir sua consciência dos milagres que o cercam. Este exercício é bom para as épocas em que a gente encontra o que se percebe como um obstáculo. Com a prática, é possível passar rapidamente por ele. Eu lhe sugiro que o faça com outra pessoa a princípio, de modo que um apóie o outro ao implementar o que retirarem desse trabalho. Podem comparar as anotações, discutir as idéias e ajudar-se mutuamente a avançar no processo. Compartilhe o que encontrar a cada passo. Acima de tudo, procure empreender a Ação Autêntica.

Você vai precisar do caderno, das Intenções de Vida e dos Padrões de Integridade. Inicialmente, este exercício talvez lhe exija cerca de trinta minutos para examinar cada obstáculo. Com a prática, é possível abreviar significativamente o processo.

1. Identifique um obstáculo que você enfrenta atualmente, algo que acredita que o impede de atingir um objetivo. Escreva pelo menos três frases sobre ele. É a sua avaliação preliminar.

2. Detalhe mais a descrição do obstáculo. Olhe para o que acaba de escrever. Trata-se de narrar claramente os fatos ocorridos. Sua frase é vaga ou genérica? Por exemplo, "Eu estou muito cansado" é uma afirmação genérica. Seja mais específico e situe um incidente que o esteja impedindo de prosseguir em seu caminho. As afirmações abaixo podem ajudá-lo:

JOEL: Acabo de receber uma notificação do banco dizendo que meu pedido de empréstimo para refinanciar minha casa não foi aprovado. Eu estava contando com ele para sair do débito.

MEG: Fui reprovada no exame para tirar licença de psicoterapeuta. É a terceira vez que isso acontece.

KAREEM: Nós temos um prazo para este projeto de construção. Trabalhei com meus supervisores, mas eles continuam demorando para me entregar os detalhes específicos. Pode ser que não cumpramos o contrato a tempo como eu planejei.

3. Examine seu colapso em face desse obstáculo. Colapso é sua reação pessoal ao obstáculo. Há quatro áreas nas quais a gente experimenta um colapso: os pensamentos, os sentimentos, as sensações físicas e o espírito. Esses fatores não são independentes entre si. Formam a estrutura de conhecimento do fato/obstáculo. Você escolherá cada área e olhará para suas reações específicas. Faz parte do processo de desmantelamento.

Pegue uma página em branco do caderno e intitule-a "Pensamentos". Anote todos os seus pensamentos sobre o obstáculo. Inclua suas explicações, razões e teorias sobre o porquê de essa situação ter surgido.

JOEL: O banco não me concedeu o empréstimo porque não confia em mim. A economia vai mal. Os bancos não estão emprestando dinheiro facilmente. Isso vai me prejudicar. A culpa é toda minha. Tenho demasiados itens questionáveis em minha ficha de crédito. Minha ex-esposa abusou dos cartões de crédito pouco antes do divórcio.

MEG: Eu fiz o que pude. Não consegui ser aprovada. Sou muito velha para isso. Devia ter feito o exame quando era mais moça. Esperei demais, depois de formada, para voltar a estudar. O curso que fiz desta vez não me preparou.

KAREEM: Não se pode contar com supervisores de construção. Todo mundo sabe disso. A única coisa que eles querem é o contracheque. Eu mesma vou ter de fazer o trabalho deles. É o velho ditado. Quem quer faz, quem não quer manda. Esses caras são todos uns cretinos.

Ao escrever seus pensamentos, inclua quaisquer julgamentos que tiver sobre si, sobre a situação ou sobre as outras pessoas. Se tentou e não conseguiu consertar a situação, anote isso também. Inclua todo e qualquer método que tenha usado. Continue arrolando seus pensamentos até que não lhe ocorra mais nada.

Agora faça a mesma coisa com os "Sentimentos". Você está triste, frustrado, entediado, ansioso, furioso, em pânico, assombrado, atordoado, com raiva ou só? Sente-se traído, abandonado ou magoado? Seja o mais articulado possível quanto aos seus sentimentos. É importante pô-los todos para fora escrevendo. Pode ser mais ou menos assim:

KAREEM: Toda esta situação me aborrece muito. Estou com raiva desses supervisores e morrendo de medo de arruinar minha reputação se não conseguir cumprir o prazo.

Este processo lhe pede que distinga os *sentimentos* dos *pensamentos*. Significa tirar a tampa de sua estrutura de conhecimento do obstáculo em questão e olhar para as partes que a compõem. Este ato a torna mais permeável e flexível, mais fácil de expandir-se para incluir os milagres que atualmente esperam lá fora.

A seguir, vêm as "Sensações Físicas". O que você percebe ao escrever sobre este obstáculo? Cansaço? Dor de cabeça, de estômago, no pescoço, nas costas? O coração disparado ou um aperto no peito? Um frio na barriga? Anote todas as sensações físicas que tiver.

O "Espírito" é a quarta área a ser examinada. Neste nível, os sintomas de colapso geralmente aparecem em termos do que lhe falta. Pode ser que você experimente uma falta de inspiração, de entusiasmo, de esperança, de gratidão, de lugar próprio, de alegria. Há ocasiões em que as pessoas têm a sensação de que o futuro não lhes reserva muita coisa.

> KAREEM: Não há esperança para mim nesta situação. Ninguém joga no meu time. Eu sei que estou sozinha. Não tenho por que me sentir agradecida ou entusiasmada. O futuro é negro. Antigamente eu inspirava as pessoas que trabalham para mim. Agora não!

Ao terminar esta etapa, reserve um momento para descansar e refletir com serenidade. Não se deixe perturbar pela negatividade que você expressou. É uma reação comum. Em geral, nós não tiramos tempo para examinar cabalmente os nossos colapsos na vida. Sabemos que algo anda errado ou que estamos zangados e frustrados. Ou pensamos que o mundo está contra nós. Mas continuamos vagos em situar a natureza real do obstáculo e do colapso. Em conseqüência, permanecemos onde estamos. Este exercício há de romper tal padrão.

4. Distancie-se um pouco do obstáculo/colapso/fato e veja-o em perspectiva.

a. Converse com alguém sobre ele. Leia para essa pessoa os seus sintomas. Peça-lhe que se limite a ouvi-lo sem fazer comentários.

b. Se não tiver com quem conversar no momento, pegue o que escreveu, coloque-o sobre uma mesa ou no chão e afaste-se cerca de um metro e meio. Volte-se e olhe. Faça isso, mesmo que pareça uma tolice. Do lugar onde está, nota alguma coisa no que escreveu? Não parece um pequeno feixe de energia? Com um pouco de imaginação, você quase chega a ouvi-lo zumbir feito um transformador de cabo de alta-tensão. Tenha você optado por a ou por b acima, utilize as seguintes perguntas para ajudá-lo a tomar distância dessas percepções e interpretações altamente carregadas:

- Eu vejo claramente que estou passando por um colapso nesta situação?

- Vejo que minhas melhores estratégias não funcionam ou podem ser parte do problema?

- Tenho tentado resolver tudo sozinho, sem consultar ou buscar o apoio de quem pode me ajudar?

- Estou disposto a prosseguir, mesmo que isso signifique fazer as coisas de modo diferente?

- Estou disposto a desistir dos planos que parecem já não funcionar?

5. Reveja o obstáculo. O que aconteceu deveras, os fatos nus e crus? É aqui que se destila a verdade a partir dos sintomas, como ao separar o ouro do chumbo. A verdade é uma afirmação sobre o que aconteceu na realidade física.

234 A ENERGIA DO DINHEIRO

JOEL: Não obtive o empréstimo. Minha ficha contém itens questionáveis.

MEG: Ainda não consegui ser aprovada no exame para tirar a licença de psicoterapeuta.

KAREEM: Não vou cumprir o prazo do contrato.

É bem possível que você tenha visto a verdade do obstáculo ao ler pela primeira vez a história de cada pessoa. Mas elas não viram. Estavam mergulhadas nele, com a Mentalidade do Macaco a lhes berrar no ouvido. É por isso que os passos acima são tão importantes. É como limpar o pára-brisa para enxergar o que realmente está diante da gente.

E então, qual é a verdade desse obstáculo? O que aconteceu de fato? O que você fez ou deixou de fazer? Respire bem fundo neste ponto e acene para a Mentalidade do Macaco.

6. Olhe para as promessas não cumpridas. Um exame mais detido dos obstáculos acima revela que, em todos os casos, a pessoa deixou de cumprir a promessa que fez para si ou para os outros. Ainda não tomou nenhuma providência para corrigir ou equilibrar a situação. Isso é incômodo e explica, pelo menos em parte, a intensidade de seus sintomas.

Um modo de chegar às promessas subjacentes é olhar para seus Padrões de Integridade. Seu comportamento, nesta situação, se opõe a algum deles? A qual? Anote. Quais são as promessas quebradas?

JOEL: Um de meus Padrões de Integridade é "inteligência". Definitivamente, não foi nada inteligente da minha parte ter uma ficha de crédito com itens questionáveis que não removi pessoalmente e com os quais eu não contava. Outro é ser "consciente". Quando pedi o empréstimo, não tinha consciência de que minha ficha refletiria o que refletiu. A promessa? Era de obter o refinanciamento da casa. Ainda não a cumpri.

Vê a sabedoria operando aqui? Joel demonstra ter coração de herói. A gente sente a fiabilidade e a inteligência dele. Ele deixou a beira do caminho e está avançando outra vez. Seja delicado consigo mesmo ao fazer este trabalho. Muitos nunca chegam ao ponto de olhar para as próprias promessas, cumpridas ou não.

Quando a gente diz a verdade sobre os obstáculos e as promessas quebradas, a culpa se dissolve. Você pára de pôr a culpa em si mesmo ou nos outros. Culpar é uma reação da Mentalidade do Macaco. Em vez disso, simplesmente aponta para o que é, para o fato nu e cru. Isso é possível mesmo que o obstáculo esteja totalmente fora do seu controle. Um incêndio ou uma inundação, por exemplo, pode gerar toda uma série de promessas não cumpridas. Em tal situação, a vereda do herói é clara: aprender com a enrascada, limpar o caminho e seguir avançando.

7. Examine suas Intenções de Vida. Apesar das aparências, os obstáculos e colapsos não anulam as intenções. Pelo contrário! Como dissemos anteriormente, o fato de uma pessoa considerar uma situação um obstáculo significa que ela tem uma intenção atualmente obstruída. É uma validação da intenção e da própria pessoa! Se não tivesse intenção nenhuma, esse incidente ou circunstância nada significaria para ela.

JOEL: Minha intenção é ser financeiramente bem-sucedido.

MEG: Minha intenção é ser uma psicoterapeuta competente.

KAREEM: Eu tenho a intenção de ser uma empresária e uma supervisora de sucesso.

Que Intenções de Vida estão obstruídas em sua situação atual? Anote-as no caderno. Se tiver dificuldade, peça o apoio de uma pessoa objetiva.

8. Identifique as metas que você tem se empenhado em atingir. Trave um novo conhecimento com seu objetivo. Isso o ajudará a enfrentar o obstáculo. Tendo chegado até aqui, pode ser que você descubra que não definiu sua meta claramente ou que não se tratava de uma meta. Operar sem objetivo ou com um que não esteja claramente definido é mais ou menos como um arqueiro que dispara sem alvo definido. Sua trajetória pode ser reta, mas o que ele quer atingir?

JOEL: Minha meta? Comprar uma casa, com facilidade!

MEG: Eu quero abrir meu consultório particular dentro de nove meses.

KAREEM: Meu objetivo é concluir este projeto em cinco semanas e gratificar minha equipe por ter trabalhado tão bem.

Dedique tempo a esta parte do exercício. Você se recompensará com um verdadeiro presente quando vir suas metas claramente. Estas são os pontos de referência que você escolhe para manifestar suas intenções.

9. Empreenda a Ação Autêntica. Alinhe-se com suas Intenções de Vida, seu objetivo, seus Padrões de Integridade e faça uma declaração de toda e qualquer promessa que não tenha cumprido. Pergunte-se como uma pessoa com seus Padrões e suas Intenções lidaria com a situação.

a. Primeiro, que promessas precisam ser cumpridas? Qual é a Ação Autêntica para tanto? Quando?

b. Você precisa de ajuda para reafirmar seu objetivo de modo que ele se conforme com o critério MARTE?

c. Qual é a próxima Ação Autêntica rumo a sua meta?

d. O apoio de quem você está disposto a aceitar? Converse com essa pessoa nas próximas 24 horas. Faça-o enquanto este exercício ainda estiver fresco em sua mente.

e. Se alguém lhe oferecer apoio, você está disposto a aceitar? Mesmo que não seja necessariamente a maneira como você costuma fazer as coisas?

Pratique este exercício e será mais fácil enfrentar os obstáculos e colapsos que deixar que eles o detenham. Em breve você se verá avançando consciente e rapidamente nas diferentes etapas. Talvez as primeiras duas vezes sejam mais lentas. No entanto, faça o exercício completo. Ele o ajuda a desenvolver a capacidade de permanecer no caminho.

Você deixou alguém acompanhá-lo nas diferentes etapas? O que sentiu ao aceitar o apoio de outra pessoa? Conseguiria acostumar-se a isso? Bom trabalho!

PRINCÍPIO 11

O APOIO MÚTUO AUMENTA O SEU PODER

Para muita gente — principalmente nos Estados Unidos —, a palavra *herói* é sinônimo de "indivíduo durão". Nós concebemos as jornadas rumo aos nossos sonhos como uma busca solitária. Acreditamos que as pessoas mais admiráveis e bem-sucedidas chegaram sozinhas às realizações ou ao *status* a que chegaram, avançando exclusivamente por conta do próprio esforço. Entretanto, eu descobri que, por trás de cada grande sucesso, há uma equipe de apoio.

Pense um pouco nas maiores conquistas no esporte. Os atletas, sendo ou não sendo membros de uma equipe, recebem ajuda dos treinadores, dos patrocinadores, dos familiares e dos amigos. Reconhecem abertamente o papel decisivo dessa gente em sua vida. Nenhuma figura importante do esporte transformou seu enorme talento em realizações admiráveis sem apoio em cada etapa do caminho.

Todos merecemos e podemos encontrar a energia do apoio. Sua vida será criativa e fácil se você der e receber essa energia.

As pessoas de sucesso aprenderam a ajudar os outros e a receber ajuda. Esse apoio mútuo nos amplia a coragem, a fé e a confiança naturais. As estruturas de apoio nos lembram as promessas que fizemos e nos mantêm enfocados nelas como parte do nosso caminho. O verdadeiro apoio é maior e mais eficaz que a Mentalidade do Macaco e evoca o nosso talento, a nossa maior capacidade e os nossos sonhos.

A maioria das pessoas acredita no mito segundo o qual quem aceita ajuda diminui sua própria realização e não merece elogio pelo que fez. Até certo ponto, o auxílio parece uma muleta ou até um defeito pessoal. Mas quem

238 A ENERGIA DO DINHEIRO

adota essa linha de raciocínio acaba envelhecendo antes do tempo. Acaba atolando-se por perseguir os sonhos no isolamento.

Você não tem de fazer nada sozinho! O apoio está ao seu redor, e basta conectar-se com ele para que sua vida mude maravilhosamente. Isso lhe permitirá fazer as coisas da maneira mais fácil. Neste capítulo, vamos dar a mão aos nossos companheiros de viagem, aos nossos aliados e ao bem-vindo círculo de corações e mãos.

"O PERIGO DE FAZER TUDO SOZINHO"

Há uma história, quase lendária hoje em dia, que vale a pena repetir aqui. É engraçada e também transmite uma mensagem sobre o perigo de "fazer as coisas sozinho". Segundo se conta, o seguinte relato acompanhou um pedido de indenização por acidente de trabalho na década de 20.

Escrevo em resposta à sua pergunta referente ao Bloco nº 11 do formulário do seguro, que indaga a causa do acidente, e onde eu coloquei "Tentar fazer o trabalho sozinho". O senhor diz que precisa de mais informação. Espero que esta seja suficiente:

Sou pedreiro de profissão e, na data do acidente, estava assentando tijolos sozinho, no alto de um prédio de quatro andares, quando percebi que sobrariam cerca de 250 quilos de tijolos. Em vez de levá-los para baixo com as mãos, resolvi colocá-los num barril e descê-los com a ajuda de uma polia presa no telhado do prédio. Amarrei a outra ponta da corda no nível do chão, subi ao quarto andar, coloquei os tijolos no barril e o deixei pendurado lá em cima. Então retornei ao andar térreo, desatei a corda e a segurei com força para que a descida do barril fosse lenta.

Como o senhor há de notar no Bloco nº 6 do formulário, eu peso 73 quilos. Devido ao susto por ser erguido do solo tão depressa, perdi a presença de espírito e esqueci de largar a corda. Entre o segundo e o terceiro andar, choquei-me com o barril que vinha descendo. É o que explica as contusões e os cortes na parte superior do meu corpo.

Recuperando a presença de espírito, segurei a corda com firmeza e continuei subindo rapidamente, ao lado do prédio, e só parei quando minha mão direita bateu na polia. Isso explica meu polegar quebrado. Apesar da dor, conservei a presença de espírito e continuei agarrado à corda. No entanto, mais ou menos ao mesmo tempo, o barril bateu no chão e seu fundo caiu. Livre do peso dos tijolos, ele passou a pesar cerca de 25 quilos. Volto a me referir ao Bloco nº 6 do formulário e ao meu peso.

Como se pode imaginar, eu iniciei uma rápida descida. Na altura do segundo andar, trombei com o barril que vinha subindo. Coisa que explica os ferimentos nas pernas e na parte inferior das costas. Ligeiramente mais devagar, continuei minha descida e fui aterrissar na pilha de tijolos. Por sorte, sofri apenas uma torcedura nas costas e os ferimentos internos foram mínimos. No entanto, lamento

MANTENHA O RUMO

contar que, nesse momento, voltei a perder a presença de espírito e soltei a corda. Como era de se prever, o barril vazio despencou em cima de mim.

Creio que isso esclarece as suas dúvidas. Por favor, esteja certo de que nunca mais vou tentar fazer as coisas sozinho.

O QUE É APOIO DE VERDADE?

Nós todos existimos num sistema interdependente. Gostemos ou não, estamos ligados social, econômica e biologicamente como células de um gigantesco organismo. Somos mais sadios quando todas as partes de nosso corpo e a sociedade funcionam juntas. Thich Naht Hahn, o professor budista vietnamita, fala muito no nosso "inter-ser".

Tome este livro por exemplo. Pense no esforço de cada pessoa que nele colocou sua energia. Recorde o exercício do capítulo 1, no qual você pegava uma nota de um dólar e imaginava todas as vidas que esse dinheiro havia tocado e ainda vai tocar. É fácil ter um quadro real do quão intimamente todos estamos ligados através de redes de energia. Em face dessa interdependência, torna-se rapidamente claro que nosso maior sucesso ocorre quando todos somos bem-sucedidos juntos.

A maioria dos dicionários diz que apoio envolve a promoção ativa do interesse de outra pessoa e dar-lhe assistência e sustentação. Todavia, alguns abominam essa idéia. Foi o que David, um participante do seminário, e eu discutimos num dos Cursos Você e o Dinheiro.

DAVID: Eu deteste a idéia de ser interdependente. Prefiro depender só de mim. Uma de minhas metas é comprar uma 4 x 4, carregá-la de comida e passar alguns meses nas montanhas. Sozinho.

EU: Ok. Como você vai até lá?

DAVID: Já disse: com minha 4 x 4.

EU: Mas, David, você depende da fábrica para contar com uma boa caminhonete. E as estradas, quem as construiu? E quem produziu a comida que você vai levar? E os sapatos e as roupas? E o combustível que vai usar?

DAVID: Não queira me confundir. Você sabe muito bem o que estou dizendo. Quero ser eu mesmo.

EU: Mas é exatamente isso. Nós pensamos que ser nós mesmos significa isolarmo-nos da energia de apoio dos demais. Tome cuidado com isso, pois é a fonte de muito sofrimento.

DAVID (pensativo): Eu passo muito tempo tentando provar que não preciso de ninguém para nada. E tenho de admitir que estou sempre me queixando porque ninguém me ajuda quando preciso. Mas me ensinaram a ser um indivíduo durão. Eu acredito nisso.

240 A ENERGIA DO DINHEIRO

Eu: Seja um indivíduo durão quando for necessário, fazendo sua contribuição única. Mas aceite o apoio dos outros na realização de seus sonhos.

David (refletindo): Eu bem que gostaria. Então partiria em minha 4 x 4 porque quero, não para escapar da interdependência. Iria para me divertir, não para fugir das pessoas. Não seria tão dirigido o tempo todo, tentando fazer tudo sozinho!

Talvez você recorde uma ocasião, na vida, em que realizou algo importante graças à ajuda e à colaboração dos outros. Quem sabe trabalhou com um colega num projeto científico no colégio. Ou um amigo da família ajudou a financiar sua faculdade. Ou um professor de arte o estimulou a pintar, e você produziu um belo quadro. Ou teve um treinador que o ajudou a desenvolver o atletismo. Ou um amigo que o ensinou a dirigir.

Agora pense nas vezes em que fez as coisas sozinho, sem ajuda de ninguém. Compare a qualidade dessas duas experiências e note as diferenças que consegue detectar. Não há contraste entre as coisas que sentiu emocionalmente? E a quantidade de energia exigida para ter sucesso sozinho? O apoio não o levou mais facilmente ao seu objetivo? Como foi compartilhar o sucesso e como foi não ter com quem compartilhá-lo?

OS BENEFÍCIOS SÃO MÚTUOS

Na verdade, pedir apoio a outra pessoa é dar-lhe um presente. É aceitar generosamente que o outro dê uma contribuição significativa a sua vida. Trabalhando juntos, os dois se beneficiam. O ato de generosidade de um completa o ciclo no momento em que o outro o informa da diferença que ele fez.

Recorde as ocasiões em que você percebeu que estava tendo um efeito positivo na existência de alguém. Talvez tenha sido quando ajudou um amigo a passar por uma crise emocional. Ou quando ficou conversando com um parente e o auxiliou a criar um projeto qualquer. Ou aquela vez em que se tornou o mentor de uma pessoa mais jovem que simplesmente precisava de quem a escutasse.

Quando você se experimentou sendo útil a outra pessoa? Sentiu-lhe o alívio ou a sensação de esperança, auto-estima e força aumentada? Sabe que isso impulsiona sua noção de valor próprio, aumentando-lhe a energia. Aliás, a maior parte das pessoas, quando lhes pedem que recordem suas melhores realizações na vida, citam as ocasiões em que ajudaram os outros e viram que seu esforço fez uma diferença positiva.

Eu me lembro de quando fui visitar minha tia Ana na primeira semana que ela passou no asilo de idosos. Que mulher! Com 95 anos de idade, era firme como uma rocha e ainda cuidava de si. Não queria ser internada, mas, como tinha perdido uma vista e estava muito fraca, já não podia continuar sozinha. Estava desanimada. Sentei-me ao seu lado e ouvi suas queixas. Não era o seu antigo eu socialista autêntico. De repente eu lhe disse:

— Pare com isso, titia. Você está falando feito uma velha!

Houve um silêncio. As duas rimos. Tia Ana começou a se animar, o brilho voltou ao seu olho bom. Então ela ficou séria um momento e disse:

— Sabe, meu bem, eu acho que você acaba de salvar minha vida.

Esse momento me acompanhará para sempre.

Minha tia me deu um grande presente ao reagir desse modo. Comunicou que eu a tinha ajudado e me ensinou que informar os outros do seu valor é muito mais precioso que um presente comprado. É retornar o favor multiplicado por mil!

Apoiar o esforço de alguém não significa agir *por* ele ou *no lugar* dele. Pelo contrário. O melhor apoio vem daqueles que sabem quem você é no fundo do coração. Daqueles que reconhecem que você é maior que todas as suas dúvidas, que todos os seus temores. E não o deixam *esquecer* isso! Não se acumpliciam com você para achar desculpas para não cumprir as promessas ou não realizar plenamente o seu melhor talento e a sua maior força. Em vez de apoiar a Mentalidade do Macaco, lembram-no de seus mais importantes objetivos e sonhos. Desse modo, abastecem-no de energia para ir além do lugar onde você normalmente se deteria.

É possível que muitos sintam desconforto com o apoio alheio porque o associam a ser como criança. Nós todos temos a experiência de alguém interferindo para nos impedir de fazer uma tarefa em vez de nos ensinar a fazê-la sozinhos. Até já demos esse tipo de "apoio", que é realmente frustrante.

Mas observe uma criança quando, por exemplo, lhe ensinam a amarrar o sapato e ela finalmente consegue. Seu rosto se ilumina de orgulho, e quem ensinou fica tão orgulhoso quanto ela! É por isso que a maioria das pessoas aproveita a oportunidade quando lhes pedimos apoio.

Robert Lewis, colunista da revista *InfoWorld*, propõe a seguinte experiência: da próxima vez que você tiver uma tarefa ou uma nova incumbência que o leve a um território inexplorado, chame cinco pessoas de sua empresa que você não conhece, descreva-lhes o projeto e diga: "Disseram-me que você pode ter boas idéias para a solução do problema. Pode reservar uma hora para me ajudar a organizar o pensamento?"

"Eu garanto", escreve ele, "que pelo menos seis dos cinco lhe oferecerão mais ajuda do que você tem direito de esperar. E, quando tiver terminado, elas agradecerão. As pessoas querem criar valor para as outras: é daí que provém a auto-estima."

Está certo: seis das cinco. Mais que dispostas, as pessoas estão ansiosas por dividir com os outros o que sabem.

APOIAR NÃO É SER CO-DEPENDENTE

Nos últimos anos, muito se escreveu sobre a co-dependência. Nós nos tornamos mais sensíveis aos problemas potenciais associados a dar e receber assistência. No entanto, as relações de apoio são diferentes da co-dependência.

A co-dependência está no olho de quem apóia. Sendo co-dependente de outra pessoa, você a encara como se, de certo modo, precisasse ser *consertada*. Cuida dela porque acredita que a coitada estaria perdida sem você. Acredita que, sozinha, ela teria problemas. Em outras palavras, aquele que *ajuda* depende de que o outro dependa *dele*.

A Mentalidade do Macaco considera os outros de algum modo "avariados" e crê que tem de salvá-los ou fazer algo por eles, pois lhes falta a capacidade de fazê-lo por si. É preciso abastecê-los de respostas a todas as perguntas, porque eles não as têm dentro de si. *Isso* é co-dependência!

Em sua forma mais exacerbada, a co-dependência gera uma falsa sensação de segurança. A outra pessoa precisa tanto de você que nunca há de ir embora. Não é capaz de se virar sozinha. Trata-se de uma circunstância limitativa para os dois.

Na dinâmica co-dependente, os que ajudam não tardam a ficar exaustos. Geralmente sentem que estão carregando a outra pessoa nos ombros. Isso acaba levando ambas as partes ao ressentimento e à frustração. Aquele que recebe auxílio, nesse tipo de relação, não tem espaço para a criatividade nem para a iniciativa. Pode ser salvo muitas e muitas vezes ou ser "protegido" ou impedido de ter a oportunidade de aprender com seus próprios e genuínos erros.

Outro modo de distinguir a relação de apoio da de co-dependência é perguntar se o que você acredita que é a fraqueza real ou imaginária da outra pessoa o preocupa tanto que mal lhe resta energia para cumprir as promessas que faz a si mesmo quanto aos seus objetivos e sonhos — ou lhe oferece uma boa desculpa para não cumpri-las!

É interessante que, sendo co-dependente, você não permite que os outros o apóiem. Eis alguns *slogans* co-dependentes típicos:

- Se quiser uma coisa bem feita, eu mesmo tenho de fazê-la.
- Quem tenta me apoiar está se intrometendo.
- Se alguém me oferece apoio, é porque acha que eu não sou bom o suficiente para fazer as coisas sozinho.
- Estou muito ocupado em cuidar dos outros para pedir ajuda a quem quer que seja neste momento.
- Ninguém entende quanta coisa eu tenho de fazer, quanto eu trabalho.

É notória a qualidade dirigida da co-dependência. Em semelhante relação, a gente entra no círculo vicioso de fazer reiteradamente a mesma coisa, com pouca ou nenhuma satisfação para quem dá ou para quem recebe ajuda. A gente se sente isolado dos outros e, em geral, acaba trabalhando muito mais que o necessário.

APOIO SIGNIFICA INTEIREZA

Apoiar verdadeiramente uma pessoa é muito diferente disso. A gente reconhece que ambos são inteiros e completos. Tem consciência da coragem do outro, mesmo que este duvide dela. Tem consciência do herói que ele é. Mais importante: vê que ele é muito maior que a Mentalidade do Macaco, tem objetivos e sonhos pelos quais vale a pena lutar. Também vê que ele conta com uma fonte de sabedoria e pode achar suas próprias respostas.

Nem sempre é confortável apoiar outra pessoa. Pode não parecer educado ou simpático lembrá-la das promessas que fez ou das metas que criou. E não é necessariamente fácil estar numa relação em que o parceiro espera o melhor da gente. A tagarelice da Mentalidade do Macaco pode ficar muito alta para ambos. Talvez você ache que está sendo demasiado insistente. Ou pense que vale mais a pena deixar a promessa de lado. Ou, quem sabe, sente-se constantemente desafiado a dar o máximo de si para apoiar o outro.

Numa relação interdependente, os dois são companheiros, heróis viajando juntos, se bem que cada qual percorre um caminho próprio. Por vezes, a visão da outra pessoa pode se turvar, coisa que eventualmente também ocorre com a sua. Mas você se dá conta de que isso nada tem que ver com sua capacidade última. Ambos se tratam com respeito, dando e recebendo em medidas iguais. Não há desperdício de energia. As vitórias e realizações que os dois comemoram vêm da generosidade e da força, não do medo e da fraqueza.

Exercício: Como Conseguir Apoio para a Sua Jornada Heróica

Caso você queira gerar energia de apoio, reserve um momento para examinar sua atual estrutura de conhecimento quanto a receber o apoio alheio. Se mapear essa estrutura agora, é bem possível que você se saia com respostas mais ou menos assim:

- Só os bobos e os ineptos precisam de apoio.
- Seu eu pedir apoio, vão pensar que sou fraco e não sei cuidar de mim.
- As pessoas podem deixar a gente na mão. Por que me expor a uma decepção?
- Fico sem jeito de pedir. Não sei nem o que dizer.
- Talvez seja justo pedir apoio quando a gente está passando por uma situação realmente difícil, mas não para perseguir um objetivo. Eu não mereço isso. Seria egoísta da minha parte.

Se estiver disposto a superar sua estrutura de conhecimento sobre o apoio, por favor, faça o exercício que se segue. Vai precisar do caderno, de uma caneta e do calendário. O exercício durará cerca de dez minutos.

Você está procurando quem lhe dê um apoio genuíno no esforço de atingir suas metas. Deve ser uma pessoa de que você goste, em quem confie e que *não manipule*. Exclua todos os que possam se deixar seduzir por sua tagarelice mental. Via de regra, numa relação de "apoio" co-dependente, a Mentalidade do Macaco dos dois joga com as dúvidas e os receios de cada um, asfixiando tudo o mais. Assim, para apoiá-lo, a outra pessoa não pode se acumpliciar com você na desculpa de que lhe falta tempo, energia ou inclinação para fazer o que disse que faria. Neste ponto, você precisa é de alguém capaz de uma compaixão implacável para lembrá-lo de sua promessa. Precisa de uma pessoa que não aceite os danos que a Mentalidade do Macaco dos dois é capaz de causar.

Quem o apoiar não deve ter um interesse velado no resultado. Muito embora seja importante que ela se entusiasme com as suas realizações, o bem-estar dessa pessoa não deve depender do seu sucesso. Uma relação assim só serve para complicar as coisas para os dois.

Para encontrar essa pessoa:

1. Faça a lista de todos, em sua vida, que se ajustam à descrição acima. Procure entre os amigos, colegas e membros da família; pense no sacerdote, no treinador, no terapeuta.

2. Se sua lista for muito pequena ou inexistente, anime-se. O ato de verificar como receber e dar a si mesmo apoio de qualidade abrirá excelentes possibilidades. Espere um dia ou mais para localizar uma pessoa que seja um bom apoio para você.

3. Escolha um projeto no qual está disposto a receber apoio. Por exemplo, voltando à lista de negócios financeiros inconclusos, pode ser que você tenha prometido, há semanas, marcar consulta com o dentista ou o médico e ainda não o fez. Ou vai ver que prometeu caminhar uma hora três vezes por semana. Ou se propôs a equilibrar a conta corrente até o último centavo. Ou decidiu prestar o exame de promoção no trabalho, mas ainda não começou a estudar. Estes e milhares de outros exemplos são bons candidatos a receber apoio.

4. Escolha alguém na lista. Pergunte-se: "Eu estou disposto a deixar que essa pessoa tenha sucesso em me apoiar?"

Lembra-se das ocasiões, no passado, em que você não permitiu que seu treinador ou outra pessoa de apoio fosse bem-sucedida? Chegou a gastar tempo e energia para sabotá-la? Que método usou?

> DENISE: Eu já parei de fumar quatro vezes. Em todas elas, jurei que aquele era o meu último cigarro. Na quarta, pedi apoio a minha amiga Jane. Prometi comprar chiclete de nicotina. Não comprei. Prometi telefonar para ela toda manhã para contar se estava conseguindo. Isso durou dois dias. No terceiro, fumei dois cigarros. Na manhã seguinte, não telefonei. À noite ela me telefonou. Eu ouvi sua voz na secretária eletrônica. Não atendi. Não foi a primeira vez que agi assim. Por sorte, Jane é generosa e me perdoou.

Que estratégias Denise usou para evitar o apoio? Quais você costuma usar? Uma das maneiras mais fáceis de desmontar suas estratégias é falar a verdade sobre elas cara a cara. Você:

- Faz promessas que sabe que não vai cumprir?
- Evita falar com a pessoa de apoio quando a vê?
- Finge-se ocupado demais para conversar quando ela telefona?
- Tenta fazer as coisas à sua maneira mesmo quando não dá certo?
- Faz tudo para "enrolar" a pessoa que o apóia? Exemplo: "Muito obrigado por se preocupar. Eu reconheço o valor do que você está fazendo. Vamos conversar mais tarde. Agora eu estou muito atarefado".
- Trata de inverter a situação, perguntando como ela está se saindo, sendo que é você que precisa de apoio?
- Ameaça irritar-se, aborrecer-se ou até enfurecer-se quando o lembram de suas promessas?
- Mente sobre o que conseguiu ou deixou de conseguir?

Todos nós temos estratégias favoritas às quais recorremos quando deixamos de fazer o que prometemos. Estratégias que nos conservam no mesmo caminho, e é embaraçoso e incômodo falar sobre elas. No entanto, esse desconforto momentâneo é um preço muito baixo a pagar pela realização de nossos objetivos e sonhos.

5. Nas próximas 48 horas, convide a pessoa escolhida a apoiá-lo em seu projeto. Seja franco com ela. Conte-lhe o que fez, no passado, para evitar ou sabotar o apoio. Quando fazemos isso, no Curso Você e o Dinheiro, eu costumo pedir aos participantes que exagerem ou dramatizem os métodos mais apreciados. Geralmente é muito engraçado. Todos temos o que contar.

Mary Kay escuta os telefonemas pela secretária eletrônica e não atende quando é a pessoa que a apóia. Ralph, quando não fez o que disse que ia fazer e a pessoa de apoio lhe telefona, diz que está muito ocupado, não tem tempo agora, e promete telefonar depois. Betty conta: "Às vezes eu prometo fazer uma coisa qualquer só para que me deixem em paz. Não tenho a menor intenção de cumprir a promessa".

6. Conte a essa pessoa qual é a natureza do seu projeto. Prometa empreender a Ação Autêntica correspondente nas próximas 48 horas. Escolha uma ação que lhe seja útil, mas, obviamente, que não esteja além do seu alcance. Nós queremos construir em condições de sucesso. Autorize sua pessoa de apoio a telefonar, com hora marcada, para lhe dar apoio antes que você empreenda a ação ou para felicitá-lo quando a tiver empreendido.

7. Caso queira realmente somar pontos a seu favor, dê a essa pessoa uma cópia de seus Padrões de Integridade. Isso lhe permitirá conhecer os atributos que você pretende demonstrar na vida. Autorize-a a lhe telefonar quando tiver a impressão de que você está operando fora desses padrões. Peça-lhe que também conte quando você os manifestar.

8. Cumpra sua palavra! Se não cumprir, diga a verdade. Refaça sua promessa. Siga em frente.

9. Reconheça o empenho de cada um nesse trabalho. Ambos estão demonstrando os atributos das pessoas bem-sucedidas.

10. Se quiser, faça outra promessa de Ação Autêntica.

A experiência de receber apoio pode suscitar diversos sentimentos e pensamentos. Quais são? Escreva sobre eles no caderno. Este exercício foi difícil ou fácil? Você escolheu uma Ação Autêntica factível que, no entanto, o fez avançar?

Eu desaconselho as pessoas se apoiarem ao mesmo tempo. Há risco de colisão. E, se um dos dois recuar, o outro acaba ficando sem apoio. Você precisa de uma pessoa cujas Ações Autênticas não estejam de modo algum ligadas ao fato de apoiá-lo.

COMO FORMAR UM GRUPO DE SUCESSO

Ao cogitar a possibilidade de receber apoio de outrem, talvez você queira formar um grupo de pessoas com intenções parecidas. Um grupo de sucesso é uma espécie de grupo de auto-ajuda, mas com características particulares:

- O enfoque está no sucesso e no avanço na jornada heróica. Isso significa que cada pessoa deve receber apoio no cumprimento de suas promessas.
- Você não ganha pontos extras por lutar, pois lutar geralmente significa tentar fazer as coisas sozinho. No grupo, é preciso trabalhar muito, mas não até chegar à exaustão. Você está nele justamente para sair do padrão "ser dirigido".
- Cada qual se dispõe a receber o apoio dos outros, não só a dá-lo. Em geral é muito mais fácil apoiar que receber o apoio alheio. Isso nos torna muito mais vulneráveis.
- O grupo não substitui a terapia nem qualquer outro programa de doze passos. O foco está em descobrir como empreender a Ação Autêntica. O *insight* de nada serve se não for acompanhado de uma demonstração na realidade física. Nesse formato, a gente sai de cada sessão com promessas que devem ser cumpridas até a sessão seguinte. Isso pode incluir fazer terapia ou ingressar num programa de doze passos se for adequado.
- O grupo se compromete a responsabilizar cada membro por aquilo que ele realmente é no fundo do coração. Por isso, os Padrões de Integridade e as Intenções de Vida de cada um devem ficar registrados no grupo.

O Formato do Grupo de Sucesso: O Primeiro Encontro

O formato de um grupo de sucesso é simples. Antes do primeiro encontro, convém que os participantes leiam o capítulo deste livro com o qual todos desejam trabalhar. Ao se reunirem, abram espaço para discutir o material. Todos devem ter oportunidade de comentar o tópico. Evitem ser demasiado teóricos; trata-se simplesmente de relatar a experiência de cada um com o tema em questão. A Mentalidade do Macaco há de querer bancar a intelectual.

No fim de cada sessão, todos devem declarar, perante o grupo, o que vão realizar até a sessão seguinte. Cada membro deve escolher uma pessoa que o apóie e acompanhe entre uma sessão e outra.

O CONTEXTO DO ACOMPANHAMENTO:
A PLANTA DO SUCESSO

Os grupos adquirem força quando ocorrem dentro de um contexto, de um espaço intencional no qual se dão certas atividades e certos papéis. Nós vivemos em contextos sociais, espirituais, ocupacionais etc. Isso fica evidente quando um contexto se choca com outro. Por exemplo, já lhe aconteceu de ir à festa de um amigo e ter a surpresa de topar com seu chefe ou seu terapeuta? Reparou nos momentos de constrangimento nos quais a gente se esforça para descobrir um modo de se relacionar adequado à situação?

O contexto de um grupo de sucesso gira em torno do acompanhamento, da assistência. Os membros se encontram porque estão dispostos a receber apoio para superar as atuais estruturas de conhecimento e a empreender a Ação Autêntica. E estão dispostos a apoiar os outros nas mesmas circunstâncias. Proteja esse espaço de poder garantindo que as sessões tenham horário definido para começar e acabar. Se quiser contato social, reserve tempo para isso depois do encontro.

Só se cria o contexto do acompanhamento quando todos os membros do grupo tiverem respondido às seguintes perguntas em voz alta. São perguntas importantes para centrar.

1. *Com que qualidades específicas eu estou disposto a contribuir com o grupo, hoje, de modo que todos sejamos bem-sucedidos?*

Por exemplo, se você está cansado, dispõe-se a ficar alerta? Se está se sentindo defensivo, dispõe-se a ser aberto e receptivo? Se sua tendência é julgar, está disposto a ser compassivo? Cada atributo ou qualidade deve levá-lo a avançar um pouco. Isso o retira automaticamente de sua estrutura de conhecimento. Faça a lista dessas qualidades. Declare para o grupo o que elas representam. Não empregue expressões negativas como "não julgar". Diga no que vai contribuir: "Vou ser aberto e compassivo".

Eis alguns outros exemplos de atributos que você pode usar para responder a esta pergunta: aberto, gentil, flexível, consciente, verdadeiro, corajoso, atento, alerta, receptivo, agradecido, claro, alegre, amável, enfocado, criativo, solidário, generoso, estimulante, apreciativo, compassivo.

Repare na ausência de palavras conceituais ou emocionais. É porque elas não refletem quem a gente realmente é no fundo do coração. Você quer vincular-se a qualidades mais resistentes, independentemente do que possa pensar ou sentir.

248 A ENERGIA DO DINHEIRO

Note também que a palavra "sincero" não aparece na lista. A sinceridade é uma etapa do caminho da confiabilidade. Para maiores esclarecimentos, retorne a nossa discussão sobre a diferença entre sinceridade e verdade no Princípio 1.

O que sente ao ler essas palavras? Nota uma sensação de espaço? Invocar essas qualidades é declarar sua intenção de superar a Mentalidade do Macaco. Quando várias pessoas fazem isso ao mesmo tempo, há um fluxo incrível de energia. Há um efeito sinérgico equivalente a unir uma série de baterias ou geradores. É poder suficiente para que qualquer um enfrente os Problemas na Fronteira.

2. *Estou disposto a desmantelar minhas estruturas de conhecimento?*

Esta pergunta lhe pede para ir além de seus pensamentos, opiniões, julgamentos e avaliações sobre o que você pensa que sabe. A gente se aproxima dos milagres quando sai das estruturas mentais habitais. Um "Sim" significa estar disposto a ultrapassar a zona de conforto. Mesmo estando apreensivo, mesmo que a Mentalidade do Macaco desencadeie uma campanha em sua cabeça, você está disposto.

3. *Eu me disponho a tomar tudo que ocorrer na sessão do grupo como uma lição pessoal para mim?*

Responder "Sim" é prometer criar valor e significado para si a partir do que acontecer no grupo. É estar disposto a colher todo suporte de que precisa hoje, mesmo que seja observando outra pessoa que receba suporte no grupo. É prometer a si mesmo sair da sessão plenamente satisfeito por ter recebido o que precisava. Esta pergunta o encarrega de aprender suas próprias lições. Se pensar bem, você provavelmente descobrirá que é capaz de aprender com qualquer situação desde que esteja disposto.

4. *Eu me disponho a ouvir o suporte de todos no grupo? Mesmo que não concorde com o que digam?...* principalmente *se não concordar?*

Se você está disposto a suspender sua estrutura de conhecimento e dar ouvidos ao suporte dos outros, eu lhe prometo milagres. Seus maiores esforços na solução dos problemas sem apoio devem tê-lo levado bem longe. Mas todos precisamos do apoio alheio para ultrapassar os limites que nós mesmos criamos. Quando não concordar com o que os outros disserem, olhe com cuidado. Isso pode revelar onde você ficou preso a uma estrutura de conhecimento. Não precisa concordar com o ponto de vista dos que o apóiam.

É útil valer de sua discordância para se observar a si mesmo. Você está sendo defensivo? A Mentalidade do Macaco se pôs a flexionar os músculos? Acaso esses sintomas o paralisaram no passado, impedindo-o de avançar na vereda heróica? Está disposto a experimentar o desconforto associado à suspensão de seu julgamento? É bom receber o apoio do qual você não gosta, vindo de uma pessoa que lhe dá a impressão de ter entendido tudo errado?

Se não conseguir responder "Sim" a todas essas perguntas, respire fundo. Às vezes não estamos prontos para interagir com o grupo numa determinada sessão. Talvez valha mais a pena limitar-se a observar o grupo, sem interagir, até que você possa responder às perguntas acima com um autêntico "Sim". Se continuar não conseguindo, use as seguintes sugestões para rastrear as possíveis causas:

- Pode ser que você esteja exausto porque lutou muito.
- Talvez você venha operando fora de seus Padrões de Integridade em alguma área da vida. Se se trata de não ter feito algo que prometeu fazer entre uma sessão e outra, use a de hoje para dizer a verdade. Será uma surpresa o quanto as pessoas se identificarão com o que você está enfrentando.
- Talvez você esteja às voltas com um problema que requer apoio externo, como a terapia, o grupo dos doze passos ou mesmo uma consulta médica.

Em qualquer caso, permita-se receber a ajuda de que necessita de modo a usar o grupo de sucesso de modo eficaz.

SUGESTÃO DE TEMPO E FORMATO DO GRUPO

1. Abertura. Todos devem responder às perguntas acima delineadas (quinze minutos).

2. Cada um toma dois minutos para comunicar o progresso que fez desde a última sessão (dez-vinte minutos, dependendo do tamanho do grupo).

3. Leitura de um capítulo selecionado, fazendo exercícios ou um trabalho sobre ele (uma hora).

4. Formar pares de apoio até a sessão seguinte. Isso pode ser feito colocando os nomes numa caixa e sorteando o da pessoa que vai apoiá-lo até a sessão seguinte. Ou organizando uma tabela de modo que cada um tenha oportunidade de receber o apoio de todos os membros do grupo. Sobretudo tenha o cuidado de não acabar apoiando uma pessoa que o esteja apoiando. Se houver colisão entre os dois, nada será feito.

5. Anote suas promessas de Ação Autêntica para a sessão seguinte. Anote-as no caderno. Elas devem ser específicas. Exemplos de promessa *vaga* são:

- Vou ser mais feliz e mais sereno.
- Vou cuidar de mim.
- Tomarei mais cuidado para chegar na hora.
- Serei mais confiável.

Essas promessas não são mensuráveis. É impossível dizer se você as cumpriu. As promessas específicas têm mais energia. Há um senso de empenho em alguma coisa:

- Vou ter um encontro com um consultor financeiro habilitado até a próxima sessão.
- Vou criar três metas e, na próxima sessão, trarei o Mapa do Tesouro de pelo menos uma delas.
- Vou telefonar para o agente de viagens e inscrever-me nessa excursão.
- Vou cuidar de três itens de minha lista de Negócios Financeiros Inconclusos.
- Vou ingressar num grupo de Devedores Anônimos.

Ora, essas promessas não são vãs! Talvez signifiquem um avanço em sua vida. Sobretudo, são ações específicas que você pode empreender com o apoio de alguém.

6. Escolha quatro ocasiões, entre uma e outra sessão, nas quais sua pessoa de apoio telefone ou se encontre com você para lembrá-lo das promessas que fez. Ela pode perguntar se você precisa de alguma outra assistência.

Eis o mais importante num grupo de sucesso: *você está nele para aprender a receber apoio, não para frustrar quem o apóia.* Está nele para aprender a apoiar os outros, não para ser co-dependente deles.

Se estiver disposto, prepare-se para milagres na vida. Você não se reconhecerá quando tiver percorrido este livro com um grupo de apoio.

A Dra. Patrícia Elliott, minha amiga, cunhou o seguinte lema após uma sessão particularmente produtiva. Eu o convido a levá-lo consigo em sua jornada: "Eu mesmo fiz isto, mas não estava sozinho!"

O apoio abre caminho para a gratidão. Você fica agradecido e reconhece os que deram energia para reforçá-lo e sustentá-lo em sua jornada heróica. Finalmente pertence a um grupo cujos membros se entusiasmam tanto pelo triunfo dos outros quanto pelo próprio. E já começa a sentir a presença da abundância.

O capítulo a seguir apresenta o Princípio 12: A Porta da Abundância é a Gratidão. Você aprenderá a desenvolver ainda mais e a desencadear seu poder de ser agradecido.

PRINCÍPIO 12

A PORTA DA ABUNDÂNCIA É A GRATIDÃO

> Eu lamentava o passado e temia o futuro. De súbito, Deus falou. "Meu nome é Eu Sou." Fiquei esperando. Deus prosseguiu, "Eu não estou aqui. Meu nome não é 'Eu Era'. Quando você vive o futuro, com seus problemas e temores, é difícil. Eu não estou aqui. Meu nome não é 'Eu Serei'. Quando você vive o momento presente, não é difícil. Eu estou aqui. Meu nome é 'Eu Sou'".
> — HELLEN MELLICOST, *ONE HUNDRED GATES* [CEM PORTÕES]

Abundância. A palavra tem vida própria. É a promessa que impulsiona o herói. Estamos em condições de saber o que significa abundância ao aprender as lições da energia do dinheiro, o que a libera e o que a enfoca.

Pensar na abundância pode suscitar a idéia de estar de braços abertos enquanto chovem notas de 100 dólares ou de saltar de alegria quando aparecerem os números da loteria na tela do televisor. Nos seminários de prosperidade, a palavra *abundância* refulge com a promessa de "mais", que sempre está na próxima curva, qual o tesouro no fim do arco-íris.

Por ora, no entanto, sabemos que, na jornada rumo aos nossos sonhos, "mais" não é necessariamente o nosso objetivo. O desejo de ter mais geralmente é a inversão da escassez. Nasce do vazamento e do desperdício de dinheiro, do ser dirigido ou do pensar que o acúmulo de mais e mais matéria substitui as metas claras que representam nossas Intenções de Vida. Chegou a hora de compreender e apreender a verdadeira natureza da abundância. Se você estiver disposto, em breve descobrirá do que se trata. É o poder de todo o trabalho que fez para se esclarecer como um condutor consciente de energia.

Para imaginar a abundância, desenhe um círculo numa folha de papel em branco. A seguir, encha-o de exemplos de tudo quanto experimentamos na vida: felicidade e infelicidade, bons e maus momentos, alegria e tristeza, escassez e plenitude. Você pode passar o resto da vida preenchendo esse círculo, não é mesmo? Nossa experiência de vida é infinita em sua variedade.

Esse círculo representa a abundância. Abundância é tudo. Todo aspecto possível da experiência de vida. Absolutamente tudo, inclusive a escassez. Dessa perspectiva, você pode ver que a escassez é uma manifestação da abundância.

Nós aumentamos nosso poder ao abraçar a abundância da vida: dizendo sim. E desenvolvemos a capacidade de fazer isso praticando a gratidão. Neste capítulo, completaremos nossa jornada heróica aprendendo a fazê-lo.

A ABUNDÂNCIA E A JORNADA DO HERÓI

A idéia de abundância como totalidade da vida tem uma expressão famosa na Bíblia, em Eclesiastes 3:1-8: "Há um momento para tudo e um tempo para todo propósito debaixo do céu. Tempo de nascer, e tempo de morrer; tempo de plantar, e tempo de arrancar a planta..." A vida nos ensina que conforto e desconforto, alegria e tristeza são qualidades que se exprimem na totalidade do tempo. A abundância é tudo isso, mesmo os momentos amargos que servem para nos ensinar e nos despertar.

Vida bem vivida é vida consciente. Sendo conscientes, estamos cientes de tudo, vivemos plenamente. Não escolhemos o que queremos para nos tornar conscientes. Não dizemos "Vou ser consciente deste aspecto de minha vida, mas não daquele". Quando cai o véu de nossa percepção, vemos tanto os milagres quanto as lições que nos rodeiam. Toda vez que estiver disposto a dizer "Sim" a tudo em seu caminho, você expressa o herói dentro de si.

Responder "Sim" – um enfático "Sim" – a tudo é colocar-se em condições de experimentar a prosperidade. Esta surge quando a gente participa plenamente de *todos* os aspectos da vida. É por isso que se empenha quando participa. Trata-se de um estado de crescimento. A gente não descarta nada, usa tudo como oportunidade de despertar e exprimir quem é no fundo do coração.

Respire fundo. Com esta nova compreensão da abundância e da prosperidade, você pode lidar com o fluxo de energia na vida. Quando não bloqueia nada, quando está disposto a aprender com tudo e quando se compromete a expressar sua verdadeira natureza, *nesse momento* você prospera. Assim, vê-se que a prosperidade não é uma coisa que está num lugar qualquer, esperando para acontecer no futuro. A prosperidade ocorre já, toda vez que a gente se mostra disposto a estar plenamente presente na vida. É por isso que "Sim" é a palavra mais poderosa que se pode pronunciar.

Seu trabalho neste livro visa ajudá-lo a discernir quando você diz "Não" aos comportamentos dirigidos, de modo a acumular energia e enfocá-la em metas que valham a pena. Mas usar "Não" para remover qualquer coisa que receamos ou que nos repugna, em nossa experiência interior, acaba limitando nossa experiência de abundância. Já vimos que procurar evitar os aspectos desagradáveis da vida esgota-nos a energia e o poder. Como diz a monja budista norte-americana Pema Chödrön, "De nada serve livrarmo-nos dos nossos supostos aspectos negativos porque, nesse processo, também nos livramos de nossa maravilha básica".

Um meio de encontrar a abundância consiste em desenvolver a arte da gratidão. É o que vamos ver a seguir.

A REFINADA ARTE DA GRATIDÃO

Os líderes espirituais acham importante desenvolver a gratidão. O teólogo David Steindl-Rast diz que tudo quanto constitui uma vida plena vai por água abaixo quando esperamos as boas circunstâncias para expressar a gratidão. A chave para atingir as metas é levar a gratidão às circunstâncias cotidianas, pouco importa quais sejam.

Estabelecer a meta de *escapar* a uma circunstância incômoda ou dolorosa só serve para prolongar a própria circunstância da qual a gente quer fugir. Tentar evadir-se não dá espaço para respirar nem criatividade. A gratidão desloca sua energia e o retira do estado de beligerância, fuga ou imobilidade. Você respira fundo e livre de medo. Seu ventre fica macio e receptivo. Você se abre para a possibilidade.

Como ficar agradecido por tudo? Talvez você não queira agradecer tudo na vida. Pode lhe parecer má idéia agradecer uma circunstância difícil, pois isso talvez estimule tal circunstância. Por exemplo, como ficar agradecido ao descobrir que deve mil dólares a mais do que pensava no imposto de renda ou que vai perder o emprego?

Também é possível que você não queira valorizar demais as circunstâncias benéficas da vida e acredite que não vale a pena provocar o destino com sua felicidade. Isso nada tem de lógico, mas é humano, e a superstição existe em muitas culturas. Por exemplo, meus parentes judeus mais velhos olhavam para um bebê bonito e sadio e diziam em voz alta: "Pena que ele seja tão feio e enfermiço". Conforme a tradição, os maus espíritos deixavam em paz as crianças feias e doentias. Tratava-se de enganá-los.

Uma senhora, no Curso Você e o Dinheiro, tinha dificuldade para estabelecer metas. Por fim, contou-nos que estava convalescendo de câncer de mama e receava estabelecê-las, pois talvez não vivesse para atingi-las. Ao mesmo tempo, tinha pavor de expressar gratidão pelas lições que a enfermidade lhe dera, pois temia que isso trouxesse o câncer de volta.

254 A ENERGIA DO DINHEIRO

Gratidão não quer dizer pular de alegria diante de qualquer coisa que lhe ocorra na vida. Significa, isto sim, que você nota, testemunha e vê tudo que encontra pela frente. Dispõe-se a deixar que aconteça e a não fazer nada para adiar a lição ou a oportunidade que vem da ventura *e* do infortúnio.

AFIRMAÇÕES: PARA DESPERTAR O CORAÇÃO AGRADECIDO

Um modo de estimular a gratidão é prestar atenção ao que acontece na realidade física cotidiana. Via de regra, nós passamos tanto tempo às voltas com a tagarelice da Mentalidade do Macaco, sobre o passado ou o futuro, que mal conseguimos reparar no que está aqui, no presente. Como diz Hellen Mellicost, quando a gente vive no momento presente, a vida não é difícil.

O alicerce da afirmação é estar no momento presente. Afirmar significa, literalmente, firmar. Fazemos isso observando o que há diante de nós e permitindo que exista tal como existe. É preciso coragem. Nem sempre a sentimos. Contudo podemos nos dispor, mesmo com todas as nossas dúvidas e com o medo enorme de não estar à altura do desafio.

Há três maneiras de empreender a afirmação criativa. Esta não é mero desejo nem manipulação do destino. *É o processo simples de mudar o modo de observar os fatos da vida e de envolvê-los em gratidão.*

A primeira delas consiste em notar e receber de braços abertos as lições diárias. Às vezes é difícil, pois as lições mais profundas não se mostram benéficas à primeira vista. Descobrir que perdeu o emprego mais parece um fechamento que uma abertura. Chega a ser terrível. No momento em que a gente experimenta essa perda, é inútil que venham nos dizer: "Ora, você vai aprender muito com isso! Fique agradecido!"

Não, primeiro é preciso engolir em seco, queixar-se ou zangar-se. Depois — e só depois — é que surge a oportunidade de dizer: "Sim. Eu estou disposto a experimentar isto. Disposto a deixar que seja uma lição para mim".

A experiência de primeiro reconhecer e depois começar a se abrir para uma lição difícil é mais ou menos como este diálogo ocorrido no Curso Você e o Dinheiro:

MARK: Eu não consegui o contrato de consultor de desenvolvimento empresarial.

EU: O que aconteceu?

MARK: Não sei. Estou chateado. Achei que tinha apresentado um ótimo trabalho.

EU: Fale sobre essa "chateação". (Não estou tentando usar a lógica para dissuadi-lo de sentir o que sente.)

MARK: Eu queria muito esse trabalho. Precisava do dinheiro. Sinto-me um cretino. Vai ver que me dei mal na entrevista.

EU: Mais alguma coisa que o chateia nisso?

MARK: Talvez eu não seja tão bom quanto imagino. Faz dezoito anos que trabalho nisso. Talvez eu tenha estado me enganando o tempo todo.

EU: O que mais o chateia?

MARK: (Passa mais dois minutos despejando a tagarelice da Mentalidade do Macaco que lhe vai pela mente. Então se cala.)

EU: Respire fundo. (Ele obedece.) Você se dispõe a deixar que isso esteja presente? Dispõe-se a aceitá-lo como uma mensagem ou uma lição?

MARK: Acho que não. Eu me sinto tão idiota.

EU: Não estou dizendo que você *quer* esta lição. Nem mesmo que acredita que ela possa lhe ensinar alguma coisa. Eu pergunto é se você se dispõe. Isso está acima e além do que a Mentalidade do Macaco lhe diz neste momento.

MARK: Está bem. Então eu me disponho. Aconteceu uma coisa detestável. Mas eu estou disposto a deixar que seja assim. (Faz uma pausa.) Estou disposto até a ficar agradecido por esse chamado a despertar que a contrariedade criou. Não agradeço agora. Mas me disponho a agradecer.

Mark decidiu telefonar para o homem que o entrevistara e pedir-lhe um retorno. Acaso ele podia lhe contar alguma coisa que lhe fosse útil nas entrevistas futuras? O entrevistador ficou impressionado. Disse-lhe que a única coisa que o desqualificou foi a falta de detalhes sobre o programa que propunha à empresa. Não tinha nada que ver com sua competência ou capacidade. Mark refez o prospecto de consultor e o material de apresentação. Conseguiu um grande contrato dois meses depois. Foi quase um milagre. Para ele, o verdadeiro milagre foi ver a possibilidade de ficar agradecido apesar do desconforto.

A segunda forma que a afirmação pode assumir é ficar agradecido pelos prazeres que recebemos: um bonito pôr-do-sol, a carta de um amigo querido, um aumento inesperado no salário. Pode-se dizer que afirmar esses presentes é muito natural. Afinal de contas, nada mais simples que sentir gratidão pelo que nos dá alegria e felicidade. No entanto, nem sempre é assim. No curso normal dos fatos, não tarda para que a Mentalidade do Macaco volte a nos dirigir a atenção para o passado ou o futuro.

Gerry era arquiteto e estava contentíssimo porque, com seu assistente, havia terminado bem e a tempo o esboço preliminar de um projeto difícil. Ele me disse: "Era o fim do dia e eu fiquei muito orgulhoso e agradecido por termos feito um trabalho tão bom, mas não tardou para que a Mentalidade do Macaco interferisse. 'E se os clientes não gostarem? Quantas versões dessa planta você ainda vai ter de fazer? Não fique agradecido tão cedo'".

A AFIRMAÇÃO DA SUA NATUREZA BÁSICA

A terceira forma de afirmação que eu gostaria de sugerir é afirmar os atributos inerentes aos seus Padrões de Integridade. A esta altura, você já deve ter notado que não usamos as afirmações para negar ou fugir às circunstâncias difíceis, e sim para que elas nos ajudem a ficar com a verdade.

Emilie Cady, em seu livro pioneiro *Lessons in Truth* [Lições de Verdade], diz que "afirmar uma coisa é asseverar positivamente que é assim, mesmo diante de toda evidência contrária". Você tem as qualidades que listou em seus Padrões de Integridade, e elas expressam a pessoa genuína que é. Afirmá-las dará poder àquilo que já existe dentro de você. Isso é possível por maiores que sejam as evidências contrárias que a Mentalidade do Macaco venha a apresentar.

Afirmar quem você realmente é, sua natureza básica, é simples. Não exige esforço de imaginação. Basta declarar que está disposto a segui-la com o atributo que está disposto a ser. Este provém de seus Padrões de Integridade. Por exemplo: "Eu estou disposto a ser corajoso" ou "Estou disposto a ser leal" ou aquilo que for verdade para você.

Quer experimentar? Pegue seus Padrões de Integridade e diga: "Eu estou disposto a ser..." e siga isso com um de seus Padrões. Então passe para o seguinte e para o outro. Diga as palavras em voz alta. Sinta-as na língua. Repita-as consigo toda noite durante pelo menos uma semana. O que percebe? Está presente uma fagulha de gratidão? Eu pedi a Alan que fizesse isso, e eis o que ele me relatou:

> ALAN: Foi muito mais fácil do que eu esperava. Minha mente não se atrapalhou. Na verdade, foi muito natural. No começo, era como se eu não estivesse dizendo que era essas qualidade, apenas que estava disposto a ser. Depois de algum tempo, aconteceu uma coisa. Uma noite, quando as estava dizendo, tive esse lampejo! É claro que eu era corajoso, verdadeiro, leal e inteligente! Não havia a menor dúvida. A verdadeira pergunta era Eu vou demonstrar que é isso que eu sou? De nada serve ter esses atributos se não fizer nada com eles. Eu estou feliz por ser eu. É uma aventura.

Afirmar e expressar os Padrões de Integridade é preparar-se para dizer "Sim" à abundância e para sentir gratidão. O vínculo com seus Padrões lhe dá força para olhar, ver e dizer a verdade sobre tudo em seu caminho. Esta é a vereda do herói. E lembre-se de que você deve trilhá-la com facilidade. Como no caso de Alan, não é preciso encarar os Padrões como uma medida de perfeição inalcançável. Eles refletem quem você é agora. Pedem-lhe tão somente que os utilize para se orientar.

Quando constatar que está fora de alinhamento com seus Padrões, empreenda a Ação Autêntica a fim de restaurar o equilíbrio que acompanha a integridade. Aliás, trate de ficar em contato com eles de modo que jamais ocorra o desequilíbrio. Pergunte-se como expressá-los no dia-a-dia. E agradeça a si mesmo quando conseguir!

Às vezes, eu inicio o dia procurando meios de exprimir responsabilidade, lealdade e compaixão. São qualidades que quero que brilhem no meu coração por intermédio dos meus atos. É claro que não faço um trabalho perfeito. Mas gosto de pensar que uma postura ativa como essa me dá mais espaço para bailar com a abundância.

CONTRIBUIÇÃO: A CONSEQÜÊNCIA DA GRATIDÃO

A gratidão permite experimentar as dádivas da vida. Quando ganha um presente, é natural que a gente queira retribuir. Isso conserva um fluxo de energia, um equilíbrio entre o dar e o receber. Contribuir é tão natural quanto o respirar.

Quando a contribuição está bloqueada, a energia fica represada como por um dique. A gente fica irritadiço, cansado e pouco inspirado. Os milagres se perdem. As lições que você aprender aqui sobre contribuir com dinheiro para os demais aplicam-se a todas as áreas da vida. A Mentalidade do Macaco se inquieta quando se trata de dar dinheiro. Na verdade, para ela, o problema real é desfazer-se do dinheiro, como se a gente o perdesse ao dar.

Porém eu descobri um segredo que cala boa parte da tagarelice da minha Mentalidade do Macaco quando a questão é dar dinheiro. Você e eu somos compensados *de imediato* quando, intencional e generosamente, enviamos nossa energia para os outros. Nossa auto-estima aumenta. *Pode* haver recompensas adicionais, mas estas são secundárias frente ao conhecimento imediato de que temos capacidade de fazer uma diferença agora mesmo. Trata-se de trazer energia do metafísico ao físico.

Há muitos anos, assisti a uma palestra de Lynn Twist sobre a coleta de contribuições para o Projeto contra a Fome, uma organização sem fins lucrativos cuja missão é acabar com a fome no mundo. Ela explicou que, em seu trabalho de levantar fundos, tinha visto o quanto as pessoas queriam contribuir com causas como a dela porque as consideravam importantes. O ato de dar as fortalecia. Elas se empenhavam. Agora eu vejo que Twist estava descrevendo justamente a prosperidade.

O DÍZIMO DOS PROBLEMAS

É ordinariamente aceito o princípio metafísico segundo o qual o dízimo traz prosperidade. Pagar o dízimo significa doar a décima parte de seu rendimento àquela que você considera sua fonte espiritual. Charles Fillmore, co-fundador da Unity School of Christianity [Escola da União da Cristandade], escreveu que o dízimo converte a doação num processo metódico e "leva à consciência uma noção de ordem e bem-estar que se manifesta na vida exterior e nos negócios do doador na forma de eficiência e prosperidade aumentadas".

O ato de dar estabelece o equilíbrio e permite que a energia flua livremente, entrando e saindo. Estando equilibrado, a gente se abre naturalmente para os milagres que cercam cada momento da vida. Aproveita a oportunidade. A energia fica livre para criar. A gente fica aberto e presente no momento, aberto para as possibilidades, e percebe que a vida é abençoada. Transmite essa bênção aos demais e prospera.

Mas vá com calma, não se precipite a dar esperando esse maravilhoso surto de energia em troca. Saiba desta armadilha: quem dá pensando no que vai "receber em troca do investimento" no futuro, não cria equilíbrio nenhum. Pelo contrário, forma um desequilíbrio. Aliás, as condições que impomos ao ato de dar são apenas extensões do nosso senso de escassez! Isso geralmente está na origem das dificuldades que temos para contribuir com causas espirituais.

Dar com a expectativa do retorno do dinheiro gera raiva e pessimismo. Não sentimos nenhum aumento de auto-estima. A Mentalidade do Macaco nos obriga a contar com recompensas futuras. Isso invalida ou reduz os benefícios espirituais.

Pagar o dízimo ou fazer qualquer outra doação em dinheiro é uma demonstração de poder. Mas, em geral, nossas experiências de contribuição nada têm de poderosas, por vezes são até tortuosas:

> WALLACE: Lembro de quando eu era menino. Meu pai doava muito à igreja. Éramos seis, na família, e o dinheiro mal dava para nos sustentar. Uma vez, eu passei o inverno com um casaco dois números menor. Ficava ressentido com meu pai dando o pouco que tínhamos. Ele dizia que fazia isso para garantir que todos fôssemos para o Céu. Era como se tivesse medo ou algo assim, e esse era o seu modo de escapar ao medo. Uma espécie de apólice de seguro. Eu não dôo muito à minha igreja. Não quero ter a sensação de estar comprando a salvação. Também não quero que meus filhos sofram como nós sofremos.

É fácil detectar as falhas na lógica de Wallace. Acabou indo para o extremo oposto porque ele e seus irmãos tiveram de suportar o efeito do comportamento dirigido do pai. Se você recorda, um aspecto do comportamento dirigido é jamais conseguir fazer as coisas bem o suficiente. Dando mais do que podia, o pai de Wallace criou um desequilíbrio de energia. Sua contribuição dependia de uma condição baseada no medo, não na alegria de dar livremente. Foi difícil para sua família.

Quando contribui de modo dirigido, a gente não é realmente generoso. Está tentando preencher um vazio criado pela ausência de alegria e gratidão. A contribuição só pode ser autêntica quando é o fruto natural dos Padrões de Integridade.

O VERDADEIRO ATO DE DAR

Greg é dono de uma agência de seguro e começou a pagar o dízimo à sua igreja. Contou-me que todo mês, quando punha o cheque no correio, experimentava uma verdadeira sensação de alegria. Disse que, contribuindo e ajudando a cuidar de uma igreja que lhe era uma fonte de inspiração espiritual, fazia com que ela fosse a "sua" igreja. Não era apenas um lugar aonde ir para adquirir valor; Greg participava diretamente de um tipo miraculoso de fluxo de energia. Notou que isso afetava seu modo de dirigir a empresa e que, em conseqüência, esta cresceu. Sentia-se muito claro e poderoso.

Quando as pessoas doam de maneira clara e generosa, geralmente têm uma sensação de poder. Um dos motivos é saber que estão lidando com a energia do dinheiro poderosamente o bastante para fazer a doação. Outro é estar no fluxo de energia a que se referiu Greg.

Doar é uma demonstração de seus Padrões de Integridade para apoiar algo que o beneficia e aos outros e o coloca nesse fluxo. Você não espera benefícios futuros. Está *nesse fluxo* no momento em que contribui. E contribui também para dar poder aos outros.

O interessante na energia é que, quando a gente está no seu fluxo, ela vai em ambas as direções. Já notou que, quando dá ou concentra energia numa coisa ou em alguém, você a recebe imediatamente de volta? É a natureza da energia.

Nos capítulos iniciais deste livro, nós limitamos a discussão à questão de concentrar a energia nos seus objetivos e sonhos. Agora, falando em contribuição, podemos expandir tal discussão para incluir o fluxo mútuo, de duas vias. Geralmente nós pensamos a energia no sentido rigorosamente físico e newtoniano, fluindo em sentido único — do mesmo modo que a energia das baterias flui numa única direção, e é por isso que acabamos ficando esgotados. Porém, no âmbito metafísico, a energia flui em ambas as direções ao mesmo tempo. Faz parte da interconexão das coisas.

Vamos concluir nossa jornada verificando como conseguir um equilíbrio contínuo nos negócios financeiros. Recorrer aos Padrões de Integridade é uma chave. Aumentar o poder de ser agradecido é outra. Quando sua energia está equilibrada, você pode dar de modo a enriquecer o mundo e beneficiar sua vida.

Estes são, pois, os últimos passos que vamos dar juntos nesta jornada: olhar uma vez mais para o nosso coração para expressar integridade, quem

260 A ENERGIA DO DINHEIRO

realmente somos e, depois, olhar para fora, a fim de experimentar com gratidão tudo que vemos e encontramos.

Exercício: A Aeróbica da Integridade

Este exercício visa aumentar-lhe o poder a fim de conferir equilíbrio à sua vida. Ao demonstrar seus Padrões de Integridade, você notará o aumento de liberdade em suas interações com as pessoas e o dinheiro. Por favor, tenha compaixão de si mesmo ao fazer esta parte. O trabalho é importante e, por vezes, difícil. Você está demonstrando disposição de bailar com a abundância, a abrir-se para tudo na vida. Como isso, sem dúvida, lhe aguçará a percepção, esteja preparado para os milagres!

Vai precisar do caderno, do calendário e de seus Padrões de Integridade.

Este exercício é um processo contínuo. Não passe mais de quarenta minutos na primeira etapa. Sempre é possível retornar e acrescentar itens. Mesmo que a lista que você criar não esteja completa, já será um começo. Depois disso, cada item que escolher para examinar pode lhe tomar de cinco a quinze minutos. Eu lhe recomendo reservar uma hora para este exercício quando o fizer pela primeira vez. Depois descanse.

1. Localize os itens, em sua vida, que representam um desequilíbrio na integridade. Use as seguintes perguntas para vasculhar a memória:

- Com relação ao dinheiro, quando foi que eu menti, ludibriei ou roubei?
- Quanto à minha relação com as pessoas e o dinheiro, quando transgredi as regras?
- Quando fui sovina, egoísta ou ignorante em minhas relações pessoais e profissionais?

Seja bem específico quanto ao seu comportamento. Descreva claramente o que fez. Repare nas promessas não cumpridas. Use os exemplos abaixo, retirados dos participantes do Curso Você e o Dinheiro, para prosseguir:

LOIS: Eu fraudei o seguro. Quando minha casa foi assaltada, escrevi que o anel de brilhante de minha mãe tinha sido roubado, muito embora não fosse verdade. Lembro-me disso toda vez que o ponho no dedo.

DON: Eu não declarei, ao imposto de renda, os 4.500 dólares que ganhei "por fora" em minha empresa de reembolso postal. Digo a minha esposa que isso não me preocupa, que é coisa que todo mundo faz. Mas, sempre que chega uma carta da Receita Federal, tenho certeza de que é uma notificação de que descobriram a fraude e de que vou ser submetido a uma auditoria.

ART: Eu faço interurbanos, no trabalho, e deixo a despesa para a empresa. Nunca contei isso a ninguém, muito menos ao meu chefe.

MANTENHA O RUMO   261

CHANTEL: Eu pego lápis, canetas e papel na loja de material de escritório em que trabalho. Digo a mim mesma que tenho o direito porque a proprietária me paga um péssimo salário. Mas isso pesa na minha consciência. Ultimamente, não tenho nem vontade de ir trabalhar. Às vezes, quando ela olha para mim, tenho certeza de que sabe de tudo.

SIDNEY: Faz dois anos que não pago a pensão alimentícia. Sei que a Justiça me obriga a pagá-la, mas estou com muita raiva de minha "ex". Ela está morando com outro cara. Tenho certeza de que tenta jogar as crianças contra mim.

Procure incluir mesmo os itens mais insignificantes. É bem possível que a Mentalidade do Macaco lhe diga que eles não têm a menor importância. Se aparecerem, têm importância, sim. E os jornais que você pegou sem pagar? E aquela vez em que a garçonete lhe deu troco a mais e você o embolsou? E o(s) artigo(s) que roubou da loja? E a ocasião em que comprou um vestido ou uma blusa, usou-o numa festa e, depois, devolveu-o à loja de departamentos pedindo a devolução do dinheiro? Tirou dinheiro do cofrinho de seu filho sem autorização? Pagou meia entrada, no cinema, quando o certo era pagar inteira?

Nós todos temos itens assim. Quais são os seus? Ponha tudo para fora. Também não vale mentir ou enganar. Se você ouvir a conversa da Mentalidade do Macaco, mande-a calar-se e siga em frente.

Se fez o exercício acima, mesmo que tenha colocado só um item, muito bem! Você está no caminho de ter uma relação poderosamente livre e criativa com o dinheiro, com seus objetivos e com seus sonhos.

2. Pegue um dos itens que listou acima. Talvez você queira começar com um relativamente pequeno. Digamos que alguém escreveu "A vez em que roubei um tubo de pasta de dentes do supermercado". Desenhe um boxe grande numa folha em branco do caderno. Escreva esse item no alto. Anote todos os motivos, justificativas, racionalizações, pensamentos, teorias e sentimentos que acompanharam tal comportamento. Seja franco. Não é hora de censurar o que escreve. Escreva até esvaziar completamente sua estrutura de conhecimento. Tire tudo da cabeça. Reserve um momento para olhar para esse material. Como se sente ao lê-lo?

3. Desenhe outro boxe e escreva nele "Que me custou ter feito isso e não haver retificado meu ato?" O custo aparecerá em termos de dinheiro, tempo, energia física e conforto emocional. É o desequilíbrio. Seja cabal. Você devolveu o que roubou do supermercado? Em caso afirmativo, sentiu-se tenso? Usou o dentifrício? Como foi o seu exame dentário seguinte? Se estiver disposto, vai encontrar custos relacionados que nunca notou. Eles sempre estiveram presentes.

4. Olhe para os dois boxes. Vê a energia que se consumiu para manter esse desequilíbrio? Agora faça a si mesmo as perguntas que todos enfrentamos no Curso Você e o Dinheiro:

- Eu estou farto de levar minha vida desse modo?
- Estou disposto a mudar para ter mais liberdade?

262 A ENERGIA DO DINHEIRO

5. Se a resposta for "Não", lembre-se de que estamos falando em estar disposto, não em querer. Talvez você tenha medo de retificar seu ato. Pode não querer. Quem sabe a Mentalidade do Macaco não está correndo a um quilômetro por minuto? Está disposto? A verdade é que você sabe que está, do contrário não teria iniciado este exercício. Portanto, respire fundo e diga "Sim".

6. Pegue seus Padrões de Integridade. Verifique que Padrões específicos estarão faltando na realidade física enquanto esse item persistir. Por exemplo, o que deve estar faltando no caso da pasta de dentes roubada: ser honesto, confiável, próspero e inteligente.

Depois de avaliar o que falta, pergunte-se o seguinte: "Sendo estes os meus Padrões de Integridade, como uma pessoa que é_____(preencha com o nome do Padrão que falta) pode corrigir a situação?"

7. Agora retifique o desequilíbrio. Vamos arrumar a desordem. Quanto à situação presente, a Ação Autêntica é relativamente simples. Basta ir ao supermercado onde roubou o dentifrício e dizer à caixa que não o cobraram na última vez em que fez compras. Que o cobrem agora. Uma vez pago o produto, o equilíbrio foi restaurado.

Quando começar a corrigir os itens para restaurar a integridade, siga as seguintes orientações:

• Não deixe nada de fora. Empreender a Ação Autêntica significa arrumar toda a desordem. Isso vale para a evasão fiscal, a devolução das mercadorias roubadas ou o pagamento de uma antiga dívida.

• Seja persistente. Uma pessoa precisou insistir muito para que a companhia de seguro aceitasse o cheque correspondente a um item que ela declarou erradamente. No computador, não havia nenhuma categoria para reembolso por parte do cliente! Uma senhora que pedira falência desistiu voluntariamente antes da última audiência. O banco já havia cancelado seu débito com o cartão de crédito, de modo que ela demorou algumas semanas para convencê-lo a aceitar o pagamento de uma conta extinta. O banco nunca tinha feito tal coisa com os clientes que pediam falência.

O resultado dessas ações tão difíceis muitas vezes parece milagroso. Um senhor devolveu os 1.100 dólares que recebeu a mais, por incapacidade, da agência distrital na qual trabalhara. Não tardou para que um jornalista telefonasse querendo entrevistá-lo como "um exemplo raro de honestidade". Outro senhor contou que a agente fiscal com a qual trabalhava ficou visivelmente aliviada quando ele admitiu abertamente que não tinha pagado tudo que devia no ano anterior, acrescentando que não pretendia se justificar e que assumia toda a responsabilidade pelo que fizera. Ela reagiu dispondo-se a ajudá-lo a encontrar o modo mais fácil possível de restituir o devido.

Se você sentir brotar certo cinismo ao ler os relatos acima, com a Mentalidade do Macaco a criticar ativamente esses panacas temerários, respire fundo. Pergunte-se: "O que me interessa mais, ficar com o cinismo ou ver os meus objetivos e sonhos tornarem-se realidade?" Escolha. É impossível ficar com as duas coisas ao mesmo tempo.

8. Retifique os itens de um modo eficaz e que não lhe cause problemas. Antes de retificar um item com implicações legais, consulte um advogado. Se você se meter em enrascada mediante seus atos, terá uma desculpa perfeita para não corrigir os desequilíbrios no futuro. Talvez seja necessário consultar um advogado ou um especialista em recursos humanos antes de falar com seu chefe sobre a despesa de telefonemas pessoais que você deixou para a empresa. Também pode ser que valha a pena consultar um tributarista ou um contador antes de ir à Receita Federal. Há meios de retificar essas situações sem se colocar nem a si nem aos outros em perigo.

9. Se a arrumação da desordem tiver a ver com outra pessoa, procure apoio. Recorra a um amigo, a um psicólogo ou a um ente querido para ajudá-lo a demonstrar seus Padrões de Integridade. De nada adianta depositar sua culpa aos pés de outra pessoa. Trate de receber a orientação adequada antes de enfrentar a situação. É assim que se cria equilíbrio com integridade e compaixão.

Também tenha em mente o princípio refletido no Nono Passo dos Alcoólicos Anônimos: "Faça retificações diretas com tais pessoas sempre que possível, a não ser que, ao fazê-lo, você as magoe ou prejudique outras". Ao arrumar sua desordem, tenha em mente seus Padrões de Integridade para não criar mais problemas que prejudiquem os outros.

10. Empreenda Ações Autênticas específicas. Em quase todos os casos, a gente sabe o que fazer. Você tem uma fonte de sabedoria no coração, e é tempo de mostrá-la! Um senhor recordou uma ocasião, 25 anos antes, em que roubou 16 dólares da loja de um acampamento de verão. Lembrou-se também de que nunca mais quis voltar a esse acampamento. Nem a nenhum outro. O lugar já não existe, de modo que, para criar o equilíbrio, ele pegou o dinheiro, acrescentou-lhe 25 anos de juros e doou os 250 dólares a uma instituição de caridade. O equilíbrio e a integridade foram restaurados.

Se não lhe ocorrer nenhuma ação específica, passe algum tempo refletindo. Peça conselho a alguém que você sabe que há de apoiá-lo no trato dessa matéria. Não vale a pena conversar com quem possa entrar em conflito com você achando que não há nada a fazer.

11. Reserve alguns minutos para agradecer a si mesmo toda vez que concluir um item. Não se precipite em executar a tarefa seguinte. Todo herói precisa de um momento de repouso. Conte a alguém o belo trabalho que fez; recompense-se com um pouco de alegria.

Faça a Aeróbica da Integridade com graus de dificuldade crescentes. Quanto mais você resolver, mais equilíbrio e energia há de experimentar. A Aeróbica da Integridade vai se tornando mais fácil com o tempo. Experimentando o alívio, você verá quando sua integridade estiver faltando — antes que isso se manifeste em seu comportamento. Então pode eliminar a lacuna. Por ora, felicite-se por estar disposto a ver quem você realmente é e a empreender a ação para expressá-lo.

O que você experimenta ao trabalhar os itens deste exercício? Talvez lhe dê vontade de marcar um novo tento fazendo o exercício que se segue, reconhecendo exemplos para a gratidão toda noite antes de dormir. Surgem novos exemplos? Surgem aberturas e oportunidades ali onde não parecia haver nenhuma? Elas sempre existiram e só estavam esperando que você retificasse o bastante para poder percebê-las?

264 A ENERGIA DO DINHEIRO

Uma de minhas histórias favoritas é a de uma senhora que queria viajar pelo mundo para sua empresa, mas não tivera oportunidade. Devia 6 mil dólares em impostos por consultas que havia feito por baixo do pano. Um mês depois que ela enviou o cheque dessa importância à Receita Federal, a empresa lhe ofereceu um serviço que envolvia viagens internacionais — com um salário que superava em muito o dinheiro gasto em impostos. Que pessoa feliz!

Um senhor resumiu muito bem o resultado deste trabalho ao dizer: "Eu durmo melhor à noite. Não tenho medo de ler a correspondência. Não preciso correr atrás das mentiras que contei. Meu negócio não parou de se expandir desde então. É simples. Sim, e é ótimo que as coisas tenham se tornado tão mais fáceis".

Exercício: Demonstração Ativa da Integridade

Este processo é simples. Pode ser implementado diariamente. Sugiro-lhe que tente pelo menos durante quinze dias.

1. Toda manhã, ao se levantar, pegue um pedaço de papel e anote os Padrões de Integridade específicos que está disposto a demonstrar durante o dia. Escolha os que você sente que o impulsionarão nesse dia.

2. Leve o papel consigo. Antes de todo encontro ou interação potencialmente difícil, pegue-o e leia os Padrões específicos que pretende demonstrar.

3. Repare na mudança positiva que você vem tendo em sua capacidade de se comunicar. Está notando milagres?

4. Finalmente, procure os lugares, na vida, em que contribuir com dinheiro seria demonstrar ativamente seus Padrões de Integridade: causas políticas, centros espirituais, pesquisa médica, educação, instituições de caridade, proteção dos animais. Escolha pelo menos um que cale fundo em você. Faça a doação dentro de uma semana.

Exercício: Treinamento de Afirmação Básica

Restaurar o equilíbrio, na vida, com a Aeróbica da Integridade, abre espaço para a gratidão. À medida que aprender a olhar para a vida com os olhos abertos e com gratidão, você notará seu coração se expandindo e permitindo-lhe experimentar até os aspectos desconfortáveis da abundância sem procurar suprimi-los.

Neste exercício você vai precisar do caderno, de escritos inspirativos de seus autores e poetas prediletos e de cerca de dez minutos tranqüilos no fim de cada dia. Pode fazê-lo durante uma semana, mas, se quiser melhores resultados, faça-o durante um mês. Por favor, atente que, para muita gente, conseguir dez minutos de tranqüilidade no fim do dia é um milagre. Experimente!

1. Toda noite, antes de ir dormir, anote três exemplos vividos no dia que evoquem em você um sentimento de gratidão. Pouco importa se são grandes ou insignificantes. Conserve o caderno perto da cama e faça sua pequena lista antes de apagar a luz. Pode ser que encontre situações nas quais a gratidão é uma

MANTENHA O RUMO

265

reação fácil e pronta — um serviço bem-feito, o sorriso de uma criança, uma boa refeição.

2. Talvez você note que não consegue achar três exemplos de gratidão. Isso ocorre sobretudo nos primeiros dias de prática. Pergunte-se: "A que dúvidas, preocupações ou pensamentos eu estou dando ouvidos?" Escreva a resposta numa folha de papel que não seja do caderno. Depois jogue-a fora e volte a fazer a lista dos três exemplos que suscitam gratidão.

3. Provavelmente há ocasiões em que a gratidão lhe parece ser uma reação altamente improvável, como no caso dos fatos difíceis ou estressantes da vida. É aqui que o exercício se torna mais desafiador. Tente se perguntar: "Eu estou disposto a descobrir um meio de reagir com gratidão até mesmo a esta situação? Estou disposto a ver nela as lições importantes?" Se a resposta for "Não", não se force a dizer "Sim". Basta que você tenha tido disposição para fazer as perguntas acima e respondê-las com franqueza. Pode voltar a tentar amanhã com o mesmo incidente.

4. Procure um escrito que o inspire e leia-o. Pode ser um soneto, um versículo da Bíblia, o Upanixade, poesias ou passagens de seu autor motivacional ou espiritual favorito. Qualquer coisa. Entregue-se à leitura durante dez minutos. Em geral, é o que basta para elevar o quociente de gratidão. Então volte à situação e pergunte-se: "O que há nesta situação que evoque gratidão? O que eu posso aprender com ela?" Se encontrar algo que lhe inspire gratidão, anote. Caso contrário, descanse até o dia seguinte.

Releia o que escreveu ao cabo da primeira semana. Há algum padrão? Como você se sente ao ler suas anotações?

RON: Eu me senti bem lendo o que escrevi. Uma noite, voltei para casa depois de um dia de trabalho particularmente massacrante. Quando ia trocar de roupa, vi o meu caderno. Abri-o e comecei a ler minhas anotações sobre a gratidão. Imediatamente eu me senti melhor e passei uma noite agradabilíssima com minha família.

SUZ: Eu ia coordenar uma difícil reunião de equipe. Acabáramos de descobrir que tínhamos estourado em 10 mil dólares o orçamento de um projeto de 50 mil. Normalmente, eu ficaria agitadíssima e todos estariam pisando em ovos ao meu redor. Por sorte eu levara o caderno comigo aquela manhã: passei três minutos lendo algumas de minhas anotações. Quando entrei na sala de reunião, sentia-me bem mais calma. Resolvemos o problema num tempo recorde. Passei a usar essa ocasião como uma de minhas manifestações de gratidão.

Mostre seus resultados a um amigo. Você está disposto a prosseguir com este exercício durante trinta dias?

266 A ENERGIA DO DINHEIRO

Exercício: Contemplando a Gratidão

O processo final que eu gostaria de compartilhar com você aumentará sua capacidade de trazer a gratidão ao momento presente, o espaço onde os milagres são possíveis. É muito simples. Embora eu lhe recomende começar com dez minutos, talvez seja possível aumentá-lo para vinte com o tempo. Lembre-se, estes processos visam abrir-lhe o coração para experimentar a verdadeira natureza da abundância e, ao fazê-los, você evocará a gratidão nos fatos do dia-a-dia.

Será necessário um pequeno bloco de anotações que caiba no bolso ou na bolsa. Reserve trinta minutos para este exercício.

1. Fique num lugar, em casa ou fora dela, em que você se sinta bem. Se estiver em grupo, é bom que haja espaço suficiente para que vocês possam caminhar sem colidir um com o outro. Inicie uma caminhada lenta, explorando o meio. Procure respirar fundo e com facilidade.

2. Comece a procurar conscientemente objetos ou cenas que lhe tragam uma sensação de alegria, paz ou feliz surpresa. Ao fazer isso, aponte sua experiência no bloco de anotações. Trate de descrever o que acontece tanto dentro quanto fora de você. Examine atentamente os itens ordinários. Você vê o orvalho nas folhas? Já reparou na textura da fronha de seu travesseiro favorito?

Faça anotações parecidas com estas:

- Eu vejo a casca de uma bolota de carvalho com duas folhas presas.
- Talvez tenham sido deixadas por um esquilo, e eu adoro os esquilos.
- Estou cheirando uma rosa. As pétalas exteriores são vermelhas, mas as interiores são rosadas. Ela é tão delicada. Que bom que a encontrei.
- Estou olhando para o retrato de minha tia-avó Ana. Ela está sorrindo para mim.
- Sinto um calor no coração.

3. Continue com o exercício durante dez minutos. É uma forma de meditação ambulante. Exige atenção. Toda vez que suas conversações interiores o levarem por aí, faça uma pausa. Respire fundo uma ou duas vezes. Conserve a barriga relaxada. Retorne ao momento presente. Procure o que lhe dá alegria, paz ou uma feliz surpresa.

4. Talvez lhe pareça que nada evoca semelhantes reações em você. Respire fundo outra vez. O mero fato de ter iniciado este exercício significa que você está abrindo caminho para a experiência da gratidão. Ela virá, provavelmente quando menos esperar. Pense no que acontece quando a gente quer lembrar um nome e não consegue. Quanto mais a gente insiste, mais esquivo ele se torna. Quando você desiste de lutar, o nome aparece em sua consciência. É o que vai lhe acontecer aqui. A simples disposição a fazer este exercício já é uma oportunidade especial de gratidão.

5. Caso você continue com dificuldade para descobrir a alegria nos itens ordinários, experimente isto: pegue uma laranja ou uma banana. Sente-se e segure-a. Olhe com atenção para as linhas finas ou as marcas na casca, para a textura e a cor. Descasque-a e olhe para o seu interior. Aspire-lhe o perfume. Agora pegue

um pedaço da fruta. Erga-o para a luz. Prove-o. Que você nota? Será a gratidão que começa a espiar por entre as papilas gustativas?

6. Leia o que escreveu. Escreva, com suas próprias palavras, o que é gratidão para você. Seu coração está pleno e é sábio. Deixe sua sabedoria vir à tona. Procure descrever este fenômeno de um modo que seja significativo para você.

7. Até que ponto reconhecer os dons que cada dia traz o afetaria e aos que o rodeiam? Até que ponto isso simplificaria seu modo de viver?

Como seu coração se sente ao chegar ao fim desta prática? Você gostaria de se sentir assim a maior parte do tempo? Ou será que a Mentalidade do Macaco está lhe dizendo: "A vida vai passando quando a gente se sente bem assim. Isso não é a vida real. É preciso lutar". Visto que essa tagarelice nunca vai acabar, você tem uma importante escolha a fazer:

* Eu estou mais interessado em me comprometer com a Mentalidade do Macaco ou com o meu coração? O que me traz a sensação de paz?
* Eu já não estou farto de viver a vida da maneira mais difícil?
* Estou pronto para experimentar a gratidão todo dia?

Mostre os resultados a um amigo. É importante ouvir-se a si mesmo falando de suas descobertas sobre a gratidão.

Franz Kafka escreveu certa vez: "Você não precisa fazer nada. Basta ficar sentado à sua mesa e ouvir, e nem precisa ouvir, basta esperar, e nem esperar você precisa, simplesmente fique quieto, imóvel e solitário, e o mundo se oferecerá para ser desmascarado; ele não tem escolha. Rolará em êxtase aos seus pés".

Eu lhe desejo o êxtase da descoberta da gratidão em todos os dias de sua vida. Desejo-lhe a alegria de viver plena e abertamente com abundância.

EPÍLOGO

Trabalhar sabiamente com a energia e abrir-se para o seu poder o transformará. No início da nossa jornada, talvez parecesse que o objetivo deste trabalho era cobrar um prêmio: pôr as mãos em coisas ou, quem sabe, em moeda sonante que finalmente fizesse com que nos sentíssemos seguros e a salvo. Mas as verdadeiras recompensas que você recebeu no caminho de seus sonhos são muito maiores.

Emmet Fox escreveu, certa vez, uma alegoria do ouro dos trouxas, o material brilhante que se parece tanto com o metal precioso que fica difícil distinguir. Disse que os novos prospectores perdiam muito tempo e trabalho pesado antes de descobrir que não se tratava do artigo genuíno. Como saber se era o de verdade? Conforme o conselho que os mineiros experimentados davam aos novatos, se eles *pensassem* que tinham achado ouro, era bem provável que estivessem enganados, pois, quando o encontrassem, *saberiam* com toda certeza.

Fox escreveu que há muitos tipos de ouro dos trouxas na vida. Mas quando topamos com a coisa real, não há dúvida em nossa mente. O verdadeiro ouro que procuramos dá-nos paz e clareza. Dá-nos um sentimento de liberdade e poder porque já não estamos na "servidão das coisas materiais passageiras". O ouro dos trouxas, disse ele, geralmente assume a forma da riqueza material, do destaque social, do poder sobre os outros e da satisfação dos caprichos. O verdadeiro ouro é o sentimento de uma Presença muito maior que nós: do verdadeiro propósito da vida.

O trabalho que você acaba de fazer deu-lhe o poder de desenterrar o verdadeiro ouro da sua vida. É a recompensa real que recebeu na busca de seus sonhos. Olhar para a vida, vê-la e dizer a verdade sobre ela é um ato de grande coragem. Nada mais ousado que empreender a Ação Autêntica a fim de transformar a vida, a despeito de tudo em que você sempre acreditou quanto ao quê e a quem é. E prosseguir, plenamente desperto e com delicadeza, rumo a si mesmo e às pessoas na sua vida requer compaixão. Foi o que você demonstrou mais de uma vez fazendo o trabalho neste livro.

Extraia os sonhos do seu coração — aqueles que lhe dão alegria, os que parecem quase ao seu alcance — e realize-os com a energia da vida e a do dinheiro.

Os Mapas do Tesouro que você criou estão repletos da energia radiante da sua paixão. Que eles o lembrem da alegria que o impulsiona para a frente. Os Padrões de Integridade que estabeleceu são autênticos reflexos do que você mais valoriza na vida. Que eles sejam o terreno firme no qual caminha. Use tudo que aprendeu para contribuir com o mundo e com as visões que só você pode oferecer, a expressão plena de seu talento e de quem você realmente é. Suas maiores lições estão disfarçadas de obstáculos. Acolha-as porque também elas são dádivas.

Pode-se encarar o herói como uma personagem mitológica de tal modo afastada da vida cotidiana que o conceito já não tem relevância para nós. Mas será tão difícil assim reconhecer que o herói está em toda parte, inclusive em você? Esta, penso eu, é a base de uma vida bem vivida. Você é um herói. Todos somos.

Minha esperança é a de que você não se conecte unicamente com os seus sonhos, mas também com a sensação de bem-estar que está destinado a ter. Não seria bom se a vida fosse mais fácil?

Espero que você utilize os 12 Princípios para se lembrar de que o verdadeiro propósito do dinheiro é servir o propósito maior da vida. Oxalá você permaneça na vereda do herói a fim de criar uma vida que seja aventureira, não segura, completa, não expediente.

Que você viva uma vida desperta em cada momento, uma vida rica em todos os sentidos.

Impressão e Acabamento
Prol Editora Gráfica Ltda - Unidade Tamboré
Al. Araguaia - Barueri - SP
Tel.: 4195 - 1805 Fax: 4195 - 1384